中小学英语教学教研
新思维与新范式

◎赵大中　江尧梅　著

中国矿业大学出版社

图书在版编目(C I P)数据

中小学英语教学教研新思维与新范式/赵大中，江尧梅著. —徐州：中国矿业大学出版社，2017.7

ISBN 978 - 7 - 5646 - 3617 - 3

Ⅰ. ①中… Ⅱ. ①赵… ②江… Ⅲ. ①英语课—教学研究—中小学 Ⅳ. ①G633.412

中国版本图书馆 CIP 数据核字(2017)第 156758 号

书　　名 中小学英语教学教研新思维与新范式

著　　者 赵大中　江尧梅

责任编辑 李　敬

出版发行 中国矿业大学出版社有限责任公司

（江苏省徐州市解放南路　邮编 221008）

营销热线 (0516)83885307　83884995

出版服务 (0516)83885767　83884920

网　　址 http://www.cumtp.com　**E-mail**:cumtpvip@cumtp.com

印　　刷 连云港报业印务有限公司

开　　本 787×1092　1/16

印　　张 16.75

字　　数 257 千字

版次印次 2017 年 7 月第 1 版　2017 年 7 月第 1 次印刷

印　　数 1-500

定　　价 35.60 元

（图书出现印装质量问题，本社负责调换）

序

基础教育课程改革以来，中小学英语教学的地位和重要性日益彰显，对中小学英语教学方法和思想的探索越来越广泛而深入，涌现出一大批致力于教学实验与研究的优秀英语教师、教研员，我认识的赵大中、江尧梅夫妇就是其中的代表。赵大中老师多年来一直工作在中小学英语教学第一线，担任过初一至高三的英语教学工作，在学校担任过教研组长、教务主任、分管教学副校长等。围绕教学改革与实践，他分项分类进行课题研究，在细分的领域里进行逐一突破，撰写了数十篇文章，其教学成果获得了连云港市教学成果一等奖、江苏省教学成果二等奖。作为教育部"国培"专家，他赴全国各地做了30多场学术报告，其教学主张和教学思想被广泛认可和采用。江尧梅老师曾担任过小学和初中的英语教师，现任小学英语教研员，多年的教学实践使她的教研工作如虎添翼，探索出了一条区域共研、分类指导、文化引领、行之有效的新型教研之路。在生活中，他们互帮互助；在事业上，他们比翼双飞，是为数不多的一对英语教学教研模范夫妻、示范夫妻。今天，他们邀我为他们撰写的《中小学英语教学教研新思维与新范式》一书作序，我没有拒绝的理由。

中小学英语教学的核心任务是培养学生的英语学科核心素养，其素养体系包括语言、文化、思维和学习能力四大要素，即语言能力、文化品格、思维品质和学习能力。英语学科的四大核心素养不是标签，它们具有丰富的育人内涵和表现指标。语言能力含"感知与领悟"、"内化与整合"、"解释与赏析"、"交流与创建"等要求；文化品格含"比较与判断"、"调适与沟通"、"认同与传播"、"感悟与鉴别"等要求；思维品质含"辨识与分类"、"概括与建构"、"分析与判断"、"批判与创新"等要求；学习能力含"主动与进取"、"监控与调控"、"选择与获取"、"合作与探究”等要求。就其关系而言,语言能力是基础要素,文化品质是价值导向,思维品质是心智特征,学习能力是发展条件,共同服务于课程总目标。这四大核心素养相互渗透,融合互动,协调发展,是所有学生应具有的学科综合素养,具有个人价值和社会价值,是英语课程的育人指引,也是学业质量的评价标准。英语新课程标准强调从学生的学习兴趣、生活经验和认知水平出发,倡导体验、实践、参与、合作与交流的学习方式,发展学生的综合语言运用能力,使语言学习的过程成为学生形成积极的情感态度、主动思维和大胆实践、提高跨文化意识并形成自己自主学习能力的过程。因此,中小学英语教学教研工作要始终围绕学生的学习环境、学习能力、学习方法等方面开展研究,把工具性与人文性的教学目标有机地融合到一起。

心理学家布鲁纳认为:学习是一个主动的过程。对学生学习内因的最佳激发是激起学生对所学材料的兴趣,即来自学习活动本身的内在动机,这是直接推动学生主动学习的心理动机。所以,教师应注意发掘学生生活经验方面的资源,引导学生将书本知识转化为实践能力。新的课程理念更加倡导“教师为主导,学生为主体”的师生关系定位,更加注重调动学生的学习自觉性,激发学生的学习潜能。教学中作为学习主体的学生在语言、思维、情感等方面充满着变数,英语教师应该洞悉学生的变化规律,掌握课堂的教学节奏,把握课堂的主要结合点,在关键处着力,在活动中调控,让学生真正成为课堂的主角,从而实现教学生态的良性发展。

基于以上认识与实践,赵大中老师和江尧梅老师在这本近26万字的专著里,紧紧围绕学生的学习实际和自己的课堂教学实践探索,用四个篇章系统阐述了“教学思维与教学实践”、“课堂观察与教学范式”、“校本教研与文化构建”和“考试评价与课题研究”。在第一章“教学思维与教学实践”中,作者从文本建构与挖掘、教学设计与技艺、资源开发与利用、城乡教学共性与个性等角度较好地展示了自己成功的教学案例,并梳理成了自己的断想式的英语教学思想。在第二章“课堂观察与教学范式”中,作者结合多年的课堂观察、赛课与观课经验,精致恰当地诊断了课堂教学的问题与不足,提出了建议与思考。尤为可贵的是,作者对阅读教学和语法教学的实践探索相当有成效,构建的“5A阅读教学法"、"三感课文法"、"四维阅读场"、"主线式语法教学"、"三导语法教学"等教学范式非常有新意，经过教学实践的验证，也很有实效。第三章"校本教研与文化构建"从研究者的视角定义了英语教研文化的概念，用科学的、可测量的研究手段探索了构建区域性协作教研的可能，用规范化、远程式的教研方式开拓了教研工作的内涵和外延。第四章"考试评价与课题研究"立足于对考试的研究，用研究结论反哺课堂教学；将教学问题转化为研究课题，通过课题研究化解教学问题，通过成果的运用提高教学效益，从而达到以研促教的本真追求。

今天，我欣然应允为这本书写序，一是感慨于这本书的现实意义和使用价值，它的出版一定会给广大的中小学教师和教研工作者带来启发和思考；二是期望赵大中老师和江尧梅老师能耕耘不辍，探索不止，在英语教学与研究的最前沿进行更深入、更系统的探索与实验，把更多的研究成果奉献给全国的英语同行，以产生更加广泛的学术影响和成果辐射，对此，我很有信心地期待着。

江苏省人民教育家培养对象
江苏省中学英语特级教师　　**朱　俊**
教授级高级教师

目　录

第一章　教学思维与教学实践

第一节　在文本细读中培养学生的思维品质

文本细读就是对一个文本进行深思熟虑、批判性地分析，着意于有意义的细节或模式，以此培养一种对文本形式、技艺、意义等的深刻而具体的理解。文本细读之细，实际强调的是：深入文本与审视文本。文本细读的追求过程是：从“教师模式”中的“面对学生”到“指导性/合作性实践”的“与学生”，再到“通过学生”的“独立实践”(Jan van Looy、Jan Baetens，2003)。思维能力是通过分析、综合、概括、抽象、比较、具体化和系统化等一系列思维活动和过程，对外界信息进行加工并转化为理性认识的能力，具有敏捷性、系统性、发散性、批判性、逻辑性、灵活性等特点。对文本的深度细读，不仅能深刻地解析文本，更能将学生思维能力的培养有机地融入教学和评价活动之中。可是，目前的外语教学普遍过分强调语言的交际功能，弱化语言的信息功能和思维功能(文秋芳、周燕，2006)。在阅读教学实践中，一些阅读教学设计往往停留于语言知识、语言技能和语言运用层面上，忽视了对学生用英语分析问题和解决问题的能力的培养(李杰、陈静波，2014)。长此以往，学生的思维能力得不到训练，就会导致学习力的下降，影响良好思维习惯的养成。本节从文本细读的几个核心要素出发，将细读的内容与思维的特性有机地结合起来，并结合实际教学案例，论述了文本细读与培养学生思维品质之间的逻辑关系，并提出了进行文本细读时应该遵循的几个原则。

一、细读文本的背景信息，培养学生的灵敏性思维

思维的灵敏性主要指思维活动的灵活程度。其主要特点有：思维起点灵

活，即从不同角度、方向思考面临的问题，探索解决行之有效的方法；思维过程灵活，从分析到综合，从综合到分析；概括、迁移能力强，运用规律的自觉性高；善于组合分析，伸缩性大(林崇德、胡卫平，2010)。通过细读文本的背景知识，学生在学习中表现为能恰当安排好新旧知识在思维中的地位，善于类比，善于用运动、变化的观点看待教学内容。

在教学译林版初中《英语》教材 9 下 Unit 2 Reading "Neil Armstrong"时，笔者首先进行了主题激活：Today, we are going to talk about great people and try to make a Wall of Fame. When visitors come to our school, I hope you are able to introduce our Wall of Fame to them. Now, let's get to know more information about them. 然后围绕目标词汇进行讨论：Present pictures of these great people. Do some revision and lead in the topic and new words of the passage:

Thomas Edison	Christopher Columbus
William Shakespeare	Nelson Mandela
Qian Xuesen	Peter Tchaikovsky

接着再正式导入主题：Today I'll introduce another great person to you. He's Neil Armstrong. What information do you know about him? If you want to introduce our Wall of Fame to visitors, you need to know much more information.

本节课设计的读前活动从背景知识、学生兴趣和目标词汇三个角度激活学生的思维，激活学生知识网络中的背景知识，使他们产生联想，进行知识迁移。同时，又激发了学生对文本主题的兴趣，促使其思维活跃起来，产生阅读内驱力；注重在语境中导入目标词汇，使学生初步感知、理解词义，培养学生在语境中推测词义的能力，为理解文本做好准备。该环节激活了学生的背景知识，激发了学生的学习兴趣，促使学生积极认知、合理预测，从而激活了学生的思维。所以，在细读文本的背景信息时，应该遵循的步骤是：从主题的激活到新旧知识的融通再到主题的导入，这样的设计，起点灵活，过程灵动，知识跨度大，信息量大，能够有效地训练并培养学生的灵敏性思维。

二、细读文本的结构图式，培养学生的系统性思维

系统性思维是基于系统论的思维模式，它是以“系统”这一概念来划定事物的边界，进而对边界内的各种要素进行相关性的观察与研究，以获取系统与要素、要素与要素、系统与环境之间相互作用的属性和规律(魏宏森，2003)。对于那些相对复杂的文本，应该通过细读文本的结构图式，将其对于文本零散的认知联系为一个整体进行认知，从而使认识更为完整、更具穿透力，简化对事物的认知过程，使思维更具全局意识和整体性。

还是以译林版初中《英语》教材 9 下 Unit 2 “Reading”为例，该语篇涉及了 Neil Armstrong 生平中的很多时间和事件，信息量大而繁杂。为了帮助学生理清头绪，笔者进行了如下活动：

(1) 带领学生画出时间轴线，并让学生带着任务完成时间轴线：

1930 He ________ Ohio, the USA.

1936 He ________ at the age of six.

1946 He ________ at 16.

1949 He ________ in 1949.

1955 He became ________.

1962 He was chosen ________.

1966 He ________ as command pilot of Gimmi 8.

1969 He became the first man ________.

(2) 学生分组核对答案。

(3) 教师问：What were the most important events for Neil Armstrong?

本节课教师运用结构图式，以时间为发展轴线，列举了 Neil Armstrong 从 1930 年到 1969 年的所有信息，同时还进行了留白，让学生在完成任务的过程中对“边界内”的相关要素进行归类，在此基础上再分组核对答案。之后，教师设计了这样一个问题：What were the most important events for Neil Armstrong? 这个问题将已经序列化的知识进行了再提升，起到了强化巩固的作用。因此，在阅读教学中遇到信息点多、信息容量大的文本时，宜采用结构图式进行分解整合，这样能使原本看似零星和散乱的知识形成一个整体序列，当

学生的系统性思维能力得到了有效训练后，无论是理解效果还是记忆效果都会显著提高。

三、细读文本的核心知识，培养学生的发散性思维

如何强化阅读文本中的核心知识记忆并使之转化为学生的能力运用，是我们一直在探索的问题。实践证明，运用类比式强化练习，通过发散性思维的训练能够起到很有效的作用，因为，发散性思维是指大脑在思维时呈现的一种扩散状态的思维模式，它表现为思维视野广阔，思维呈现出多维发散状，如“一题多解”、“一事多写”、“一物多用”等方式（宋姣，2013）。

在执教译林版初中《英语》教材 9 上 Unit 4 Reading 时，为了训练核心知识 succeed in doing，笔者先利用课文内容导入目标句：Spud succeeded in leading the team to the championship. He succeeded in getting a scholarship。接着，播放了一段 Spud 打篮球视频，让学生练习 succeed in doing sth. 这个核心词汇。教师提供了如下词组：stop the ball，pass the ball，help the teammate score，lead the team to the championship，让学生运用 succeed in doing 结合视频内容进行口头描述。

在教学本节课的另一个核心知识 force sb. to do sth. 时，先直接导入目标句：After graduating from university，the NBA was not interested in him. He was forced to play in another basketball league. 然后，引导学生运用核心词汇 force sb. to do sth. 联系文本内容造句，得到的答案有：His height forced him to sit in the stands.（He was forced to sit in the stands because of his height.）His height forced him to practise even harder.（He was forced to practice even harder because of his height.）最后，再让学生联系实际生活，利用核心词汇自由发挥造句，得到了更多更丰富的答案：

The bad weather forced me to stay at home.（I was forced to stay at home because of the bad weather.）

My mother ever forced me to learn drawing when I was very young.（I was ever forced to learn drawing when I was very young.）

…

上述两个教学片断分别围绕核心词汇 succeed in doing sth. 和 force sb. to

do sth.(be forced to do sth.)组织教学,教师在设计练习时,首先立足文本进行模仿性操练,然后进行了半控制性操练,也就是在教师搭建的支架下发散思维,最后进行了全开放式运用操练,让学生的思维充分展开。当然,在处理文本中的核心知识时,不能面面俱到,而应选取那些有典型意义的,并将其与文本内容结合起来,为学生创设足够的想象空间。在此基础上,学生结合自己的生活经验和能力储备,就会产生许多创造性的想法。这种基于"一题多解"、"一事多写"、"一物多用"的方法运用体现了发散性思维的特征,为学生的创新意识的培养和创新精神的激发奠定了良好的基础。

四、细读文本的文脉文法,培养学生的逻辑性思维

逻辑思维是思维的一种高级形式,其特点是以抽象的概念、判断和推理作为思维的基本形式,以分析、综合、比较、抽象、概括和具体化作为思维的基本过程,从而揭露事物的本质特征和规律性联系(蔡曙山,2009)。教师在文本解读的过程中,容易被细节信息所左右,将文本解析的过程变成了语言点讲解的过程,却忽视了文本中蕴含的文脉信息的处理和加工。因此,只有重视文本的文脉文法,才能保持阅读语篇的整体性和逻辑性。

译林版初中《英语》教材 9 上 Unit 4 Reading "Never give up"主要讲述了 Spud 篮球生涯的四段经历:Junior high, Senior high, University, The NBA,这就是文章的文脉所在。笔者在教学时,紧紧抓住这根文脉,先让学生整体感知课文,然后让学生对 Spud 的主要篮球生涯经历进行分段,分别找出每个阶段中的关键词和核心词,接着分成四个小组进行分段描述并讨论展示,最后再根据下图利用合理想象复述课文。

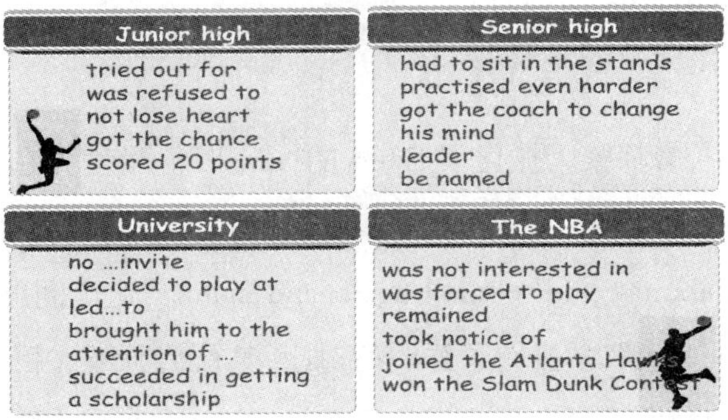

教学案例中 Spud 的四个篮球阶段是文章的文脉所在，让学生对 Spud 的篮球生涯(Junior high, Senior high, University, The NBA)进行分段描述，运用的就是逻辑思维训练法，不过，这只是初级的逻辑思维训练，主要采用的是分析和比较。在接下来的环节中让学生进行分段复述课文，并鼓励学生合理想象和推测，这就运用了较为高级的逻辑训练方法——概括、判断、推理和综合等。当然，逻辑思维的训练方法还有许多，如利用上下文推测词义，推断隐含意义，理解句子、段落之间的逻辑关系，等等。逻辑思维能力是学生进行阅读理解和解题的重要能力，教师在阅读教学中应当始终注重分析文章的文脉文法，把学生的逻辑思维训练作为英语阅读教学的重中之重，长此以往，就能达到潜移默化的效果。

五、细读文本的思想情感，培养学生的批判性思维

新一轮课程改革即将开始，在关注核心素养的同时也特别关注批判性思维和创新性能力的培养。批判性思维就是指对所学的东西的真实性、精确性、性质和价值进行的个人判断(杜环欢、甘杰，2005)。在进行了足够的语言输入后，读后活动应以语言输出为主。读后输出活动能够检验阅读理解程度，培养批判性思维能力，提高语言运用能力及主动建构知识的能力。

在初步感知和学习了译林版初中《英语》教材 9 上 Unit 4 Reading “Never give up”之后，为了帮助学生更精准地、更深刻地理解文本，笔者设计了如下的读后活动：

(1) What sentences describe Spud’s small?

(2) Why does the writer talk about Spud’s small again and again?

(3) Can you find more“small” people or small things that can make big things?

上述案例中，教师紧紧抓住了 Spud 的“small”。学生先在找出描写 Spud 的“small”的句子时感受了“小”的表象特征，然后又在思考并回答“Why does the writer talk about Spud’s small again and again?”这个问题时感受了“大”的力量，一“小”一“大”，学生有了鲜明的对比，其价值判断一目了然。之后，再通过第三个问题激发了学生更广阔的思辨性、批判性思维。最后，为了强化价值引领，教师还提供了一些名人名言，用来激励学生，升华情感，如：

Let's go invent tomorrow rather than worrying about yesterday.

——Steve Jobs

It doesn't matter how you look, but it matters how hard you work.

——Ma Yun

Rock bottom became the solid foundation on which I rebuilt my life.

——J. K. Rowling

事实上，学生只有在细读、深读整个文本的基础之上，历经现象判断、理性判断和价值判断，在与作者产生思想共鸣的同时，才能准确地理解、挖掘文本中的情感因素，从而形成自己的价值判断。而批判性思维的培养是一个长期艰巨的过程，需要教师长期智慧的引领和训练。因此，在读后活动中，教师应为学生的语言输出创造尽可能多的机会，要紧扣文本设计有指向性、挑战性和争论性的讨论任务，将语言输入与语言输出统一起来，把文本内容与生活实际联系起来，将学生的批判性思维品质培养始终作为一项重要任务。

六、利用文本细读培养学生思维品质时应注意的几个问题

1. 阅读策略与教学任务相匹配

多样化的阅读任务能较好地激发学生思维，维持学生阅读的兴趣，推动他们积极有效地通过阅读获取准确的信息，从而深刻地理解文本，有效输出与展示。文本细读着眼细处，放眼全文。因此，在文本细读时要运用多种阅读策略，以适应不同的教学内容和教学任务。例如在进行"Neil Armstrong"（译林版初中《英语》教材 9 下 Unit 2 Reading）教学时，基于教学文本是人物传记的体裁，教师从 Neil Armstrong 的 basic information、great events、achievements、influence 等角度设置阅读任务，与每一个任务相对应的是恰当的阅读策略，比如为了帮助学生了解 basic information，运用的阅读策略是 skimming；了解 great events 时采用的策略是 scanning；讨论 achievements 时采用了 careful reading 的策略。实际教学中，由于将阅读策略和教学任务进行了合理适时的匹配，既保证了细读文本的深刻和到位，又保证了整个语篇学习的完整和系统。

2. 教学情境与学习情绪相匹配

情境教学是阅读教学中经常采用的策略。恰当的教学情境创设能使学生

动静结合:静在缜密处,学生的逻辑性思维就能得到有效训练;动在开放时,学生的发散性思维和创造性思维就会因为动态的情境而无限扩张。在细读文本时,如果能将教学情境的设计和运用与学生的学习情绪、学习状态有机地结合起来,会起到意想不到的效果。还是以"Neil Armstrong"(译林版初中《英语》教材9下Unit 2 Reading)教学为例,教师设计了这样一个任务:Read and work out a time-line for Neil Armstrong. 在这一环节,教师让学生在提示之下完成表格。因为完成这个任务需要缜密的思维和逻辑,所以教师创设了安静独立的空间让学生自主学习,这是符合教学要求、遵循教学原则的。而在学习了Neil Armstrong的两次太空飞行之后,教师问:What do you think of him? Why? 这个问题立刻引发了学生的热烈讨论,学生在合作中交流观点,运用语言,这种热烈的情境激发了学生积极参与的欲望,使学生的创造思维和创造能力得到极大发挥。

3. 教材文本与拓展文本相匹配

文本细读是一种产生性阅读。文本细读可以帮助学生欣赏和享受文学的表面价值,也能让他们深入研究并获得更大的享受和更深的洞察力,从而产生思维品质质的飞跃。从这个意义上看,文本细读应该基于教材,但又不应该局限于教材,而应该在细读、深读文本的基础上跳出文本,联系文本,走进新文本,产生新输出。在执教"Never give up"(译林版初中《英语》9上Unit 4 Reading)时,教师在读后环节增加了一篇关于网球运动员李娜的文章,让学生读后比较Spud和李娜具有哪些共性的品质,并要求学生围绕your difficulties, your actions, your achievements三个方面写一写自己的成长经历。教师在选择拓展性阅读文本时特别注意了与教材文本的适切和匹配,无论是体裁体例,还是篇幅难度,都几近相似。学生在进行拓展阅读时不断地回归教材文本,不断地加深了对教材文本的细节理解和价值理解,在仿写阶段更加升华了情感,产生了共鸣,渗透了文化,完成了从信息文化的输入到行为文化的落实再到成就文化的运用。教材文本与拓展文本的融合性使用使教学活动产生了无限张力。

第二节　寻求英语课堂教学的最佳结合点

美国现代教育家杜威认为,教学法的第一要素就是为学生提供一个真实的经验的情境,一个让学生真正感到有兴趣的活动,并保证学生独立选择、判断的机会与权利,培养学生的创新精神。知识是在学习者与环境的相互作用过程中建构起来的。作为活动着的主体,在人与环境、人与教育工作者、人与遗传关系中,关键因素是活动。因此,在课堂教学中如何设计课堂活动是非常重要的一个任务。教学活动的核心就是在通过教与学的活动来实现夯实学生外语基础的同时,培养外语语言应用能力、交际能力,并提高综合素质。如何在课堂活动中有效地处理好主体与主导、预设与生成、体验与对话、控制与开放等关系是一线教师应当特别关注并加以实践的重要工作。

一、寻求主体与主导的结合点,体现自主性

美国教育心理学家和教育家布鲁纳认为:学习是一个主动的过程。对学生学习内因的最佳激发是激起学生对所学材料的兴趣,即来自学习活动本身的内在动机,这是直接推动学生主动学习的心理动机。教师应注意发掘学生生活经验方面的资源,引导学生将书本知识转化为实践能力。新的课程理念更加倡导“教师为主导,学生为主体”的师生关系定位,更加注重调动学生的学习自觉性,激发学生的学习潜能。每一个教师个体都在为将这一目标的课堂具象化而努力着。但是,许多教师将“主导”和“主体”当成了两个相对独立的目标,采取了相对独立的教学策略,最终导致了教师“导”得乏术,学生的“主体”地位显现模糊,从而将“主导”和“主体”变成了教学的“两张皮”,走入了另一个教学胡同。所以,如何将教师的主导地位和学生的主体地位有机地结合起来,真正地体现学生的主体价值才是我们追求的目标。

笔者认为,英语课堂教学中的“导”应根据课型的不同采取不同的策略,教师“导”的时间也应随课型的不同而相应不同。一般来说,对话课应注重“导”的情景性,课文教学应注重“导”的线索性,语法教学应注重“导”的构建性。在每一个“导”的环节体现学生的主体性,如在创设的情景中让学生自主表演,自主

发挥;让学生去分析课文的脉络,寻找课文的线索;基于学生的经验性知识构建新的语法框架和语法体系等等。杜郎口中学的“三、三、六”教学模式的核心内涵就是发展学生的主动性、能动性和独立性,也就是解放学生的思想,解放学生的个性。有研究表明:学生参与课堂教学的方式影响学习效果,单纯的行为参与方式并不能促进学生高层次思维能力的发展,只有以积极的情感体验和深层次的认知参与为核心的学习方式,才能促进学生包括高层次思维在内的全面素质的提高。因此,教师在组织教学的过程中还应从环境的营造、情绪的调动、情感的激发、思维的碰撞等方面为学生创造条件,使学生产生学习的高峰体验,从而收到更好的教学效果。

二、寻求预设与生成的结合点,追求灵动性

“凡事预则立,不预则废”。课堂教学是一种有目的、有意识的教育活动,“预设”是教师在课前对各种可能出现情况的预想和应对性的策略准备,它主要包括“三维目标”的准确定位、学生学情的准确把握、教学方法的恰当使用、教学策略的有效采纳、各种可能发生情况的事先准备等。“生成”是生长和构建,是在教学过程中动态的活动过程和非预期性的成果显现,主要有两种,一种是预设性生成,另一种是非预设性生成。“预设”是生成的基础,“生成”是预设的提高,两者是相辅相成的,是矛盾的统一体,在教学过程中缺一不可。预设体现教学的计划性和严谨性,生成体现教学的动态性和开放性,两者具有互补性。但是两者也有对立的一面:预设重视的是显性的、结果性的、标准性的目标,生成则关注隐性的、过程性的、个性化的目标。实际上,预设和生成一直伴随着教师每一节课的教学实践,每一位教师都在自觉或不自觉地运用着预设与生成的原理。

那么,如何在英语课堂教学中处理好预设与生成的关系呢?一方面,要通过课程的预先设计来突出教学是有目的、有计划的教育活动,实现教学目标的高度达成;另一方面,通过课程的动态生成,促使教师在预设方案的实施中关注学生的智慧发展和生命成长,使课堂教学充满生命气息。笔者有几点深刻的实践认知:

(1) 减少预设是一种胆略,更是一种智慧。英语教学中经常出现预设任务不能完成的情况，因为我们过于遵循 Revision—Presentation—Practice—Drill——Consolidation 五步教学法，似乎缺一不可，其实不然。笔者教学中经常在 Presentation 的环节中分项训练 Practice，在 Practice 的同时进行 Drill，在 Presentation，Practice 和 Drill 环节中及时进行 Consolidation。这样做似乎减少了一些教学步骤和教学内容，实际上效果更好。在语法课中如果减少呈现和讲解，加强操练和随堂检测，更能达到事半功倍的效果。

(2) 放弃非主流的生成是一种更大的智慧。“即时生成”也并不是都有价值的，所以教师在课堂上要有敏锐的判断力，对于那些“小聪明”“钻牛角尖”或者过于游离于教学目标之外的“生成”是可以置之不顾的，否则会引起课堂秩序的骚动，导致教学效益的低下。当然，对生成资源的判断能力体现了一个教师的教学智慧和综合素养，这需要长期的训练与锤炼。

(3) 英语课堂语言是最大的资源。无论教师还是学生都会在运用语言的过程中犯错误，许多教师都很注重帮助学生纠正错误，却忽视了自己的错误，或者说宽容了自己的错误。或许学生没有意识到老师的错误，但是教师自我纠正、自我袒露更能展示自己的教学胸襟，赢得学生的尊重，这种生成性资源是不可多得的。

三、寻求体验与对话的结合点，关注生态性

课堂是师生知识共享、情感交流、心灵沟通的过程，课堂是动态存在的，即使教师备课再充分，也难以设想到课堂中会出现形形色色的情况和事件。没有生成资源的课堂，看似严谨，其实按部就班缺乏活力，流失很多的人文气息和学生的创新精神。教师不能用预先设定的目标僵硬地束缚学生、限定学生，不能把外在于学生生命成长的目标强加给学生，教师所要做的是为学生创设一个有助于其生命充分生长的情境，把学生的生命力量引出来，使学习过程成为学生生命成长的历程。师生共同解读文本，在讨论交流中达成共识，彼此倾听和分享对方的认识成果，从而加深对自己和周围世界的认识与理解，丰富自己的内心世界。师生双方在这样的教学过程中获得成长和发展，让课堂教学焕发生命的活力。

在创设的情境中要引导学生进行多重对话。首先是与文本的对话，要研究文本的意图(What is this article about?),研究文本编辑的方法和文章的结构(How many paragraphs does it have? How many parts can we divide it into? What's the main idea for each part?)。其次要特别注意营造教师与学生之间平等的对话关系,教师应成为学生学习的导师,而不是居高临下的控制权威。教师应积极营造亲切和谐的气氛,激发学生的学习兴趣,引导他们掌握学习的方法,把点拨、启发、引导、激励留给自己,把理解、领会、品味、感悟还给学生。再则,要注意营造人与环境的对话。环境包含物化环境和人文环境两个层面,物化环境指的是联系文本与实际营造的直接语言环境,人文环境指源于文本而又高于文本的,既能陶冶性情又能净化心灵的间接语言环境。任何一个文本都离不开特定的环境,教学中如果善于分析文章的生成环境,善于营造与文本相适应的互动环境,让学生在"活动"中学习、在"主动"中发展、在"合作"中增长、在"探究"中创新,就能逐渐步入"教"与"学"互促互动的良性循环轨道。

四、寻求控制与开放的结合点,彰显创造性

英语课堂教学是在掌握基础语言知识的基础上运用语言进行阅读、写作和交际的过程,因此,英语课堂教学流动着语言美、任务美、交际美。如何使课堂教学动而有序、活而不乱是保证英语课堂教学目标达成的主要工作。有经验的教师往往会抓住这样几个环节:一是任务前的指令力求做到明确、简练;二是任务中分工恰当、分层作业;三是任务后典型代表汇报重条理、重成果;四是教师的评价重过程、重量化。如果把握好了这样几个环节,学生就会明晰教师的指令,在明确的分工中各司其职又相互配合,既相互协作又相互监督,组与组之间充满了有序竞争,组员与组员之间形成了一个荣誉共同体,每一次的努力和表现都能为小组赢得加分,每一个人的表现都会决定着最终的成绩和荣誉。这样的课堂是在开放的情境中进行的,虽然是开放式的教学,因为有了任务和机制的保障,就会达到控制和开放的有机统一。如,在学习"Alice in Wonderland"这篇课文后,教师提问:What happened next? 这是一个开放性的问题,学生在小组讨论时非常热烈,呈现的答案也是五花八门。但是,这篇课文的故事是一个动画故事的节选,这个故事本身是有下文的。在教学的过程中,教师指导小组成员进行分工,了解故事原文的让其根据原著进行叙述,不了解原著的让其充分发挥自己的想象，最后让学生进行比对：Which is better，the writer's or ours？学生在比对的过程中得到了同学和老师的肯定，产生了课堂学习的和谐共振。因此，教师在教学时应该活用教材，一方面，在设计问题时把握好开放的度，尽量开放教学的活动形式，让学生的思维和语言充分打开；另一方面，教师心中要始终装着教学目标和教学内容，控制教学的节奏，让学生在自然而轻松的情境中发挥想象力，彰显创造性。

五、结语

课堂教学是流动的艺术，英语课堂教学是人文性与工具性的有机统一。教学中作为学习主体的学生在语言、思维、情感等方面充满着变数，英语教师应该洞悉学生的变化规律，掌握课堂的教学节奏，把握课堂的关键结合点，在关键处着力，在活动中调控，让学生真正成为课堂的主角，从而实现教学生态的良性发展。

第三节　城乡英语教学差异比较

一、城乡英语教学差异的客观原因

最近，因为经常辗转于城乡之间视导听课，笔者深感城乡英语教学存在较大差异。这些差异的存在是有其客观原因的。

首先，农村学校英语课程开设的时间较晚。笔者所在的连云港市从 2001 年起在城区学校全面开设英语课程，而部分乡镇小学从 2005 年才从三年级起全面开设英语课程。

其次，农村英语教学师资力量配备不足。到目前为止，还有很大一部分农村学校英语教师为转岗或兼职教师。据我市师资管理部门统计，全市农村小学英语教师中转岗和兼职的比例高达 68.2%。笔者所在市是沿海开放城市，可想而知，这个比例在广大中西部地区或更大。

第三，部分农村学校领导和家长的重视程度不足，不能开齐、开足课程，将英语学科作为次重要学科对待。

二、城乡英语教学差异比较

以上客观因素随着新课程实施得到了较大改善。但是，目前广大农村地区英语教学的整体水平仍比较低，城乡英语教学差距呈进一步扩大趋势。造成城乡英语教学差异的原因之一是农村学校英语教师本人的专业发展意识和能力不足，以及由此导致的工作积极性不够高、进取意识不够强、缺少创造性等。本节从城乡英语教师的教学理念、教学资源的利用、教学常规的形成、课堂教学机智等方面进行比较，希望能在分析原因和差异的基础上引起相关学校及教师的重视，并采取切实的行动，转变观念，努力缩小城乡英语教学的差异，以适应新形势下的英语教学。

1. 师资水平与教学理念的差异

客观上讲，当今城乡教师的总体水平差距是明显的，英语教师更甚。虽然近几年来，农村学校中也有一些学历水平与城市学校教师相当的大学毕业生，但几年的教学实践后，这些昔日的同班同学在授课方面便有了很大差距。因此，城乡英语教师之间的差距除了源于教师本身英语素养上的差异外，更日渐表现为教学理念上的差别。

笔者特别关注了几次送教下乡活动。来自城市的英语教师面对陌生的环境和陌生的学生，在特定的时间和特定的课堂里，成功地展示了他们的教学技艺，获得了理想的教学效果，受到广大同人尤其是原来班级的执教老师的高度赞扬。这其中差距主要不在教学技艺而在教学理念。送教下乡的老师备课时充分考虑了校际差异和学生水平差距等诸多因素，做了大量的应对性工作，他们普遍运用了如下的教学理念：① 平等的学生观；② 兴趣导学的原则；③ 承认差异、尊重差异的科学态度。这些教师在课堂上关注每一个学生，采用各种策略和手段有效地调动了学生的学习兴趣；他们将差异当作一种资源，巧妙地将差异性原理引入课堂，形成了一种再生性资源。因此，他们成功了。与其说送教下乡教师展示的是教学技艺，不如说是在展示先进的教学理念。

那么，教学理念的差距是如何形成的呢？这主要在于群控性的学术引导和个体性的学习态度。群控性的学术引导指的是组织引领，主要受制于校长的文化自觉和实践执行力以及集体学习氛围。这方面城市学校的优势是比较明显的。个体性的学习态度却是每个人努力的结果，是最容易通过努力实现的平衡(吴小鸥，2007)。相比师范学校时的同班同学，几年农村教学实践后，农村教师由于缺乏个体的努力和先进的理念引导，或安于现状或怨天尤人，不求进取，很快沉于环境，泯然于众。因此，他们最需要的是个体性的学习态度，通过改变学习态度，加强学习和实践；不断更新理念，始终保持积极的进取状态，不断剖析自我、提升自我、超越自我，就能消解这种差距。

2. 教学资源观的差异

以下是发生在送教下乡英语课堂上的真实片段。

片断 1：为了设置情景，教授“Do you like... ?”句型及动物、玩具类单词，教师亲手绘制了生动可爱的动物图片布置教室，并带来了一些可爱的毛绒玩具分发给学生，以便于操练所学内容。教师还准备了一些学生喜爱的卡通贴画纸作为奖励。这种做法丰富了教学资源的利用，创设了优良的学习氛围和语境，极大地激发了学生的兴趣，使其能很快地融入课堂，参与课堂教学活动，保证了教学目标的顺利完成。

片断 2：学习“What colour is it?”及颜色类单词时，教师不仅利用了教室的桌椅、学生服装的颜色、文具等一些现成的资源，还通过图片练习了土地、庄稼、家禽等学生熟悉的环境及动物的颜色。生动地联系学生生活体验的教学设计大大调动了学生的参与热情，保证了良好的教学效果，实践了新课程倡导的从学生的学习兴趣、生活经验和认知水平出发的教学理念。

诚然，农村学校的教学设备、学生素养、教学环境、家长素质等诸多方面与城市学校都有着不小的差距，现在大部分城市学校已经用上了多媒体液晶投影仪和网络教室，而许多农村学校连最起码的录音机、投影仪都很难保证。教学资源对教学效果的影响是不可否认的，但教学资源的匮乏完全可以通过教师对课程资源的开发得以补偿。上述两个片断有效地解决了教学资源的矛盾，显示了执教者的独具匠心和教学智慧。所以，关键是教学理念和态度及对教学工作的热情，其次是悟道和实践。要想悟得有效果、有灵性，就需要经常反思自己的教学实践，经常学习别人的成功经验。对一个外语教师而言，还需要经常揣摩语言的运用规律和技巧，揣摩孩子学习外语的心理和兴趣，长此以往，就有了驾驭教学的智慧，就能以教学智慧解决教学资源匮乏的矛盾。

3. 课堂教学常规的差异

我们在教学视导的过程中浏览了大量的教研组工作计划，翻阅了许多常规教学资料，参加了一些集体备课，听取了学校领导的汇报。从管理层面来看我们感到各个学校都做得细致而全面，既有书面的又有物化的成果。但是，我们在有些农村学校的课堂里看到的却是另一番情景：教师的教学设计采用的是老套的语法讲授法，课堂主要是教师的一言堂，学生没有自主活动的时间和空间，新课程理念得不到丝毫体现；违背基本语言学习规律的现象很普遍；教师的板书很凌乱，很少用英语组织教学且教学语言很不规范；教学环节不齐全；学生的作业很少是整洁的，且书写也不规范等。教师的教学常规如此，学生的常规就可想而知了。那么，是否是因教师对常规教学不熟悉而导致如此问题呢？大量的文件和材料告诉我们教师对教学常规并非不熟悉。真正的问题在于没有一套有效的机制去落实，集体备课流于形式，教师之间的合作意识淡漠，教学评价演绎为低端的恶性竞争。我们常说“教学的法宝是常规”，但仅仅强调教学常规和学习常规是无济于事的。教学管理者的主要职责是强化常规、训练常规、落实常规。当教师的教学实实在在地走入了常规，学生就有了养成好习惯的可能，常规才可能成为制胜的法宝。送教下乡的教师正是抓住了常规教学的经脉，听说读写训练扎扎实实，教学设计环环相扣，教学语言简洁明了，板书设计工整条理，课自然也就流畅，水到渠成。他们在送教下乡课中并没有展示特别的技能和进行花哨的表演，但正因为他们抓住了常规，用好了常规，所以亮点纷呈，产生了强烈的对比效应。

4. 教师教学机智的差异

送教下乡的课堂上一位教师提出了这样一个问题：Do you like your family? 这个问题教师预设学生的答案是肯定的：Yes, I do. 然后教师可以讲解并操练一般现在时的肯定回答。可是当提问一个学生时，他回答了：No. 看到教师疑惑的目光及同学们的小声议论，他接着说：My mother is dead. My father only likes drinking. He doesn't love me at all. 旁听的教师听到都很震惊，执教教师镇静片刻后说：But you have so many good classmates. You have good teachers. I want to be your friend, too. OK? Do you like your classmates? Do you love our family—Class 2? 这个学生的情绪转眼间被调整了过来，整个课堂气氛也被调整了过来，学生们也自然地被引导到了目标句型的学习上。

上述教学情景的成功，主要是因为教师运用自己的教学机智很好地处理了预设与生成的关系。在送教下乡之前，我们要求每个执教教师将所有困难做最充分的考虑，尤其是要将学生的实际水平做最全面的设想。正因如此，每位教师备课时，不仅认真备好了教材，且充分备足了学生和学法，充分预设了课堂的种种可能，也充分准备了应对种种可能的措施，才使得课堂的各个环节衔接流畅，使“生成”成为课堂亮点。在知识的迁移中学生生成了学习的智慧，在情景的创设中学生生成了交际的能力，在师生平等对话中生成了和谐的教学氛围和教学愿景。而在平时的农村学校教学中，教师同执一本教参，照本宣科的现象比比皆是。教师面对教学中“生成”的情景无所适从，有的甚至呵斥学生，更不可能产生“生成”教学资源观。我们在视导的过程中处处听到抱怨声，或埋怨教材难度加深了；或埋怨学生没有学习语言的能力，在课堂上呆若木鸡；或埋怨家长不配合，诸如此类。古人云，“大匠无弃材”。当面对并不理想的生源，面对并不优越的教学环境时，教师要做好的不仅是知识的储备，更重要的是要在具体的教学情境中生成智慧、巧用情境、有效转化。这种智慧的形成需要长期不懈的努力，需要师生之间情感的共融，需要教师智能结构和心理素质结构的不断优化和发展。

上面从教学理念、教学资源、教学常规和教学机智四个方面分析了城乡学校英语教师的差距。目前部分农村学校业已走在了新课程改革的前沿，并取得了令人瞩目的成绩，部分农村学校的英语教师也具备了相当高的素质和发展潜能，但这些学校和这些教师的数量与农村学校的基数相比是远远不够的，他们的辐射力和影响力也非常小。真正想在短期内改变农村学校的英语教学现状，仅靠几次视导、几节送教下乡课更是杯水车薪。但如果在每次活动之后都能及时总结得失，及时跟进操练，并建立跟踪式个案研究；如果每一位农村英语教师都能在日常教学中注重学习，不断更新理念，巧用教学资源，夯实教学常规，发展教学机智，那么，改善农村学校英语教学的现状，缩短城乡学校之间的差距就变得现实而可行了。

第四节　借助“五力”提高英语教学效益与教研品质

受省教研室的邀请，笔者有幸参与了教育部修订后的《全日制义务教育英语课程标准(修订稿)》的讨论工作，因此，有了较早接触《新课标》的机会。修订后的英语课程标准强调指出，外语教育不再是精英教育，而是大众教育，是国家开放的需要，是对外交流的需要，并强调其在我国社会发展、经济建设等方面的意义和作用。《新课标》在课程性质部分中将义务教育阶段的英语课程的性质界定为“具有工具性和人文性双重性质”。由此看出，《新课标》对英语教师的使命、能力和专业化水平提出了更高的要求。如何适应《新课标》已成为大家共同关注和研究的主题。笔者认为，借助五种力量，能帮助我们尽快理清思路，找准目标，寻求策略，建立新机制，适应新形势。

一、借助设计力，提高英语教学的趣味性

英语教师的设计创意能力主要包括英语课程的构思和设计、教学的构思、教学整体设计、教学过程的调整、教学材料的编制、组织、调整和使用等。教学设计能力是教师的教学手段，也是教师教学理念的直接表现。我校先后举行了“教学百花奖”、青年教师业务能力考核，都将教师的设计能力作为一项主要考察目标。实践证明，创意的构思、精妙的课堂结构设计是英语教师的“看家本领”。一堂成功的教学课例首先肯定有巧妙的设计，加之充分而机智的执行，二者缺一不可。在教学“Fashion Show”一课时，我们进行了如下的设计：先通过两个模特介绍他们穿的服装，引出部分生词，进行简单的对话操练；然后巧妙地导入文中的人物，通过三个问题(Who is the person? What is he/she wearing today? How does he/she look?)进一步呈现生词和短语，为下一步学习做好铺垫；接着利用四个人物的介绍巧妙地进入课文，学生带着问题浏览；课文操练阅读之后，呈现歌手李宇春、张靓颖的时装照，让学生描述；最后设计采访李宇春、张靓颖的情景对话。整个设计紧紧围绕教学目标，突出重点，尊重学生的需求和个性差异，迎合学生的心理渴望，学生在课堂上表现出的表现张力和创造欲望是教师始料不及的。正是由于有了良好的设计，所以收到了很好的教学效果。如果我们能将每一节课都当作一项工程来设计，针对不同的课型、不同的对象、不同的阶段采取不同的设计策略，那就达到了很高的教学境界。

二、借助执行力，提高英语教学的互动性

英语教师的执行力主要包括：实施课程计划；实施整体教学计划；实施具体教学计划；在实施过程中保持课程计划、教学整体计划和教学具体计划的一致性；教学过程的随机处理策略等。执行力是教学内容的显性表述，是教学效果的根本保证。一个英语教师执行力的基础是良好的课堂互动能力和个性化教学风格。

互动能力是英语教师执行力的基础，是教师综合技能的具象表达，没有好的互动能力，英语教师就好比少了一只翱翔的翅膀。提高互动能力的前提是要发展自己的语言组织能力和跨文化交际能力，要加强与学生的沟通和对话，要加强业务学习和相互学习，不断追求“树欲静而风不止”的教学境界。没有良好的互动能力就难以产生随机的处理策略，教学效益就会大打折扣。

个性化教学风格是执行教学计划的智力保证，要形成自己的教学风格，就要勇于创新、积累、总结、提高。教学是一种创造性活动，教学的创造性首先体现在对教材的处理上，要针对学生的心理特点和已有知识，对教材进行科学的和艺术的处理，从而形成可以操作的教学思路；其次，教学创造还体现在编制和优化教法上。在教学过程中，教师要当好组织者和引导者，帮助学生积极主动地利用教材为自己的学习服务。

三、借助群控力，提高英语教学的和谐性

群体控制能力主要包括班集体的建构(与英语课堂教学相关的方面)、课堂的管理技术、课堂活动类型的运用、活动类型的转换、群体学习行为的养成、教师对教学群体的领导方式等。群体控制力是实践性很强的活动组织能力，如何使课堂动静有序、生成有质是体现教师群控力的主要指标，以综合实践活动为背景的实践操作是这一能力的延展表达，在“群体防控”的过程中更能促进师生关系的和谐发展，达成和谐的教学效果。

群控力较之执行力更加客观具体，更能体现教师的教学风格和教学情智，因此，良好的“群控”愿景是学生发展共性、张扬个性，课堂上各展所长、各得其所,课后教师能继续掌控学生的学习时空、调控学生的学习策略。开展第二课堂、组织兴趣小组、开展综合实践活动、进行小课题研究既是群控力的发展途径,也是群控力的成果显现。例如我校结合课本所学的内容开展了如下综合社会实践活动:

1. 设计制作型

May I introduce myself? ——制作个人英文名片

movie poster——为你最喜欢的一部电影设计海报

my favourite clothes——设计出你最喜欢的一套服饰

此项设计活动力求把绘画活动运用于英语教学活动中,在发展学生想象力和创造力的同时,发展学生运用英语的语言能力,并且培养学生动手操作能力及想象、创新能力。

2. 展望想象型

my ideal park——我理想中的公园

my ideal house——我理想中的住房

XinHai Experimental Middle School in 20 years——20 年后的新海实验中学

此项活动主要是激发学生的创造热情,培养学生的创新精神。由于设计的主题遵循了学生的认知规律,贴近学生的生活,符合学生的年龄特点,找准了学生的最近发展区,学生在活动中表现出了良好的科学素养和创造潜质,为母校的蓝图规划更是引起了校长的由衷赞扬。

3. 实践操作型

(1) 小小翻译家

此项活动主要是让学生通过搜集英文商标,认识生活中的英文商标,并学会给一些生活中常用的商标配上英文说明。在活动中有很多学生利用上学、放学的机会寻找英文商标;有的同学晚上利用和爸爸妈妈一起逛超市的机会,在那里找到许多英文商标;有的同学在家里把大大小小的家居用品翻了一遍,也找到许多;还有的同学到网络上找到了许多英文商标……

(2) 时装展示会

在学完有关 fashion 的教学内容后，我们结合教材进行了整合尝试，指导学生举行了一个英文时装展示会，取得了非常好的效果。在活动中，不但充分地发挥了学生的创造力，还培养了学生的合作意识、环保意识等。学生运用多种材料，用一些再普通不过的 newspaper，plastic bag，balloon，color paper 等材料制作了一件件美丽的 clothes，举办了一台 fashion show（服装秀），简短的英文台词解说虽说还很稚嫩，但一个个小小模特的聪明可爱之处已经表现得淋漓尽致。

(3) 学做万圣节面具和南瓜灯

在学习有关万圣节的课文之后，笔者为学生播放了在加拿大学习期间度过万圣节节日所拍摄的录像和照片，学生们在观看中身临其境，感受着节日的氛围。为了培养学生的动手和实际操作能力，笔者适时布置了让学生学做万圣节面具和南瓜灯的作业，在活动中学生们表现出了极大的热情和多样的想象力，制作出了多样的万圣节面具和南瓜灯。可见在发展学生语言能力的同时，应该注重培养学生的思维能力、想象力和创造力，这种动态的教学能在很大程度上提高学生的学习积极性和学习兴趣。

4. 调查分析型

(1) "人们在业余时间通常做哪些休闲活动，哪一项最受欢迎，为什么？"

——请同学们利用春节假期，调查身边的亲朋好友，完成英文调查分析报告。表格可设计如下，也可以自行设计（要求所调查的人数不少于 20 人）：

Name	Age	Job	Personality	Favourite activity	Reason

(2) "中外节日有什么相同与差异？"

——请同学们通过网络、书籍等手段比较中外节日，并整合所搜集到的信息：

festival	time	food	clothes	story	activity	theme
Mid-autumn						
Spring festival						
Thanksgiving day						
Halloween						
Christmas						

此项活动要求学生在和同伴的合作相处、分工协作下完成，通过信息的搜集积累、分类整合，力求培养学生们搜集信息加工处理的能力和总结归纳能力，并且学会和他人合作。

四、借助反思力，提高英语教学的整合性

教学反思能力主要包括对教学设计的反思、对教学过程的反思、对自身教学行为的反思、对课堂教学整体行为的反思、对教学评估的反思等。一个成长性教师首先是一个反思性教师。一个教师的反思力首先表现在他谦逊的品质上，其次还与他的学识涵养有着紧密的联系。善于反思，就是善于总结，善于挖掘优势又善于批评不足，善于学习完善又善于效仿借鉴。一个教师的反思力越强，他的教学效益提升就越快，他的专业成长速度就越快。笔者在教学中特别重视课堂教学的即时反思，即当堂课后或当天就撰写反思笔记，及时记录得失，隔日便进行改善提高。在教学“Fashion Show”一课时笔者做了这样的反思：这节课的成功之处在于教学设计好，多媒体课件运用得当，充分调动了学生的积极性和学习兴趣，学生参与度高，操练充分且操练得法。任务型的设计和情景型的操练是这节课的最大砝码。但这节课也有两点明显不足：学生的服装资源运用不够充分，统一的校服着装弱化了课堂的生成资源；情感目标立意不够高，应该将学生的穿着与追求时尚以及效仿时尚结合起来分析比较，引导学生树立健康向上的时尚观，养成勤俭朴素的生活作风，不去攀比物质生活的奢华，而应追求学习生活的充实富足。

近年来，我们学校大力推行“一课三案”，“三案”即教案、学案、反思案。反思案强调从教和学两个方面剖析得失，一学期下来，每位教师根据自已的反思案整理撰写教学叙事。在“一课三案”的基础上我们学校又提出了“一课三案”和“一课三上”，即一堂课的内容经过三次集体备课，三次课堂操练，最终形成比较理想的操作规程和教学范式，这样做加强了反思的力度和频度，从操作的层面促进了教师反思力的提升和发展，可谓是行之有效的校本策略。

五、借助探究力，提高英语教学的研究性

这儿所提的探究包括两方面的含义：一是教学探究，二是业务提高。一个教师要想提高自己的教学探究能力首先要提高自己的教学观察能力：课堂现场观察，学生群体行为观察，学生个体行为观察，心理观察，观察信息的有效收集和分析等。其次要经常地与文本对话，与学生对话，在对话中反思，在对话中品读，在对话中提升。我国优秀英语教师的个案表明：他们的教育学识、教育观念、教育能力表现的卓有成效的发展基本上是自己努力探究的结果。但是，我们不要低估在这样的努力中那些有影响力的事件所起的关键性作用。这些事件包括：重要的教学研究活动；专家对特定的具体教学过程的现场观察示范和分析；结合实际情况和本人经验的理论阐述；有针对性的理论阅读；一般教育和语言教育领域的学术交流活动；教学个案分析；教育科研课题的全过程参与；等等。

我们学校英语校本研究主要有两个特色：一是短频快式小课题的研究，二是集中校本研训制。鼓励每位老师结合自己的教学实践选取角度小、时效强、周期短的小课题开展研究，这种探究活动门槛低，每位教师都“玩”得起，因而营造了全员科研的良好氛围。

如果将新课程比作一台电脑，笔者认为文本好比显示器，教师的理念好比中央处理器(CPU)，教师的能力(尤其是角色功能)就像数据光缆，CPU 决定了速度，光缆连接了广阔的世界。守住一根电话线上网的时代已经过去了，我们今天要做的而且必须要做的就是想方设法使这根光缆更粗更宽，连接更广更大的世界。唯有此，我们才能成为新课程的忠实践行者，才能在新理念下准确地定位自己的新角色，才能在英语教学这一领域建立真正属于自己的话语空间。

第五节　信息资源支持下的英语教学翻转创新实践

翻转课堂(Flipped Classroom)指的是重新调整课堂内外的时间，将学习的决定权从教师转移给学生。传统课堂都是以“课前预习—上课讲解—课后复习”的模式进行，翻转课堂则是将上课讲解翻转为课堂练习，课后复习翻转为课前学习。翻转课堂彻底将传统课堂的教学流程打乱重新解构，将课上和课后的任务颠倒过来，同时，教师和学生的角色也发生了一定变化。

翻转课堂在信息技术的支持下才得以开展，这就对学生家庭、学校的硬件条件提出了要求。如何合理高效地利用信息设备和网络资源是实现课堂翻转的关键所在。翻转课堂的本质是“先学后教”，是因特网环境、信息技术发展到一定阶段的必然产物；从可操作角度分析，翻转课堂是“先学后教”理念的技术化，让“先学后教”能够被“技术化、物化”，使其执行性极大提高。因此，只有通过多方位的信息资源开发和多维度的技术运用才能为翻转课堂的有效实施提供坚强保障。笔者在日常的教学实践中注重学科融合，集聚各种资源，大胆尝试教学翻转，并与相关学科开展改革实验，取得了较为满意的教学效果。

一、基于互动平台，翻转教学流程

学习理论指出，学习者通常要经过“吸收”和“内化”两个关键阶段。传统的学习中，学生主要是在课堂上接受教师的知识传授，吸收知识，课外通过做作业等形式内化课堂上所学的知识。实际上，知识内化阶段学生面临的困境很多，需要教师及时指导。鉴于此，我们需要根据学习者的学习需求，借助网络互动学习平台，把“吸收”和“内化”两个阶段的学习进行“翻转”，即课下“吸收”，课上“内化”，让学生始终处于主体地位，充分尊重每一位学生的学习需求，促进学生不断自主建构；为个性化教学提供更丰富、鲜活的教学资源；突破时空的限制，让学生自由选择自己需要的学习伙伴和自我评价方式，实现跨地域、以人为本的自主学习。我们尝试了在不同学科和不同教学环节运用不同的数字技术平台，以增强教学的趣味性和适用性。

比如，在英语教学中，我们尝试运用平板计算机(PAD)进行翻转教学。课前，首先要求学生利用PAD中的朗文音频、动漫、英汉汉英等词典自主学习生词和练习发音；突破传统的教学模式，把课文作为阅读材料，让学生自己在PAD上进行阅读，了解文章大意，自主完成相关任务，检测学习效果；然后，再运用PAD的录音功能将自己的朗读资料发给老师和同学，接受老师的指导和同学的帮助。课上，老师通过PAD展示学生的书面作业和语音作业，并有针对性地解决学生的共性问题和个性问题。学生有了课前的充分预习,积累了相关资料,他们带着知识建构和问题发现走进课堂,学得主动而积极;教师带着学生的学习预知和问题发现走进课堂,教得生动而深刻。这样的英语教学翻转不仅提高了课堂教学效益,而且充分利用了交互平台的音像资料,学生在课前和课中都得到了充分的练习语音和口语的机会,长此以往,对学生语言能力和语感的培养是大有裨益的。

二、借力微课资源,翻转师生角色

"微课"是指按照新课程标准及教学实践要求,以视频为主要载体,记录教师在课堂内外教育教学过程中围绕某个知识点(重点、难点或疑点)或教学环节而开展的精彩教与学的全过程,一般为 5～10 分钟的视频片断。在微课教学中,学生是主角,教师成为导演,要负责课堂活动的设计和呈现方式的创新。借助信息技术,教学可以从微课这个点拓展到翻转课堂这条线,最终到慕课这个面,从简单的内容重塑,发展到教学法的改变,提升到教育模式的创新。

比如,在英语课上,为了帮助学生有效地做好预习工作,我们运用北京四中网校的"预习王"平台中的课前预习资源,引导学生高质量地做好预习工作,培养学生良好的预习习惯。具体操作分四个步骤:第一步,看微课。每节视频5～12 分钟,包含动画、音频、特效等多种形式,视频通俗易懂又好看,对每个知识点、重难点与考试热点都进行了精确透析,有效地利用学生课前碎片时间,省时省力又见效。第二步,做题。每个微课配三道测试题目,听懂没听懂,检测一下便知晓,让学生轻松掌握和运用所学知识,自我检测查漏补缺。第三步,下载学案。"预习王"配备的学案,能帮助学生系统地梳理知识点,完成每个环节的任务。学生把学案带到课堂,就是一份标准的听课笔记,很好地解决了课堂上学生"听"与"记"的矛盾;同时,学案也相当于一份权威的复习资料,重难点、经典例题、自己还没掌握的题目一目了然。第四步,结果统计。学生点击一下就能知道自己的漏做题和错题,甚至还能知道班级同学的正确率。当然,教师也可以及时看到学生客观题的正确率,从而提高课堂教学的针对性,抓住重点,突破难点,大幅度提高课堂教学效益。

三、运用专业软件,翻转教学评价

作业和试卷批改占据了教师工作的大部分时间,成了教师不能承受之苦之累;教师对作业和试卷答题质量的评价更是流于表面,很难取得精准有价值的评价数据。因此,探索作业和试卷批改和评价的新途径成了许多教师研究的主题和课题。我们学校在大力实施教学改革的同时,经过多方考察和论证,引进了"极课大数据"。极课大数据是一家服务于基础教育的学业采集与学情追踪反馈系统。极课系统目前可以做到批改、分析,并形成错题本、诊断报告、个性化学习包、学业信息档案、学科内容评价报告单等。以此为基础,形成学习和行为相关增值方案,为学生的个性化学习提供依据。

比如,在英语教学中,极课系统可以将学生平时的作业、试卷批改情况扫入数据系统内,然后根据教师的卷面批改状况,自动进行数据分析:一是自动计算总分,避免累分的错误。二是自动计算分析每一小题得分情况,可以有以下好处:横向了解各学生掌握知识点情况;纵向了解各知识点掌握情况。这样可以使教师全面了解班级整体情况,教学上能够对症下药,避免了重复劳动和平行讲解试卷的弊端,提高了课堂效率。极课大数据学习引擎还能对每道题目进行知识点、载体、方法、能力等多个维度的标注,帮助老师精准出题,再通过智能学习引擎的大数据分析,老师可以根据不同题目的考点和学生答题情况,迅速准确了解每个学生的知识漏洞,有效诊断学生的学习问题,继而进行针对性讲练。这样的学习循环系统改变了传统的先学后评的一贯做法,教师对学生的学习评价可以渗透到学习前、学习中、学习后的任何一个阶段。"适时适度的教学评价无处不在,而且兼顾了不同层面学生的学习需求,这对学生增强学习自信心和上进心帮助太大了。"我校吴艳老师经常这么说。

四、尝试远程教学,翻转学习空间

基于互联网的非正式学习、自主交互的社会化学习、打破时空限制的移动学习正在成为现实,所以需要在各个学科中整体推进以智能终端、无线互联等新技术运用为特征的课程改革,让新技术的运用改进学习方式和教学方式,构建数字教学文化,探索新型教学模式;需要开发以学习者为中心的在线课程,构建混合型学习模型。如,根据小学生学习特点和学习需求,依据学科课程特点开发在线课程,建立"网络在线学堂",为学生提供在线学习和线下学习的环境和学习资源,开展混合学习,并通过学习分析,给学生个性化指导。

我校从2012年开始筹备建立自己的网校，首先投入1 000万元更新了硬件设备，搭建了信息化网络平台，进行跨越时空、突出个性、自主学习的远程教学。网校强调学习的个性化、互动性。英语学科是我校第一个开发运用的网校资源，目前已经开发并运用的主要有三个栏目：① 同步知识导学：是课堂教学的延伸，是课堂内容的归纳提炼。强调对各知识点的重点、难点的分析、归纳、总结，配有经典例题和题型精练，充分体现中考、高考精神，帮助学生及时把握中高考动向，并配有相关测试题。并对学生的期中期末进行复习指导。② 网络视听课堂：由我校骨干教师和名教师进行授课，所有的课程设置都根据学科、知识点进行重、难点讲解，让学生在有限的时间内学到最关键的内容，提高学习效率；课堂内容包括各个学科的知识点和解题技巧等。③ 名师在线答疑：学生在规定时间上网与自己仰慕的教师进行面对面实时交流；学校的所有"职级制"工程的教师每个月都有在线答疑的任务，他们提前做好准备，及时在线答疑，真正实现了教师与学生之间的"教"、"学"互动，从而实现了教学时空的无限延伸。

总之，在"互联网＋"时代，教师要善于运用各种信息技术和信息资源，以学习者的身份去教，翻转观念从"输送知识"到"代入教学"，以此来提高学生自我管理和自主学习的能力，提升教师教育教学能力。当然，在运用现代教育技术的过程中，要注意发挥教师和学生的主体性和积极性，要让信息技术和互联网为我所用，而不是变成信息技术和互联网的奴隶，掉进大数据的海洋，本末倒置，忘记教书育人的首要任务。

第六节　学生英语口语训练的张力与效能

众所周知，英语学习的最大瓶颈是口语。虽然现行的各式教材都突出了对话部分的比重，中高考英语增加了口语测试，很多地区的小学毕业也增加了口语素质考查，但教材编写时很大程度上受教材容量和课堂学习容量的限制，对话部分的比重还显单薄，加之毕业升学的口语测试带有很强的功利性和局限性，如果教师照本宣科地进行口语训练，很难达到真正发展学生口语水平的目的。那么，怎样才能充分挖掘教材潜力，拓展学生口语训练空间和训练途径，从而增强口语训练的张力和效能呢？

一、加强训练密度，提高训练效能

课堂口语练习中，老师往往采取的方法是先示范，然后让学生模仿。为了让学生尽可能听得懂听得清楚，老师讲得尽可能慢而多，而且往往是就某一词汇或某一句型反复训练，这样的训练一般占用了课堂口语训练的大部分时间，虽然达到了基本的口语训练要求，但这种的训练很难让学生获得真实的语言感受，而且忽略了学生的个性差别和能力差异，长此以往，容易造成优秀生“吃不饱”，后进生“吃不了”的状况。优秀生慢慢丧失了练习的兴趣，中等生的能力不能得到充分发挥，口语训练仅停留在“咿呀学语”的层面上，训练水平在萎缩，课堂训练张力不足，教学效益低下。如何改变这种状况呢？笔者认为，行之有效的方法是加强训练的密度和强度，通过对教学内容的合理设计和有效分配优化教学环节，调节训练节奏。具体做法是：在导入新课或话题时，要简洁而清楚，但语速不能太慢，条件允许的情况下借助于地道的外籍教师的录音；训练阶段要根据学生的水平差异分层设计，提出分层目标，对一般水平的学生主要要求他们熟练朗读，进行简单的问题操练，对较好的学生要求在熟读的基础上进行有任务的会话练习和复述练习，对优秀生要求他们运用所学内容拓展思维，设计情景，进行话题训练。但不管是哪个层次哪个环节，都要求学生反应要快，语言要流畅。这种高密度、大容量、快节奏的训练要求教师具有很好的示范能力和掌控能力。因此，教师本人也应该不断加强口语训练，不断提高自己的口语水平，这样才能保证课堂训练的效果。

二、借助任务训练，优化训练方法

现行的《全日制义务教育英语课程标准》倡导以任务型教学为主要教学模式，教学以具体任务为学习动力或动机，以完成任务的过程为学习的过程，以展示任务成果的方式（而不是以测试的分数）来体现教学的成就，以达到培养学生的自主学习、合作探究的学习能力和语言综合应用能力。在口语教学中运用任务型操作模式可以帮助很好地完成训练任务，更大限度地调动学生的主观能动性，达到事半功倍的效果。一般操作模式如下：① 教师布置任务——前任务阶段；② 学生分组完成任务——任务阶段；③ 学生汇报活动情况；④ 教师评价或学生相互评价；⑤ 拓展性训练。其中的步骤③、④、⑤为后任务阶段。如进行 shopping 这一口语任务训练时，我们设计的步骤如下：① 提出问题：Do you like shopping? Where do you usually go shopping? Who do you usually go with? What do you usually buy? ② 学生分组讨论回答。③ 请各小组派一代表就各自讨论的内容做总结汇报。④ 教师和学生给予评价。⑤ 教师布置任务：4～5 人一组完成一次模拟购物任务（其中 1～2 位同学担任营业员）。⑥ 学生分组完成任务。⑦ 学生分组展示。⑧ 学生述说购物心得。⑨ 教师评价。⑩ 布置课后去大型商场与外国人用英语谈论购物。任务型口语训练能很好地激发学生的练习热情和学习兴趣，但往往需要大量的时间，有时会影响课堂教学任务的完成，合理有效解决这一矛盾是这一教学设计的关键所在。

三、发挥媒体功能，开阔训练视角

现代传媒技术的发展为英语教学带来了极大的方便，如何有效地利用媒体是每一个英语教师面临和亟待解决的现实问题。笔者认为首先要解决的问题是传媒的选择，即选择何种适合学生兴趣和水平的媒体。我们学校为每个教室配备了高亮度液晶投影仪、电动投影幕和实物展示台，并且和校园网、因特网相连接，因此，我们几乎每节课都要利用多媒体设备辅助口语训练。一般遵循的步骤是：先通过英语原声录像或 FLASH 动画进行呈现，然后让学生模仿，接着学生进行自主性练习和创造性练习。除在课堂上使用多媒体设备外，笔者还经常向学生推荐“希望英语”英文电视节目，欢快的节目形式、纯正的语音语调、适合学生水平的节目内容，这一切使学生很快就喜欢上了这一节目，有的学生因为不能及时收看还让家长录下来回家再看，从而为他的口语学习带来很大的推动作用。《21 世纪英文报》是笔者向学生推荐的唯一报刊，每期报纸都刊登了许多短小精悍、主题广泛、语言地道、适合学生阅读的时文或故事，特别适合学生进行口语练习，在这个过程中学生还扩大了词汇量和知识面，可谓一举多得。

在确定了媒体的选择之后，教师还要注意指导学生如何运用和何时运用媒体。笔者认为课堂口语介入的最佳时机是在新知识的呈现和重点句型操练后。

学生此时已具有了一定的知识储备，在媒体的辅助和激发下，兴趣大增，这时候介入口语训练往往能取得事半功倍的效果。而在课后，建议学生在固定的时间收看电视节目（或收听广播），同时还要让学生将听和说的训练有机地结合起来。譬如，在看了“希望英语”之后，第二天让学生在课堂上叙述所看内容，或谈谈自己的感想，或者模仿节目形式，让学生组织演讲比赛或辩论赛等。凡此种种，学生便有了立体的、多维的训练空间，这对于高水平学生来说是尤为重要也是非常有效的。

四、编印班本教材，物化训练成果

班有班情，生有生情，如何寻找最适合学生需求的口语素材呢？笔者认为最好的途径是编制班本口语训练教材（或者叫口语训练手册）。根据学生的实际水平和兴趣爱好以及教材的编写体系，将话题、功能、结构和任务等几个方面在比较真实的情景中融为一体，编制出有针对性的训练素材，如在使用牛津英语 Starter 教材时，开学初笔者设计了这样一系列主题（topics）：① greetings；② my family；③ my friend；④ our classroom；⑤ my school；⑥ our city park；⑦ my favourite colour；⑧ at a birthday party；⑨ at a weekend；⑩ make a telephone。在每一个主题（topic）中，列出重点使用句型、选择句型和提高句型，并将生词单独列出。训练时，尽可能借助真实的场景和道具，营造尽可能真实的交际情景，并鼓励学生使用选择句型和提高句型，让不同水平的学生都能找到自己的兴趣点和着落点，为每一个学生提供发展性训练空间和形成性评价机制。但在实际操作中，经常会遇到事先的设计不够完善，或超出学生水平或达不到学生的水平要求或不能引起学生强烈兴趣等问题，这就需要适时地调整内容，或改变话题或增加内容或减少内容。如在 my family 话题操练时，老师提供的句型明显不够用，这时笔者又适时地提供了 Where do you live? I live at... in... Is there a pet in your family? Do you like her/him? 等句型，这样做，既丰富了教学内容，又激发了学生的兴趣，起到了很好的效果。

五、组织兴趣小组，拓宽训练途径

课堂学习是口语训练的主阵地，但如果仅仅依靠课堂进行口语训练是远远不够的。我们学校长期以来一直坚持组织英语角（English Corner），活动分年级组织，有时鼓励学生跨年级参加。像设计班本教材一样，我们每次活动前公布主题(topic)和重点结构句型，并在校园广场上以海报形式进行宣传，每次活动总能吸引一大批英语口语爱好者，英语教师和外籍教师的加入加强了对学生的指导，保证了活动的效果；我校长期开设英语口语训练的校本课程，每次都会吸引许多同学参加，我校出国进修过的教师轮流开课，很受学生欢迎；笔者还经常鼓励学生自行组织课外口语练习小组，每学期都要组织一至两次班级学生口语竞赛，每学期期末都要组织一次面向全体学生的口语测试，每年圣诞节都要组织一次圣诞英语晚会等。

英语教学的最终目的是培养学生的语言交际与运用能力。英语教师只有不断提高自己的语言素养，注重对学生的日常口语训练，采用新方法、开辟新途径、实施新策略，才能不断地提高口语的训练张力，实现英语教学的价值皈依。

第七节　在英语教学中营造德育场的实践探索

《牛津初中英语》教材内容丰富，既贴近学生的日常生活，又富有时代气息，越来越受到师生们的欢迎。但它毕竟是一套来自国外的改编英语教材，对英语国家的语言文化知识呈现较多，对中国的本土文化介绍偏少。英语课程不仅要发展学生的语言知识能力、提高学生的语言技能，还有责任和义务培养学生积极向上的情感态度、爱国情操和国际视野。要通过英语课程帮助学生了解世界和中西方文化的差异，培养爱国主义精神，形成健康的人生观、价值观。因此，如何充分挖掘牛津教材中的德育素材，在英语教学中有机地融入传统教育、美德教育、爱国教育和理想教育成了我们的一个重要任务。在使用牛津版教材的过程中笔者进行了以下的尝试。

一、结合单元主题渗透德育教育

《牛津初中英语》每个单元都有一个主题，在平时教学中笔者有计划地借助这些主题对学生进行思想教育。Unit 3 “Let’s celebrate!”向学生介绍了西方有趣的万圣节，玩游戏、戴面具、做南瓜灯等活动，让学生充满了好奇和向往。我国传统的节日也很精彩，在 Main task 环节，笔者向同学们介绍了我国的传统节日——春节。通过图片，笔者向同学们介绍了放烟花、发红包、穿新衣、观看中国新年节目(set off firecrackers, give red packets, wear new clothes, watch Chinese New Year programmes)等春节民间活动，讲的都是身边的事，激起了学生浓厚的学习兴趣。紧接着笔者引导他们讲述自己的春节故事，热烈的讨论讲述中将主题进一步升华。最后，再让学生对比中西方节日的异同，引导他们尊崇自己的民族文化，学生们在发展语言能力的同时，民族自豪感也油然而生。

“Fashion”单元主要讲授有关服装的词汇。教完课文之后笔者又策划了一次服装表演活动。青春洋溢的孩子们身着自己装备的多彩时装，踏着欢快的节奏，展现时装的魅力，课堂气氛进入了高潮。为了避免学生在服装上过分追求和攀比，表演结束后，笔者提出了两个问题：“1. These clothes are beautiful. But you are middle school students. Can you spend too much money on expensive clothes? What should we do? 2. Do the children in poor areas have so many beautiful clothes to wear? What can we do for the children in poor areas?”紧接着通过大屏幕显示了贫困地区孩子上学和着装的照片，强烈的反差激起了学生的同情心，也激起了他们表达的欲望，课堂的教学内容得到了有效的拓展和延伸，同时在潜移默化中对学生进行了一次很好的爱心教育。后来，我们又利用综合实践课组织了全年级学生参与的“Shopping mall”，一千多人的场面真叫壮观，学生自己从家里带来了数千种物品，活动所得的款项全部捐给了汶川地震灾区的孩童们，活动后我们又开展了英语征文活动，爱心教育再一次得到升华。

“Dream homes”单元谈论了世界各地的家。在“Vocabulary”课时展现了尼尔家时髦的家具和宜人的居住环境。学完这些有关词语后，笔者有意设计了这样一个问题：“Which home is better, Neil's or yours?”学生真实地说：“I like Neil's home. His home is better.” 笔者适时进行了引导：“Of course Neil's home is nicer. But east or west, home is the best. Maybe your home is not good enough now. But if you study hard, one day you can make it more beautiful than Neil's.”笔者还通过多媒体展示了我们家乡的发展规划蓝图，告诉学生不要一味地崇洋媚外，要热爱自己的家乡和祖国，要用自己的智慧和双

手去建设美好的家园。

"Abilities"单元介绍了一个助人为乐的好青年。通过这个话题，笔者让学生讨论做人的好品质，并将这些品质列举在黑板上："Be brave, careful, helpful, polite, kind etc."然后推选班级之星："Who is the most helpful in our class? Who is the most polite? Who is the most careful? Who is the most diligent? Who is the bravest?"课后让学生制作成展板，挂到了班级墙上，号召同学们向这些身边的榜样学习。此后，评选班级"每周一星"活动变成了一项常规工作，学生每周都会认真地做好量化考核和评比工作，至今我们班级还在延续着这项有意义的活动。

二、在课堂教学环节中渗透德育

1. 创设语言交际环境，培养学生的合作精神

在平时教学中，笔者每一课时都要设计一些情境，让学生两两对话或小组活动，培养他们合作解决问题的能力。在学生起来对话或表演时，给他们赞赏的眼神和鼓励的言语，帮助他们克服紧张、焦虑等消极的情绪，给他们信心和成功的体验。在这样的活动中，学生的语言知识和技能得到了发展，也形成了师生融洽、和谐、相互尊重的教学氛围，使学生体会到了英语学习的乐趣。笔者还将班级的座位进行了大胆的改革，打破传统的"影院式"坐法，进行了重新排列，六位同学一大组，大组内两位同学一小组，座位成 U 形排列，组内异质，组间同质，并且建立了一整套的小组合作与评价机制，大大调动了学生的参与热情，在"兵教兵""兵练兵"的过程中教学资源得以挖掘，教学空间得以拓展，教学效果得以提高。

2. 在导入新词汇时，适时进行教育

英语课堂上要经常进行语言知识的导入和操练，在例句的选择上笔者进行了精心选择。在"My day"课文教学中，遇到了"spend... doing..."这个短语，笔者在与学生讨论的过程中引出了下列例句："We should spend more time learning English. We shouldn't spend too much time watching TV. How much time do you spend helping your mother do housework?"适时地教育学生珍惜时间和关心他人。在"Amazing things" Vocabulary 教学时学习了 love, hate, like 等词语，笔者给学生充分的时间表达了自己的爱与憎，并在最后呈现

了这些例句:“We love our motherland. We love peace. We hate wars. We hope our world will be full of warmth and peace for ever. ”笔者适时地播放了伊拉克战争的场面,使学生的心灵得到了震撼,他们热爱和平、建设和谐社会的情感又一次油然而生。

三、在课外活动中渗透德育

《新课标》指出,要根据学生的年龄特点和兴趣爱好积极开展各种课外活动,这除了有助于学生增长知识、开阔视野、发展个性外,也是对学生进行德育渗透的好时机。结合课本“Project”任务,笔者组织了以“My dream home, My dream town, My fashion design”等为主题的一系列手抄报展,那一篇篇多彩的短文,那一张张精美的插图,展现了同学们对美的追求、对美好家园的向往,从而达到了爱生活、爱家乡的教育目的。在英语校本课程的课堂上,笔者设计了经典英语歌曲欣赏,“Edelweiss”、“The straw hat”、“Country road” 等经典老歌,让同学们体会到那种深深的对国家、对家乡、对家人的热爱;在英语综合实践假期作业中,笔者布置学生用英语采访来到港城的海外建设者,在对话中体味家乡的文化和变化;在一年一度的圣诞晚会上,让学生们自己动手制作英语卡片,互相赠送,并将制作精良的卡片送给老师,一张小小的卡片寄予了深深的同学情谊和师生情谊。

牛津英语教材中还蕴藏着很多这样的德育教育契机,我们教师要做德育教育的有心人,做学生成长的引路人,认真挖掘教材中那些有利于学生成长的内容,适度开发校本资源和地方资源,构筑立体教育空间。在教学中切忌空洞的说教,而要靠润物无声的方式去渗透。在平时的工作中,教师也要注意提高自身的素质,以身作则,为人师表,这样才能让学生在我们的课堂上个性张扬、生动活泼地发展,从而锻造成为国家有用之才。

第八节　在人文层面实施分层提问

提问是各科教学中最常用的教学手段之一,在英语教学中运用得更为广泛和普遍。那么,如何更加有效地设问、何时发问、向谁提问、如何追问、怎样答问呢？怎样才能通过提问提高课堂教学效益呢？笔者通过实践认为，在人文层面实施分层提问是一种行之有效的操作手段，它可以有效地防止提问的单一性和片面性，既能照顾学生的个性，又能面向全体学生；既能提高课堂教学的效益，又能促进教师的专业发展。

一、帮助学生克服胆怯、害羞、怕出错的心理障碍，使每个学生敢于开口、勇于发言、乐于表现

课堂上积极回答问题的多半是成绩优秀的学生，他们思维敏捷，反应灵敏，拥有大多数回答问题的机会，而成绩一般的和成绩较差的学生多半羞于开口或难以开口：有的害怕表现不佳，有损自己在老师和同学心目中的形象；有的因性格内向，不爱表现，不肯轻易发言；还有的因为长期受到冷落，逐渐丧失了积极性和上进心，形成了思维上极强的排外性和惰性。凡此种种，学生都有一个共同的心理，就是怕羞、自卑、自信心不强。为了改变这种状况，笔者平时注重经常和学生沟通、交流，缩短心距，经常利用课余时间与他们谈心，话题无所不及，或学习情况，或家庭情况，或人生社会，或政治经济，或足球动画，或当红歌星，或博客播客等等。笔者还与几个特别调皮的学生结成“对子”，经常参加他们的文体活动，与他们一起打球、下棋、搞活动。这样，笔者与学生之间的距离不断拉近，学生对笔者的信任感不断增强，这时笔者再帮助他们分析性格上和心理上的优点与不足，教其如何取长补短、克服自卑、增强自信、勇于发言。课堂上笔者格外关注他们的表现，尽可能多给他们一些鼓励的眼神和话语，从来不用呵斥的语言和态度，他们答对了，给予充分的肯定和赞扬，即使回答错了，也对其主动发言的表现表示肯定。长此以往，这些学生就会被老师的人格修养和人格魅力所感染，他们从课堂上找到了自信，克服了自卑，能与老师保持非常友好和有效的合作关系。

二、为不同层次的学生设计不同层次的问题，使每个学生都能得到成功的体验，增强学习的信心

布鲁姆认为：“教育的最基本的任务是找到这样的策略，既考虑到个体差异，但又能促进个体的最充分的发展。”巴班斯基的教学观点认为：“教师在承认学生个别差异的基础上，认真研究学生的学习实际可能性及其组成的成分，从而针对不同的特点施教以达到最优发展。”因此，在课堂提问时，笔者常把问题设计成三个层面，分别面向A、B、C三层学生(学生的分层是模糊的、自选的、动态的)，使每个层面的学生在提问中都能找到自己的坐标，体现自己的价值，获得成功的体验，在这样的提问中，B、C层的学生更是跃跃欲试，尝试着回答A层次的问题，从而促进了各个层面学生的整体发展。例如，在复习“Favourite food”时笔者为三个层次的学生设计了这样三个层次的问题：

第一层次：Can you cook food for yourself?

Do you like dumplings?

What is your favourite food?

第二层次：How many meals do you eat every day?

When do you have breakfast/ lunch/ supper?

What do you usually have for breakfast?

第三层次：Do you like noodles? Why?

Which do you like better, Chinese food or West food? Why?

Suppose today is your mother's birthday, can you go shopping and cook for her?

第一层次的问题句式简单，句意明了，多为一般疑问句或仅用一两个词或短语来回答；第二层问题更进一步，学生回答时要稍作思考，并要求他们尽量以能够完整的句型来回答；第三层问题要求最高，要求学生积极思考，丰富联想，体现创造性。这样的设计迎合了每个学生的需要，使每个层次学生都能获得成功的体验，使自己在原有的水平上都能有所提高。

三、问题的设计和提问的方式要灵活多样，富有创造性，以利于培养学生的语言能力和创新意识

当今的中学生见识广、反应快，获取各种信息的渠道广，接受新事物的能力强，所以不管是针对哪个层面的问题都不能简单教条，形式呆板。在设计问题时，既要考虑它的知识性，又要考虑它的能力性；既要注重问题的严谨性和科学性，又要注重它的时代性和创新性，要多提参与型、讨论式、见解性的问题，给学生留下广阔的思维空间和创造空间。在提问的方式上，不能满足于“边讲边问”

式的随意性提问，一定要掌握合适的提问时机，提问的语言尽量轻松幽默。针对青少年兴趣转移较快的特点，有时可提一些跳跃性或跨度较大的问题。问题和提问的对象有时也可进行动态的调节，例如，可以用 A 层的问题去问 B 层甚至是 C 层的学生，也可以用 C 层的问题去问 B 层或 A 层的学生，这样做对知识的摄取也许没有多大的帮助，但是能吸引学生的注意力，激发学生的兴趣，培养他们的创新意识，也有助于培养学生思维的灵敏性和独创性。学生在进行创意性回答时，还要运用各种语言知识和句型，使自己的语言能力和交际能力得到有效的发展。当然，不同层面的学生所展示的创造性也是不尽相同的，A 层学生的回答一般来说更具有创新和特色，但"创造教育面前无差生"，要多鼓励 C 层的学生大胆发言，勇于表现。实践证明，C 层的学生经常会成为课堂上的亮点，有时甚至比 A 层的学生更积极、更富有创新精神，这种局面又会强烈地激发 A、B 层学生的创造动机，从而能使所有的学生激发出更强的创造性思维和创新精神。

四、改进追问和答问的技巧，促进各层学生间的友好协作和共同提高

英语中有许多问题是渐进式或连环式的，因此，我们常常需要进行连问或追问，但切不可按事先设计那样按部就班，一成不变，应根据学生的最初问答随机应变，因势利导地追问或转问；应根据问题的难易程度和不同的对象决定追问的节奏，追问 A 层学生时，要有跳跃性，节奏要快。追问 B 层学生时，问题要保持适当的梯度，但跨度不能太大。追问 C 层学生时，节奏一定要慢，梯度要小，因为在回答问题时他们已经初尝成功的体验，如果追问的速度偏快或梯度较大又会挫伤他们的进取精神，产生消极的影响。在追问方式上，可尝试让各层学生协作回答。例如在谈到"Likes and dislikes" 时，可以问："Which food (sport, season...) do you like best? What about your friends?"这时，他很可能要请问他的朋友，征求他们的帮助。这种问题需要各个层面的学生在任务中合作回答，虽然耗时要长一些，但是它的附加值是很大的，很值得推广使用。

五、引导并鼓励学生自我发现问题，提出问题，充分体现学生的主体地位和培养学生的独立学习能力，为终身学习打下良好的基础

"读书无疑者，须教有疑；有疑者，却要无疑，到这里方是进步。" 让学生自我发现问题、提出问题是体现学生主体地位和培养学生独立学习能力的必要方法之一。教师在提问时应做到"问中有问",学生在这一过程中根据自己掌握的知识去选择、去综合、去感悟,并提出问题。教师要根据不同层次学生的特点进行必要的启发引导和有效的点拨,对学生提出的疑问要充分肯定,保护其积极性。对于C层的学生主要是引导他们提出知识性问题,对于B层学生则应提出理解性问题,而A层的学生不仅应该提出B、C两层的问题,更应该在反复研究、科学论证的基础上提出综合性较强或争论较大的问题。教师无论对哪一层学生提出的疑问都应认真客观地回答,给予适当的表扬和鼓励,并指出所提问题的价值所在。如果这时能紧接着问"Why do you ask so?"或者"Do you have any other questions?"这样更能引起提问学生和其他学生的思考,从而提高他们的思辨能力和提问层次,使他们所提的问题由"初始性问题"、"理解性问题"向"探索性问题"、"归纳性问题"和"创造性问题"过渡,倘若能够坚持进行这样的训练,就能很好地培养学生的自学能力和思考能力,从而学会自主学习和研究学习,发展思维的独创性和深刻性,为终身学习打下良好基础。

综上所述,"分层提问"既是一种策略,也是一种手段,对提高课堂教学效果有着不可估量的作用,而基于人文层面的分层提问需要教师具有比较深厚的人文素养和人文关怀。在实践的层面尤其要注重对学生分层的科学性和艺术性,让学生自主选择、动态调节,千万不能挫伤学生的自尊;在问题的分层上要注重渐进性和生成性,因此,教师要更加认真地研究教材教法、分析教情和学情,这对教师的专业成长也是非常有益的。

第九节　初中起始年级英语教学常规的优化与改进

如何提高常规教学下的课堂效益?这是我们一直探索和实验的主题。初一学生生性活动、胆大、积极、好动,但是兴趣转移快,所以教师应该根据他们的年龄特点和心理特点,遵循趣味性和多样性原则,多设计互动的、竞赛性的、游戏性的活动。这一切设计的基点和根本都是课堂教学,所以,如何优化教学常规,提高课堂教学效益正是我们的原点考虑和终点追求。

一、英语课堂教学的基本流程

初一英语课堂应该是活泼的、互动的，体现出英语作为一门语言与其他学科的不同。由此特殊性决定了英语课堂有其特殊的教学程序：

(1) 课前2分钟的Warm up。可以让英语课代表播放英语歌曲，让学生在不自觉的哼唱中进入英语学习的状态，对于定性不足的初一学生而言，这样做可以有效地减少他们从下课的懒散中突然走进注意力高度集中的课堂而突发的不适应感。

(2) 课上5～8分钟的Free talk。老师与学生互相问好后，对前一课的复习其实是练习口语的最佳时机，也可对新一课内容进行适时适度的扩展。学生自由运用现有知识进行大胆的口语对话，在这期间笔者认为，老师应该适当放过一些细小的或因粗心造成的临时性错误，让学生放心地说，连贯地说，以达到最终有的放矢地说。

(3) 新课教学Presentation。新课的教学正是我们这次课题研究的重心，在不断地论证与实践操作中我们总结出效果出众的几种方法：自学与预习法、放权与主动法、结对与竞争法。这几点笔者将在下面的文章中分别说明，但无论是哪种方法都不能忽视互动的作用，以往"满堂灌"的方式在初一英语教育中已经被证实没有潜力，新一代的教师不再是学生心目中的高权者，而是他们可以信赖的领航人。

(4) 巩固与作业Consolidation & Homework。这个环节是因人而异的，掌握好的学生可以在巩固中做一些扩展性的练习，或者在帮助稍微弱一点的学生的同时得到进一步的提高。而有困难的学生则不必强迫在同一时间做相同的练习，这样做得不好反而打击他们的自信心，甚至导致厌学的严重后果。这时可以让他们对基础知识进行巩固，写写单词、词组，造造句子。有人说，这样做老师岂不是更难控制差生的学习状况？这就要求我们在平时的常规训练中建构一个牢固的互助体系，教师只是这个体系的总控人员，负责下发指令和接收反馈。

二、对于促进课堂教学效果常规的几点尝试

1. 优化课堂教学目标和要求

培养学生自学是"授之以渔"的做法之一，对于初一学生而言成功地自学要从预习开始。优化课堂教学目标使之科学合理、切实有效,那就要求它既要符合初一学生学习语言的规律,又要有利于培养学生的学习兴趣和主动性。我们可以把它细化到具体要完成的任务,如查阅理解新单元的生词、泛读课文找出不理解的句子并通过查阅辅导书、网络学习资料等途径试图解决,若解决不了则将它们设定为问题,以待寻求其他同学或老师的帮助。因此优化课堂教学目标要建立在由英语学习态度、语言知识和智能三方面组成的目标体系上,让学生比比谁的自学能力最强,可以在遇到问题时同学间讨论,也可利用课余时间寻求老师的帮助。用了这种"自学与预习法"设定教学目标就会使每一堂课都有培养学生学习态度、学习兴趣以及自主学习能力的要求,并且我们可以把这种目标写进教案,如此教学目标就不单单只是以往教案中用于说明学生理解程度的文字了,而是指引学生自学的依据。

2. 优化课堂教学内容

课堂教学内容要根据既定的教学目标,将教材内容实行科学的组合,并按一定的程序组成合理的知识结构和能力结构,使教学内容具有逻辑意义,做到条理清楚、重点突出、难易适度。对于学生自学后还没有解决的问题教师不必忙于一个个地解答,那样会显得枯燥,教师应明确教学的重点、难点和关键,将一些内容简单的问题让上等生为中等生解答,让中等生为下等生解答,教师只要把握好问题间的联系适时给以点拨,并处理好对个别较难问题的讲解,重视语言知识的系统化、技能训练的程序化,并且科学地安排教学顺序和层次,合理确定教学内容的广度和深度。这就是我们所总结出的"放权与自主法"。

3. 优化学法指导

优化学法指导要从研究学生学习外语的特点、方法、习惯等方面着手,把学法研究与教法研究结合起来,并将学法指导落实在课堂教学之中。对于一种语言的学习,本身就决定了它必须是用于交流,交流就要有对象,就会自然形成合作的群体,这样的群体我们称之为"Partner"。Partner 不仅适用于语言交流,在平时的自学互助中、课堂解疑中、分层次作业的指导与批改中,还有笔者现在所要讲的结对子竞争中,方方面面都能用到。为了使课堂教学过程成为教师传授知识、指导学法和学生接受知识、掌握学法的过程,就要保证课堂结构的整体性、科学性、有序性。在可见的课堂教学环节中我们还设计渗透着一种竞争意识，即结成竞争对子，可以将个人与个人结队，也可以将 Partner 成员作为整体在他们之间结队，促使他们相互攀比，共同提高。我们称之为“结队与竞争法”。

三、对于影响教学效果常规的几点改进方案

有了量化的课堂教学程序，也有了优化的课堂教学方法，是不是就形成了一套完整的课堂常规体系了呢？其实不然，在实施的过程中我们还遇到了许多影响教学效果的不利常规，只有对这些固有的不利因素进行改革，才能推动新的常规正常运行。

1. 课堂秩序的控制

初一年级英语课堂秩序与管理问题是大家普遍棘手的问题，活跃的课堂气氛、互动的教学模式，还有孩子们特定的年龄特征，使许多教师感到课堂秩序难以控制。在学习国外课堂教学模式的同时，我们还应结合自己的国情，学会如何在班级学生人数达到西方同等课堂学生人数的两到三倍的教室中有效地控制课堂的教学秩序，只有这样才能为教法的成功实施奠定基础。

在此实践中我们运用得比较成功的方法有三：一是将课堂秩序的具体要求明文张贴，并不时提醒，从而形成“规矩”。二是运用“沉默”代替以往频繁的厉声呵斥。沉默在一定的情境中具有有效的控场作用。当上课铃响了，教师也进教室了，但学生们仍然喧嚷不止；当课堂上老师与学生们正讨论得很投入，课堂气氛达到高潮的时候，却有那么一个同学开小差了……此时教师突然沉默不语，让学生自己发现错误，如此即可以让学生以最快的速度进入学习状态中。从另外一个角度讲，此时的沉默实际上具有替代批评的意义，而这种“批评”的简明之处在于不影响师生的情绪，不影响正常的教学秩序，不伤害学生的自尊心。三是坚持在平常的课堂教学中运用英语描述简单的指令。许多教师在平时为了省事就不注意英语指令性口语的运用，全部用母语教学，一旦上公开课，就只得和学生临时定下约定，而学生是活跃的在变化中的个体，发生教师意料之外的事那也是不可避免的，于是就出现了公开课上的笑话。而如果简单的英语指令是教师一贯使用的课堂常规之一，已与学生间形成了默契，那么在公开课上稍难些的指令可运用少量的母语，再加以手势、动作的预演说明，就可以使课堂不至于出现错误性的笑话或者由于学生的不理解而造成停顿的尴尬。

2. 学生注意力的保持

尽管我们的课堂秩序得到了控制，但总有些学生的智力发育是稍慢些的，可能注意力不及其他学生那样能够长时间地集中，这就要求我们在课堂教学手段和教师自身教态等方面来做调整，如充分利用直观教具和电教设备，创造各种语言情景，利用多媒体让学生通过各种感官参与英语学习的实践活动；合理地设计教学游戏，调动学生的积极性；教师在课堂教学过程中，以饱满的热情执教，激起学生的学习热情；教师以教学活动的变化为依据，变换自身的角色，调动学生跃跃欲试的模仿能力；等等，最终以紧凑合理、过渡自然的教学环节赢得学生在整堂课上精力的高度集中。

以上所述可能并不全面，实验方法也不可能适用于任何地区任何学生，其本身也并非是一个不可分割的体系，可以根据具体情况具体分析使用，也可结合具体情境进行引申变化。期望在更多人不断地实践与探讨中不断优化英语教学常规，提高课堂教学效益。

第二章　课堂观察与教学范式

第一节　基于课堂观察的教学设计失当现象例谈

——以一次市教师技能大赛为例

一、引言

2014 年 5 月,笔者有幸作为连云港市初中英语教师技能大赛的评委参加了最后一轮课堂教学的评审工作。本次大赛的前两轮分别进行了笔试和说课环节的选拔,最后从上千名参赛选手中选出了 20 人参加最后一轮的课堂教学,并由此决出本次大赛的最后奖次。因为选手都是通过两轮选拔而产生的,所以他们都具备了很好的专业基础和教学设计能力,他们也代表了目前连云港市初中英语教师的较高水平。本次上课的对象是初中二年级学生,课型主要是 Reading 和 Main task,内容全部选自课外的阅读材料,难度适当,体裁相近,贴近学生生活实际,便于教师把握和处理,很好地体现了公正性和选拔性。三天 20 位教师 20 节课使笔者饱餐了英语课堂教学的盛宴,选手们精妙的教学设计、高超的教学技艺给笔者留下了深刻的印象。

义务教育英语课程标准修订组在向教育部递交的《〈全日制义务教育英语课程标准(修订稿)〉送审报告》中,首次明确地将义务教育阶段的英语课程的性质界定为“具有工具性和人文性双重性质”。但是,透过这 20 节课,我们发现“双重性质”并重的好课比例甚少,重工具性轻人文性、重形式轻实效、重师本轻生本的现象比较普遍,由此而产生的教学设计及教学实践中的失误和不恰当现象也比较常见,这些因素严重制约着英语课堂教学效益的提高,应该引起重视并设法予以解决。

二、教学设计失当现象例谈

1. 任务型教学设计失当

《全日制义务教育普通高级中学英语课程标准(实验稿)》明确提出:“本课程倡导任务型的教学模式,让学生在教师的指导下,通过感知、体验、实践、参与和合作等方式,实现任务的目标,感受成功。在学习过程中进行情感和策略调整,以形成积极的学习态度,促进语言实际运用能力的提高。”这就要求我们在实践过程中转变教学观念和树立创新意识,优化设计任务,积极引导学生主动参与任务,充分发挥学生的主体性、能动性和创造性,以任务促使学生语言实际运用能力的提高和各方面素质的全面发展(杨炳奎、张浥江,2005)。毋庸置疑,任务型教学理念已经成为大多数英语教师的文化自觉,任务型活动的设计有效地分解了教学任务,化解了教学难点,促进了教学过程的任务化、活动化、情景化和生活化。这次参赛的所有教师都运用了任务型教学设计,收到了较好的教学效果。但是,在设计和运用的过程中,假任务、假活动等现象很突出。

(1) 将活动与任务混为一谈。课堂任务(Tasks)是指由教师控制和调节的,学生获得信息并经过思维加工,最后输出语言的一种活动(Nunan D, 1989)。而课堂活动(Activities)的范畴则大得多,教师在课堂上所采用的调动学生学习的一切活动都可以被称为是课堂活动。20 位参赛教师中有 12 位采用了系列任务呈现式教学,教学 PPT 的每一个环节以 Task 来命名,从 Task One 到 Task X(有一位教师竟然设计了 8 个“任务”)。其实,教学设计 8 个任务中的 Reading, Answering questions, Imitating to make dialogues 等“任务”属于教师组织教学的活动形式,只能算是 Activities,不是 Tasks。因为任务型教学强调将学习者个人的经历作为课堂学习的主要因素,让学习者能用自己的语言知识解决实际问题,以完成各项任务来体验自己的学习过程。任务型教学通常历经“提出任务—前期任务—完成任务—任务评价”的过程。而 Reading, Answering questions 等环节只是一项单一的活动,不具备任务型教学的基本特点,也没有完成任务经历的几个阶段。由于理解和认识的偏差,导致了教学设计和操作中的一些失当:一是有“贴标签”之嫌,二是对学生有所误导。

(2) 任务设计偏离文本宗旨。在教学中国传统节日(Chinese traditional festivals)时,有一位教师设计了这样一个任务:如果一位外国朋友到你家过春节,你将如何向他(她)介绍你的家人,如何招待他(她)? 这个任务只涉及了人物介绍和招待饮食两个方面,却丝毫没有涉及文本中有关传统节日的内容,这种偏离主题的任务是一种低效高耗的任务。

(3) 任务分配无序。有一位教师在一节课中设计了六个任务,他将这六个任务附在六个动画苹果下面,每进行到一个环节让学生选动画苹果随机抽取。教师课前设计的六个任务是有难易之分的,而学生在不同环节进行选择时是无法控制其顺序的,事实上,课堂上学生的选择是无序的。这种看似尊重了学生的学习愿望的做法,实则违背了语言的认知和习得规律。

(4) 表格运用不当。图表教学法在英语教学中发挥着重要的作用。使用图表法进行教学能将复杂的概念简单、直观、明了地呈现,使文章的脉络更为清晰,并引导学生养成自主分析的良好习惯(顾仁富、陈娟,2010)。但有的教师教学中过于强调表格的作用,一节课中多个环节都运用了表格,而实际上有些环节是不需要的,甚至是多余的。如在教学"Family Tree"时,有一位教师设计了这样的表格:

Photos	Who	Where
the 1st photo		
the 2nd photo		
the 3rd photo		
the last photo		

阅读文本中呈现了四幅图,每一幅图旁都表明了 Who and Where,学生一目了然,加之本环节只是下一个教学环节的过渡和铺垫,不是教学的重点内容,教师再在黑板上画出这样的表格实属多余。

再如,在教学"Abilities"时,有一位教师设计了下面的表格,让学生用"Can you...?"句式调查周围同学。活动结束后,让他们在课堂上把调查结果向全班汇报:

Names / Abilities	Lucy					
Sing	√					
Dance						
Paint						
Play the guitar	√					

这是很典型的任务型教学案例，表格的使用能帮助任务更加高效地完成。但由于表格中所提供的选项太少，且都属于艺术类，又没有给学生提供自由发挥的空间，导致任务设置不真实，学生的思维和能力发展受限。

任务型教学模式区别于其他交际教学模式最根本的特点是，更强调采用具有实际意义的“任务”来帮助语言学习者更主动地学习和运用语言，有效避免仅停留于形式的语言训练。因此，教师在教学中一定要分清“任务”与“活动”的区别，要尽可能地创设真实或半真实的交际情境，“任务”要紧紧围绕教学内容来设计，要激发学生的参与热情，从而营造出多层面、多等级、多向度的任务型教学氛围。

2. 教学结构功能设计失当

何克抗教授指出，教学结构是指在一定的教育思想、教学理论和学习理论指导下的在一定环境中展开的教学活动进程的稳定结构形式，是教学系统四个组成要素(教师、学生、教材和教学媒体)相互联系、相互作用的具体体现。教学结构是否优化直接关系到一节课的教学目标能否完成以及能否调动学生的学习积极性。本次大赛中为数不少的教师暴露出课堂结构设计不合理的问题，具体体现在五个方面：

(1) 教学目标呈现方式失当。笔者曾考察过江苏、山东、河南等地区的全国教改示范校，其中为数不少的学校都要求教师在课前将教学目标清晰而细致地介绍给学生，有的教师甚至还带领学生一起朗读教学目标；目标多以“三维”的模式呈现，即知识目标、能力目标和情感目标。强化教学的目标意识本无可厚非，因为教学目标能够使教师在教学中合理安排教学主题，依据学生的已有知识和能力对其进行适当定位，而且可以激发学生的思维和学习能力(赵敏娜，2002)。但笔者一直对课前向学生呈现教学目标这一做法持不同看法。教学目标应该是教师基于课标和教学内容所设计的教学预期，它是教师教学中的中心指向，教学目标的完成情况不是靠学生自己去强化、去努力、去比对，而是靠教师来把控的，高明的教师会将目标巧妙地分解、有效地化解，做到“寓目标于心中，化有痕为无痕”。但这次大赛中有的教师带领学生一起朗读情感目标——“教育学生爱护环境，培养学生的环保意识”，这种做法不仅没有意义，而且降低了教学的信度和效度。

(2) 教学目标的定位失当。本次大赛安排了写作指导课，即 Main task(这是《牛津初中英语》教材的一个设计思路)。该课型教学基本上按“引入话题并激活相关知识→提供真实语境的范文→相关话题信息的准备→联系话题进行写作训练”等步骤设计，其主要任务是培养和训练学生的写作策略和写作技能。虽然该课型教学文本的主体是一个完整的语篇，但重点不应是语篇的阅读与讲解，而应是通过对语篇的分析和归纳，列出写作的框架、素材和任务，进而进行写作操练与修正。但是参赛教师普遍没有掌握好 Main task 的教学要领，主要将其作为阅读课来教学，造成语篇理解和阅读时间偏长，而语篇分析和归纳时间匆忙，学生写作练习时间很短，有的教师甚至在学生刚进入写作的时候就下课了，这就严重偏离了教学目标，造成了一种教学失误。

(3) 新课导入方式失当。参赛教师在导入新课的设计方面可谓倾尽其能，亮点纷呈，如情景导入式、歌曲联唱式、猜谜引入式、故事讲述式、视频介绍式、自由交谈式等，这些形式的导入有效地激发了学生的学习兴趣，创设了良好的教学情景。巧妙的“导课”旨在“激趣”，意在“点到”，但有的教师过于注重“导”的设计，而淡化了语篇内容的处理，有虎头蛇尾之嫌。如有的教师在“导课”环节用时超过 10 分钟，用时最长的达 17 分钟；有的教师在导入生词时，设计了各种情景，10 多个生词创造了 10 多个情境，可谓细致周到，但仅导入生词的时间就用了 15 分钟之久；使用歌曲导入的教师有 4 位，占了参赛教师总数的五分之一，其中有 3 位用了同一首歌曲，但歌曲内容与文本毫不相关；有 3 位教师使用自由讨论(free talk)进行导入，但其自由交谈主要的目的是调节气氛，拉近与学生的距离，都没能做到在交谈中导入新词汇或新内容；另有 3 位教师用视频介绍式进行导入，巧合的是这三位教师的视频中都出现了“喜羊羊与灰太狼”。

试想，如果每一科教师都用它来导入新课，那学生还有新奇感吗，还能起到“激趣”的作用吗？那一定是大大的审美疲劳。

(4) 难易设计的顺序失当。在进行 Protect our earth 语篇拓展训练时，有一位教师设计了这样三个环节：① 分角色进行采访；② 辩论；③ 根据课文进行填空并复述课文。第一环节是围绕文本进行的，是比较合适的安排，但第二环节与第三环节明显倒置，如果学生能就主题展开辩论了，再做这种紧贴文本的基础操练还有什么价值呢？这种失序的设计违背了教学的基本规律，容易造成学生的盲从，是应该规避的。

(5) 双基训练与拓展提升比例失当。再以上文中提到的语篇拓展训练为例，该节课教师用心设计了上述三个拓展任务，除去难易安排失序外，本节课教师在拓展环节用了整整 25 分钟，而对文本主体的分析、理解的时间还不到 15 分钟；另有一位教师在语篇拓展环节安排了 2 个任务，但是第一个任务刚进行 3 分钟就下课了。第一位教师拓展训练用时过长，第二位教师则几乎没有进行拓展训练，这两位教师没有设计好教学步骤，掌握好教学进程，导致教学内容主次不分，教学结构很不合理。笔者认为，教学中一定要把握好双基训练与拓展提升的比例，应突出“双基”，体现“拓展”。通常情况下“双基”训练的时间应占到课堂教学的三分之二甚至更多一点，而“拓展”训练则应控制在课堂教学时间的三分之一以内。

当然，课堂教学结构不是固定不变的，而是随着教学目标、教学策略、学习评价的不同而变化的。教师在设计教学结构时一定要遵循教学原则，统筹考虑，突出重点，循序渐进，灵活调控，不断优化。教学目标可以在学案上体现，无须在课堂上呈现，更不需教师带领学生朗读；导入新课时应简洁而生动，尽可能借助媒体等手段，增强交互性，千万不要在导入时花费太多的时间；在基础性练习环节要精讲多练，扎实推进，要舍得投入时间，因为这是教学的最重要部分；在拓展提升环节要紧贴课本，精心设计问题或活动，在有限的时间内内化学习内容，深化学习成果，等等。

3. 操练性环节设计失当

英语教学的一大特点是课堂中师生活动频繁，输入与输出转换快。教学活动主要通过形式多样的听、说、读、写操练来进行，操练的形式有提问式、对话式、表演式、游戏式等，操练的水平对学生语言输出的质和量都有很大的影响。20 位参赛教师都非常重视操练形式的设计，通过多样的操练形式较好地调动了学生，达到了较好的操练效果，但是仍存在不同程度的失当现象：

(1) 操练的目的性不强，缺少指向性。主要表现在教师的指令语不够明确，指示、提示性语言或任务设置重复太多等。如在语篇教学之后，有位教师立即要求学生对话(Make a dialogue)，既没有角色分配，也没有结构呈现，学生感到很无措，操练氛围沉闷，操练效果低下。再如，有位教师在指导学生进行连线式操练时，先让一个学生到黑板上连线，接着教师又在多媒体屏幕上演示连线，这样做既重复了任务设置，增加了教学成本，也分散了学生的注意力，造成目的性和意义性的双重缺位。

(2) 操练的意义性不大，缺少实用性。如有位教师在进行生词教学操练时，尝试用简笔画勾勒 bike，car，computer 等，由于教师不善绘画，虽然用了较长时间，且进行了修改，但所绘图形还是让学生难以辨认，影响了操练效果。其实，多媒体就在手边，教学资源网上各种图片、动画可以信手拈来，而且视觉效果和互动效果肯定好得多。另有一位教师在设计 Protect our earth 的操练时，提出了这样的问题：Do you know how American children protect the earth? When can humans land on Mars? 阅读材料主要叙述了现在的城市污染，尤其是工厂、汽车、噪声等带来的问题，目的是呼吁大家爱护环境，保护地球。而教师提出的这两个问题没能扣住文章主旨，与文本关联不大，这样的操练意义何在？

(3) 操练的游戏性过重，缺少实效性。20 位参赛教师中有 17 位设计了游戏活动。但有些游戏设计环节繁、任务多、耗时长，对教学目标的达成意义不大。如有的教师将学生分成 6 个小组，进行动物拼图游戏，由于拼图琐碎，拼块太多，最后学生费了好长的时间也没有拼出正确完整的动物图形。其实，这种拼图游戏本身与教学内容的操练几乎没有什么关系，学生耗了那么多时间仅收获了挫败感，这是谁都不愿意看到的。另有一位教师将学生分成 6 组进行通关游戏，一共大约过 10 关，每过一关教师都要忙着在黑板上给各小组加上不同的分值，由于分值计算方法的繁杂和分值设定的琐碎，教师大约在第六关时就出现了模糊计算，第七关以后，由于课堂教学时间紧张，教师干脆放弃了累分。最后，原本作为本节课最核心设计的小组竞赛无疾而终，没有胜者，也没有败方，游戏匆匆收场，课堂中损耗了时间，损耗了精力，也降低了教学效益。此外，还有些教师的游戏设计思路、方式、内容几近相同，反映了平时教学中的惯常做法，缺乏思考，缺乏创新，缺少实效。

总之，语言的操练方法很多，至于采取什么样的操作方法则要因时、因地、因人而异。有效的语言操练要围绕教学目标开展，确保听、看、讲、想、做加上动静转换这六个基本元素的有机结合，始终突显学生的主体地位，最大限度地引起学生的学习兴趣和操练热情，要保证操练形式的多样性，增强操练的目的性，淡化操练的游戏性，从而提高操练的实效性。

第二节　利用不同课型的课堂观察表评析教学设计的实践

英语课有不同的课型，不同课型有不同的教学关注点。以往听课时教师只是在统一印制的听课本空白处记录课堂教学的环节，并在旁边批注听课感受，之后在评课时按照听课记录进行评说。这样的听评课方式针对性不强，分析不透，对自我的启发性不大。

小学英语课课型主要分为新授课与复习课两大类。新授课有语篇教学课，词汇、句型、语法教学课，歌曲歌谣、语音学习课等；复习课包括单元复习课与综合复习课等。教师一般会按照语言学习“词不离句，句不离篇，篇不离境”的原则进行板块的组合教学，但不同课型有不同的课堂关注点，用不同的课堂观察表进行记录可以更清晰地对比和分析课堂教学设计的有效性，从而达到听课学习的效果。

那么，如何针对不同课型设计课堂观察表，帮助教师有效评析课堂教学设计的有效性，进而反思自己的课堂教学，提高教学效果呢？笔者针对不同课型的关注点设计了相应的课堂观察表来评价教学效果，以下通过一些实例进行分析和说明。

一、利用单元整体教学课堂观察表，把握单元教学的整体性

为了帮助教师有效把握单元教学的整体性，各类教研活动会将一个单元分成3～4个课时进行整体展示，但教师听完课后还是把握不准如何进行单元整体教学。笔者设计了单元整体教学课堂观察表，以帮助教师记录和整理课时目标之间的衔接、能体现单元整体教学的环节以及能体现课时之间衔接的环节，然后分析每课时与单元整体之间的联系以及对单元教学目标的推进作用，进而用于指导自身的单元整体教学。

以下以译林版《英语》四年级下册 Unit 8“How are you?”单元整体教学课例为例说明此表的运用。针对该单元的整体教学课堂观察表的具体内容见表1。

表1　　小学英语单元整体教学课堂观察记录表

课题________　授课人：1. ____　2. ____　3. ____　4. ____

课时及内容	课时目标	体现单元整体教学的环节	体现课时之间衔接的环节
第一课时 语篇教学 Story time	1. 整体感知理解 Story time，尝试用英文打电话问候健康状况。 2. 初步尝试运用相关句式“May I speak to...? How are you?... I'm sorry to...”	1. 用猜谜的形式引出打电话交际用语。 2. 看课文动画，回答问题：What's the matter with Yang Ling? Can she come to school today? Why?	1. 通过衔接语：We know Yang Ling is ill. What suggestions can you give her? 自然过渡到下一环节。 2. Fun performance 拓展环节活动，学生由课文情境过渡到实际情境中学以致用。
第二课时 词汇、句型 教学检测 Fun time、 Checkout time	1. 复习 Story time 中打电话问候语，学习疾病类词汇并创设真实情境操练重点句式。 2. 完成 Checkout time 板块练习，检查学生词汇、句型掌握情况。	1. Judge games. 判断 Story time 中信息的正误，检查课文理解情况。 2. 制作纸杯电话并作为道具，运用目标语，根据情境自编表演打电话。	1. 检查学生上节课作业完成（预习）情况，并作反馈。 2. Say a chant. 复习所学内容，为 Checkout time 排序内容做铺垫。 3. 巩固练习，复习检查两课时所学内容。

续表 1

课时及内容	课时目标	体现单元整体教学的环节	体现课时之间衔接的环节
第三课时 趣味阅读、语音及歌谣教学 Cartoon time、Sound time & Rhyme time	1. 能较为熟练地运用英文打电话问候健康状况，丰富话题用语：Not so good. Take care... 2. 学习相关板块内容，巩固话题。	1. 设置多种身体不适状况，师生、生生互动，运用打电话用语并学会关心他人，渗透情感教育。 2. 学习 Cartoon time 板块，巩固打电话用语。	1. 以打电话为主线串起本课时三个板块内容，衔接自然。 2. 头脑风暴：点开电话号码键，出现语音板块单词，帮助学生趣味记单词。
第四课时 单元总复习	设计相关活动及练习，从听、说、读、写四个方面综合复习本单元话题、句式及交际用语，并熟练运用语言。	通过小熊闯关游戏，以三个闯关任务复习本单元词语、句式、对话，加入情境模仿秀，创编对话，体现语言的整体性及交际性。	1. 自编 chant，有效衔接了本单元词句及交际用语，再点话题。 2. 帮助 Yang Ling 完成微信朋友圈的更新，既复习了对话，又拓展了问候语，衔接前三课时内容。

本单元以打电话的形式呈现了老师对学生健康状况的询问和关心，涉及打电话用语及表示疾病的一些词汇，四个课时内容安排及教学设计体现了单元教学的整体性，课时目标及教学环节衔接紧密，环环相扣，对发展学生的综合语言运用能力起到了很好的促进作用。通过运用此表格进行记录及整理，以往听课笔记中被忽视的有关四课时相关教学设计一目了然，进行教学研讨时就会主题突出，研讨效果会更显著。

1. 依据单元总目标定位课时目标，体现教学目标的统一性

有效的单元整体教学始于对教学目标的准确把握(邵金，2014)。表 1 中本单元四个课时目标与单元整体目标相统一，围绕单元整体目标，用“尝试”、“操练”、“较为熟练地运用”、“熟练运用”等语言描述目标，层层递进，达成单元总目标。

2. 结合单元教学主线设计课时环节，体现单元教学的整体性

清晰的单元教学主线贯穿每个课时，可以将课时内容进行合理连接，提高单元整体教学的有效性。通过表 1 可以清晰地看出，四个课时的教学环节均围绕本单元打电话话题主线：第一课时让学生全面了解本单元主题；第二课时强化话题主线的结构性，紧密衔接第一课时主题；第三课时巩固话题用语，启发学

生运用打电话用语学会关心他人，彰显语言教学的人文性；第四课时让学生根据主题情境创编对话，补充关心别人健康状况的用语，在不同的情境中运用所学知识，完善并丰富单元主题。

3. 根据课时目标重组板块内容，体现课时之间的衔接性

根据课时教学目标重组板块内容可以更加有效地衔接课时内容，明确单元结构框架，逐步完善单元主题。第一课时让学生在 Story time 板块完整的学习情境中，初步接触疾病类词汇和打电话的基本用语。第二课时包含 Fun time & Checkout time 两个板块，让学生从听、说、读、写方面操练新知，感悟不同国家人问候别人健康状况的文化内涵。第三课时以打电话为主线串起三个板块内容，丰富本单元打电话情境用语，课时之间衔接自然且有效。第四课时综合复习课，让学生通过创编对话层层深入地围绕单元主题复习并拓展知识，培养学生的综合语言运用能力，彰显语言的工具性和人文性。

二、利用 Story time 板块同课异构课堂观察表，对比分析各环节活动设计的有效性

不同教师对同一教学内容处理方式不同，表 2 的设计可以帮助教师听课时清晰地记录不同教师在各个教学环节设计的教学活动及所用时间，进而分析不同的教学设计所产生的教学效果。其中“对比分析”一栏提示教师除了关注授课教师的教学行为之外，还应关注学生的学习过程，注意不同层次学生对重难点的理解情况等。

表 2　　小学英语 Story time 板块同课异构课堂观察表

（江尧梅、赵大中，2013）

课题______________　授课人：1. ______________　2. ______________

教学环节	教学活动观察记录（记录各环节主要活动及所用时间）		对比分析（对比分析两个课例中各环节设计的活动效果，如不同层次学生对重难点的理解、操练的效果，学生对目标语的交际运用情况，教师对学困生的学习指导情况等）
	课例一	课例二	
热身环节			
新授环节			
操练环节			
巩固拓展环节			

下面以译林版《英语》五年级上册 Unit 5 "What Do They Do?"中 Story time 板块的同课异构课例为例进行说明，针对该板块的课堂观察表的内容见表3。

表3　小学英语 Story time 板块同课异构课堂观察表(对比分析栏略)

教学环节	教学活动观察记录(记录各环节主要活动及所用时间)	
	课例一	课例二
热身环节	1. 师生问候。 2. 谈话引入：What can you do? 3. 揭示主题：What do they do? (5分钟)	1. 师生问候。 2. 游戏 About me：听音读词句、判断与教师相关的信息。 3. 想一想，说一说：根据提示，描述一下新老师。 (5分钟)
新授环节	1. 问答：What do they do? They're doctors. 学习职业类单词。 2. 学生介绍自己。 3. 运用 He/She 进行改编，操练询问职业的句型。 4. 看课文动画，在你听到的职业类词上打钩。 5. 朗读课文，根据课文内容选词填空。 (25分钟)	1. 听课文录音，为课文选择标题。 2. 看课文卡通片，将文中人物和职业配对。 3. 问答：What does... do? 4. 朗读课文，根据课文内容选词填空。 (15分钟)
操练环节	1. 朗读课文，回答6个问题，学习新单词。 2. 听音模仿跟读课文。 3. 同桌分角色朗读。 (8分钟)	1. 跟读对话，模仿语音、语调。 2. 跟随动画一起朗读。 3. 和同桌分角色朗读对话。 4. 给动画配音。 (12分钟)
巩固拓展环节	1. 诵读歌谣，巩固词句。 2. 齐读课文。 (2分钟)	1. 头脑风暴：快速说出你所知道的职业名称。 2. 魔力眼游戏：Which one is missing? 3. 诵读歌谣，巩固词句。 4. 根据表格提示，分组调查小组内成员父母的职业，然后汇报。 (8分钟)

本课话题为谈论人物职业，主要学习职业类单词及相关句型，初步理解 Story time 板块的文本内容。根据表 3 记录的两节课各个教学环节活动及所用时间，很容易对比分析出执教教师的设计理念及存在的问题。以下为听课教师在对比分析栏目所做的梳理及研讨时的发言。

1. 热身环节对比分析

课例一的执教老师通过以旧引新的方式导入新课，但导入不够直接，学生不能快速接受新授词句，所用时间较多。课例二执教老师将新授内容通过游戏"About me"进行了渗透，教师的职业与本课内容相关，学生对游戏活动很感兴趣，导入不露痕迹。接下来通过"想一想，说一说"环节学习了本课新授词句，恰到好处地导入了课文的学习。

2. 新授环节对比分析

课例一的执教教师设计的几个活动用了 25 分钟，句型操练较为充分，语篇中出现的新授词句全部提前进行了操练，排除了学习障碍，但破坏了语篇教学的整体性，背离了语篇学习的教学目标；学生进入语篇学习时不用思考，但也失去了阅读兴趣；此环节用时过长，导致拓展环节没有时间开展活动。课例二的执教教师注重了语篇的整体教学，抓住了文本的主题，围绕主题设计的相关细节理解活动设计简洁、明了；在课文教学过程中通过语篇语境及上下文帮助学生猜测词意，渗透阅读策略；学习过程中引导学生思考，培养学生的阅读兴趣。

3. 操练及巩固拓展环节对比分析

课例一的执教教师在该环节只剩 10 分钟，但设计了阅读课文并回答 6 个问题的活动，这 6 个问题均为特殊疑问句，虽与课文相关，但超出了学生本节课能接受的范围。课堂观察发现，全班只有几位学生能跟上教师的节奏，大部分学生回答不出问题，最后课堂成了教师的"一言堂"。此环节设计无效，而且浪费时间，拓展环节已经没有时间开展教师设计的活动。

课例二的执教教师有 20 分钟的操练及巩固拓展时间，教师设计了跟读模仿、小组分角色朗读及配音等操练活动，让学生在阅读中加深对课文的理解。课堂观察发现，由于教师的设计面向全体学生，特别是关注到了学困生，全班学生都至少阅读了三遍课文，经过后面的词句训练游戏，对本课新授内容掌握透彻,分组调查环节大都积极参与,反馈时语言输出较为准确。本节课的目标语言通过活动得以内化,教学目标达成度高。

三、利用复习课同课异构课堂观察表,把控任务设计的指向性

综合复习课是教学中教师比较难以把控的课型,很多教师上复习课时均以各种练习来代替复习,复习的知识零散,以语法知识的操练为主,教学主线不清晰,教学目标不明确,活动指向不明显,教学效果不突出。针对复习课设计的同课异构课堂观察表可以让听课教师记录同课异构时不同教师在复习同样知识点时采取的不同教学方法,并对比不同方法所产生的复习效果。

以下以译林版牛津小学英语 6B Unit 8 "Review and check"同课异构复习课部分活动设计为例进行说明。针对该课例的课堂观察表的内容见表 4。

表 4　小学英语复习课同课异构课堂活动记录表

教学活动	观察记录(记录主要教学活动及活动所复习的语言项目)	
	课例一	课例二
Task 1	1. 出示季节图片,复习季节单词及涉及月份单词,做拼词游戏。 2. Ask and answer: When does spring comes? What ' s the weather like in summer?... 3. 将教材第 65 页的练习分段,边问答边做阅读选词填空练习。	1. 读课本有关季节的歌谣,然后小组根据提供的季节话题谈论家乡连云港的季节和天气。 2. 做教材第 65 页阅读选词填空练习。 3. 阅读我国重庆与英国伦敦天气的文章,进行比较。
Task 2	1. 给出几个关键词,学生组成有关新教师爱好的句子。 2. 学生选用教材第 68 页的问句,自由谈论自己的朋友或笔友。 3. 听力训练,给出一段关于笔友的文章,听音填词。	1. 游戏:猜猜我的朋友是谁? 可以自设问题或选用教材第 68 页的问句,猜中为止。 2. 口笔头练习,小组合作完成第 69 页有关朋友的信息。 3. 抽查小组完成情况,汇报时以小短文的形式进行。

本单元主要通过板块提供的内容复习已学相关知识,让学生达到融会贯通、灵活运用的目的。本次同课异构复习内容涉及谈论季节及笔友的话题。根据表 4 记录的复习流程,教师研讨时对比分析如下:

两节复习课例均围绕谈论季节和笔友的话题设计教学活动,教学目标明确，但教学思路、复习效果以及学生主体意识的体现有很多不同之处。

1. Task 1 对比分析

课例一的教学流程为部分教师复习时常用的流程，这样的复习设计只是将以前所学的语言知识逐一复现，通过练习巩固已学知识，分段处理阅读练习的设计降低了文章的阅读难度，但整个教学过程没有一点挑战性，没有新的知识增长点（李影、李静，2014），课堂缺乏学习兴趣，所学知识只是得到了巩固，未能通过复习达到融会贯通、灵活运用的目的。课例二的教学设计通过创设语境激活原有知识，抓住原有基础点（李影、李静，2014），针对我国重庆和英国伦敦天气的阅读材料，在学生原有学习基础上稍许增加了难度，增添了新的内容，让学生通过克服一些阅读障碍，体验成功，拓展复习的内容，让复习课在巩固旧知的基础上又有新知的呈现，达成巩固而知新的教学目的。课堂上把大多数时间交给学生阅读、交流和展示，突出了学生的主体地位，为发展学生的综合语言运用能力提供了更为广阔的空间。

2. Task 2 对比分析

课例一对该任务的设计思路仍是复现已学旧知，通过练习加以巩固，没有生成新知，拓展及延伸的空间较小。课例二的猜谜活动存在一定的信息差，激发了学生的兴趣，激励学生运用旧知，自设问题或者选用教材有关问句提问，给学生更多的思考及表达空间，给语言的复现及运用提供意义支持，培养了学生的自主思维能力。在小组合作完成口笔头练习的活动中，安排组内学优生带动学困生，积极投入到活动中去，有利于面向全体学生共同改进学习效果。反馈时将信息表以小短文的形式进行汇报，对大部分学生而言有一定的挑战性，避免复习课只是原地踏步，有利于培养学生的总结及归纳能力，从而使语言输出更为丰富。

总之，小学英语不同的课型有不同的关注点，针对不同课型的课堂观察表可以帮助教师有效地进行观课议课。本节所述的课堂观察表可以适用于不同教材的相关课型。当然，本节涉及的三个课堂观察表还没有经过更大范围、更多实例的检验，观察表所列出的项目和观察维度还不能全面地反映和记录课堂，需要不断地丰富和完善。但是可以肯定的是，依据课堂观察表及时记录有价值的内容,可以帮助教师更好地分析并反思不同的课堂教学设计对课堂教学效果的影响,从而改进自己的教学实践,达到总结经验、发现问题、提高教学水平的最终目的。

第三节　英语课堂学生的“忙碌”现象观察及思考

新的英语课程标准鼓励学生在教师的指导下,通过体验、实践、参与、探究与合作等方式,发现语言规律,形成有效的学习策略,发展自主学习能力,强调过程与结果并重的教学途径与方法,如任务型语言教学途径等,培养学生用英语做事情的能力,这些理念已使英语课堂发生了巨大的变化,课堂上已基本见不到教师“满堂灌”的现象,代之以任务型教学,合作探究、小组互动学习模式,课堂上处处都有合作交流的氛围,学生语言交际能力得以大幅度提高。然而,深层观察课堂效果发现,课堂教学中学生忙于合作交流、忙于讨论教师设计的任务,缺乏语境体验,少了自主思考的时间及空间,知识缺少主动建构、内化的过程,形成不了技能。本节将通过分析一些课堂教学实例对此现象进行剖析。

一、英语课堂学生的“忙碌”现象

1. 教师课堂以问题引领学生进入文本,学生忙于讨论问题,缺乏语境体验及思考

现代外语教育注重语言学习的过程,主张学生在语境中接触、体验和理解真实语言,并在此基础上学习和运用语言。而课堂观察发现,很多课堂教师以多个问题引领学生进入文本的学习,学生忙于讨论解决教师提出的问题,课堂讨论氛围较为浓厚,但由于缺乏语境体验及思考,新授内容不能在输出环节得到有效运用,影响了课堂效益的提高。

【案例一】 教学内容为《牛津小学英语》6B U6 “Planning for the weekend” A部分对话

教师在 Free talk 环节提了两个问题:What's the weather like today? What do you usually do at the weekend? 提问几个学生后,直接解释课题 Planning for the weekend,提问:What are you going to do this weekend? 学生

同桌讨论回答。呈现课文挂图,介绍对话人物,提问:What are Gao Shan and David talking about? 学生听对话录音,初步理解课文大意。然后将对话分为三段,学生听读每一段课文录音,教师讲解生词或短语,提问3～4个问题,学生写下问题答案,核对答案。教师提出有关对话的问题共12题,课堂观察发现,教师呈现问题后,学生按分好的四人小组,忙于讨论找答案,对于本课的话题因为缺乏情境导入,根本不理解,导致在操练环节无法运用目标句型 What are you going to do this weekend? 交流自己周末出行计划。

【案例二】 教学内容同案例一

教师在 Free talk 提了两个问题:What did you do on May Day? The weekend (Mother's Day) is coming,what are you going to do? 提供话题学生小组讨论,初步体会 be going to 结构。然后通过图片创设情境,学生看一看,读一读,猜一猜,促使学生真正思考,理解 be going to 结构。情境一:Grandpa sits down with a newspaper. What is he going to do? 情境二:My parents bought two tickets in the theatre just now. What are they going to do? 情境三:The students are getting on a bus with a lot of delicious food. What are they going to do? 情境四:Mum sits down in front of the TV. What is she going to do? 情境五(课文图片):David is standing beside a telephone. What is he going to do? 教师创设的五个情境,促使学生自主思考,体会 be going to 结构所适用的场景,如情境一呈现后,学生们经过思考,思维很开阔,给出的答案精彩纷呈:He is going to read newspapers. He is going to make ships (planes)... 情境二:They are going to watch a film(see a play)... 通过情境五自然导入本课对话:David is going to make a telephone call. What are they talking about? 学生看、听课文动画,整体感知对话内容。然后通过听录音填空、自主阅读回答问题、自主阅读判断正误、小组讨论完成表格等形式,训练学生的阅读理解能力。

学习环境中的情境必须有利于学习者对所学内容的意义建构,英语作为一门外语,学生学习时需要教师借助教学媒体创设一定的语境,结合学生自身的生活体验来理解目标语,因为离开语境的语言缺乏生命力,学生无法体会语言运用的情境。案例一中，教师设计原想以多个问题导读，但在导入环节提出的两个问题与本课话题关系不大，没有选择与新知识有内在联系的已学知识，帮助学生实现知识的迁移，而在对话教学环节，教师将课文肢解过度，忽视了对语篇的整体理解，使学生不能体会语篇的语境，又一次失去了通过语境理解所学语言的机会。

而案例二中，教师导入环节提出的两个问题紧扣本课话题——谈论周末计划，通过询问 What did you do on May Day? 引入 Mother's Day is coming, what are you going to do? 自然切入本课话题，又通过五个语言情境的创设，引发学生的思考，理解了 be going to 句式所适用的语境，体现了“语法现象应该在语境当中出现，语境当中训练，语境当中掌握”的教学原则，为课文教学奠定了坚实的基础。接下来的对话教学环节，教师运用多种阅读策略，激励学生自主阅读对话、小组讨论，整节课教师主导、学生主体，学生学得轻松愉快，教学目标达成度非常高，教学效果水到渠成。

2. 教师课堂设置多项活动，学生忙于活动，缺乏自主思考时间及空间，忽视知识内化

新的英语课程标准提出：各种语言知识的呈现和学习都应从语言使用的角度出发，为提升学生“用英语做事情”的能力服务。教师要采用循序渐进的语言实践活动，活动要有明确的交流目的、真实的交流意义和具体的操作要求。毋庸置疑，多样的活动设计有利于激发学生的学习动机，能有效地分解教学任务，化解教学难点，促进教学过程的任务化、活动化、情景化和生活化。但课堂观察发现，课堂教学中教师设置的活动较多，学生忙于完成任务，缺少机会思考、决策、应变，背离了利用语篇创设任务培养学生综合语言运用能力的宗旨。

【案例三】 教学内容为《牛津小学英语》5B U6 “A PE Lesson” A 部分对话

本课教学重点涉及祈使句及其答语，教师课堂教学进行简单的导入后，用 PPT、学案呈现给学生多项任务，将学生分为六人小组讨论以完成任务，用时 15 分钟。任务为 Find the orders of Part A. Read the orders in your group. What does David do at...? Find other groups' answers. Fill in the blanks according to the dialogue... 学生对教师设置的任务清楚，角色明确，大多能积极参与小组互动交流，在教师及小组成员的指导及帮助下，80%的学生能完成课堂学习任务。互动交流时小组成员轮流说，由一人负责记录。教师进行个别、小组指导及全班性引导，对学生互动交流的结果及时进行纠偏。

在拓展运用环节，教师设置任务：The sports meeting is coming. The monitor will choose some students to take part in it. You can use the orders in the dialogue. Let's have a competition. 设计意图为运用本课所学体育课指令语，学生分组选拔优秀的运动员参加校运动会，看小组哪些同学指令语说得正确，理解反应较快。但课堂观察发现，学生对本课重点句型虽然在前面教师设置的多项任务中已多次运用，但由于学生忙于合作完成任务，教师没有留给学生自主思考的时间及空间，学生所学知识缺乏内化的过程，完成任务过程中所获得的知识、经验未能帮助学生把所学语言顺利地应用于真实交际。

建构主义学习理论认为，学习过程不是学习者被动地接受知识，而是积极地建构知识的过程。知识的获取实质上是学习者通过内化来实现的，而内化的实现与学生的深层思考、积极建构及学习情境密切关联。没有经过内化的知识不能成为自身的知识储备，在交际活动中得不到灵活运用。

3. 教师创设交流信息差，学生小组间忙于交流，忽视学困生，不利于面向全体学生

语言是交际的工具。英语作为一门课程，学习的总目标是通过英语学习使学生形成初步的综合语言运用能力。真实的言语交际是建立在信息差基础上的，信息差能促进真实的交际，激发和保持学习外语的兴趣和动力，从而有利于语言习得。课堂观察发现，很多教师都知道通过设置信息差来提高学生交流的兴趣和需要，但没有考虑到信息差设置的有效性、层次性、针对性，用相同的标准去衡量不同学生的参与能力，没有关注到学生的个体差异，导致课堂有些学生忙碌，有些学生失落，与课程标准强调的“面向全体学生”的教学理念背道而驰。

【案例四】《牛津小学英语》6B U6 “Planning for the weekend” A 部分对话

教师引导学生进入对话教学时，设置如下教学步骤：

(1) Ask five questions about Part A. Students listen, read and answer.

(2) Read and find some information about Gao Shan/David/Nancy. 将学生分 6 大组布置不同的任务，每组成员阅读对话，在规定的时间内找出文中一个人物信息，设置信息差，然后小组间通过询问的方式，运用本课目标句型：What is Gao Shan/David/Nancy going to do on Saturday/Sunday? 交流获取其他几个人物相关信息，教师引导学生解决课堂生成性问题。

(3) Work in groups, try to say something about Gao Shan/David/Nancy's weekend plan.

学生对教师设置的第一项活动任务清楚，角色明确，能认真阅读对话，积极参与小组讨论，大部分学生能正确写出或在文中找出问题答案。在第二项任务教师设置信息差，让学生到其他组寻找答案时，观察到其中一组 6 人中有 4 位学生在等其他 2 位同学的答案，另一组有 1 位同学自己在翻书找答案，没有去交流。在第三项任务运用所学语言描述文中人物活动环节，学生能积极踊跃发言的均为小组中的学优生，中等生及学困生有些连学案中的信息表都没有完成，看到老师提问时均不敢抬头，有些学生回答问题时错误百出，反映出教师课堂教学设计时设置的任务较多，未能分层要求不同层次的学生，没有考虑学困生的接受能力，课堂教学效益受到影响。

学生由于知识经验背景、智力因素、学习经历、学习信心等方面的差异性，他们的语言发展与参与能力都是不同步的。学习过程是个体自我内化、自我建构的过程，从本质上讲学习终究是一个自控行为，如果学习过程中没有学习者自控行为，那他的学习肯定是没有成效的。因此，小组活动和任务设计对教师提出了更高的要求，即教师在课前必须花大量的时间和精力对活动任务的类型、层次、难易程度等诸因素做充分的考虑，不能让学生“瞎忙”，教师在课堂上要善于发现问题进行协调，面向全体学生，教师不仅应是小组活动的设计者和组织者，而且应是任务的引导者和鼓励者。

二、思考及对策

1. 运用多种方式创设语境，在语境中学习运用语言，让学生忙有所依

语言的学习离不开语境，语境是语言学习的“依靠”。从学生的生活经验和

认知水平出发，通过与学生的会话交流、语篇的情境、挂图、图片、多媒体等，可以创设利于学生进入语言学习的情境，进行适当的铺垫，然后充分利用课本情境，让学生在真实情境中理解运用所学词句，提高语言的综合运用能力。提出多样的问题、设置不同的活动，让学生忙于讨论解决，虽然也能使课堂动起来，但只是表面的热闹，无助于学生对目标语言的理解运用。

英语教师有效的课堂用语也能创设语言学习的情境，提高课堂教学效果。课堂观察发现，因教师要多次忙于组织学生交流互动，导致有些教师不能及时组织适合学生学习层次的课堂教学用语，教师的课堂用语超出学生的接受能力，影响互动交流时学生对教师活动要求的理解、对教学问题的理解，进而影响互动交流过程，导致课堂忙中出乱，有些学生茫然无措。有些教师课堂顾不上创设英语氛围，直接用中文组织课堂教学，英语课没有语言学习的氛围。教师应考虑学生的学情和教材实际，准备好课堂教学用语，从而使课堂忙而不乱，课堂各项活动井然有序，教学组织管理有效，教学目标高效达成。

2. 关注课堂生成性问题，激发学生自主思考，培养学习间接兴趣，让学生忙有所获

传统课堂以学生接受式学习为主，新的课程标准要求学生在独立思考的基础上进行合作学习，要求教师关注学生的素质培养。上述案例的课堂观察中，发现课堂热热闹闹，学生交流氛围浓厚，但教师课堂所提出的问题均为教师课前预设的内容，涉及学生思考后自主发现或课堂生成的内容很少，课堂设计的活动及任务较多，学生忙于完成任务，没有自主思考的时间及空间，课堂教学不能激发学生积极思维，促使学生自我内化、自我构建。教育学理论认为：让学生学有所得，通过动脑、用思维挖掘、诱导、启发、悟出来的东西，可以有效地培养学生学习的间接兴趣，而间接兴趣一旦形成，将成为稳定的兴趣，利于学生的后续学习，储备良好的学习潜能，为终身学习打下坚实的基础。

3. 合理分配小组，关注学困生学习状况，分层设计活动形式及要求，让课堂忙而有效

“面向全体学生”是新课程标准的核心理念之一，要求教师教学设计要力求满足不同类型不同层次学生的需求。课堂观察发现，小组活动时每组中有近三

分之一的学生参与活动时不够积极融入，或对教师的任务理解不足而影响互动。教师可以通过小组的优化组合，选好组长，运用多种激励手段，发动小组内学生互帮互助，让不同层次的学生忙而有获。课堂上教师通过巡视小组互动情况，及时进行调控，个别指导。浏览学案、了解学情时多关注学困生，培养学困生的竞争心理，让非智力因素在他们参与各种竞赛中得到发展，教学真正做到面向全体学生，从而使课堂忙而有效。

在课堂教学中，教师教学设计不能只强调活动的多样性，应考虑学生的差异性，分层设计活动内容，对不同层次的学生提出不同的要求，让学困生“跳一跳也能摘到桃子”，体验成功的喜悦，增强自信心。教学过程中渗透学习策略指导，教会学生学习方法，培养学生的语言交际能力，为学生的终身学习打下坚实的基础。

第四节　生态教学视野下“5A”阅读教学模式实践探索

一、生态英语教学观概述

霍根于1970年提出了“语言生态”概念，主张将语言与环境有机结合，促进语言生态学的发展。生态教学理论是在社会文化理论的基础上发展起来的，主张在教学过程中将语言、环境、教师和学生有机结合起来。生态教学从空间、时间的角度分析语言学习问题，发现语言学习的流变性特征。同时，生态教学阐述了学习主体和学习环境之间的关系，认为教师为语言学习提供外在环境，学生对语言进行理解，并不断地练习和应用，最终实现语言的获得(周文娟，2012)。因此，生态教学就是一种兼顾学生、教师、语言和环境的教学模式，反映教师和学生之间的关系。但是，目前国内对中小学“生态英语教学观”的系统性论述还很少，发表的文章大多是围绕问题解决和方法途径展开论述。因此，很有必要对“生态英语教学观”作一全面的概念性表述。

《新课标》对中学英语的课程性质作了明确规定，指出义务教育阶段的英语课程具有工具性和人文性双重性质。它不仅要培养学生听、说、读、写四项基本语言技能，还承担着培养学生人文素养的任务。工具性和人文性两者有机统

一、相互促进，共同服务于学生的全面发展。中国矿业大学唐书哲教授提出了“大英语教学观”，主张在培养学生听、说、读、写四项基本语言技能的同时，增进他们对英语国家概况，如政治、经济、文化、科技、地理、风俗等方面的了解，引导学生用批判性眼光来看待西方文明和思维方式，培养他们的爱国情操、创新思维能力、想象力、跨文化交际能力、批判思维能力和用英语向世界介绍中国优秀文化的能力，服务于国家的战略发展需要。

综合以上观点，笔者将“生态英语教学观”定义为：生态英语教学强调以学生为本，将英语课堂视为一个整体的生态系统，教师、学生、文本、语言、环境各要素之间相互影响和谐共生。教师的教学任务是促进其生态教学体系的良性循环，让课堂教学成为一个充满互动的平台，让学生在生命的自然状态中去学习、体验、感悟，从而促进听、说、读、写能力的全面提高。生态英语教学主张以英语文化为媒介，在教学过程和实践过程中实现英语思维和英语语言的结合，从而达到英语教学活动中一种完美的教学状态，最终促进学生外语综合素质的提高，实现全面协调可持续发展，让学生终身受益。

二、生态英语与阅读教学的相关性

英语阅读教学的宗旨是通过大量的文本阅读培养学生的阅读策略和阅读技巧，引导学生养成良好的阅读习惯，进而形成丰富的情感、良好的情操、鲜明的文化意识和较强的交往能力。“生态英语教学观”将英语课堂视为一个整体的生态系统，促进教师、学生、文本、语言、环境和谐共生。阅读教学中大量的故事素材和人文素材为实施生态教学提供了支持和可能。

因此，英语教师在教学阅读文本的过程中，应着重提高学生用英语获取信息、处理信息、分析问题和解决问题的能力，教师要对文本进行深层次解读，设计深层次问题，帮助学生建立文本信息、语言、情感、态度各要素之间的联系，挖掘文本蕴含的价值，让学生体验阅读过程，发挥学生在阅读过程中的主体作用（杨琼，2014）。学生在阅读文本的过程中，既是一个个鲜活、独立而具有创造性的个体（王蔷，2006），又始终处于积极、主动的状态，不断地对视觉信息进行解码、加工和处理（Grellet，2000）。因此，阅读教学过程中的教师和学生以及文本与环境始终处于相互协调和对话之中。再则，初中英语教材中的阅读素材大多属于故事类或者简写类文学素材，这样的阅读文本更加强调情境性和人文性，在这一过程中充分运用“生态英语教学观”能让学生有更真切而深刻的生态体验，从而在深度阅读的过程中产生较为高级的生态创造。

三、生态英语视野下的“5A”阅读教学模式的实践模型与实施案例

“生态英语教学观”为阅读教学提供了理论支持和实践指向，如何在阅读教学中创设生态环境、协调生态关系成了英语教师的重要任务之一。笔者在多年的英语阅读教学实践中，始终以“生态英语教学观”指导日常教学实践，创造性地总结提炼出了“5A 阅读教学模型”。“5A 阅读教学”就是将故事性和人文性的阅读文本的教学过程概括为：Arouse(激活)—Analyze(解构)—Appreciate(赏析)—Apply(运用)—Affect(感悟)五个环节，这五个教学环节之间的关系既是流动的，也是循环的；既是独立板块，又是协同步骤。其实施流程图如下：

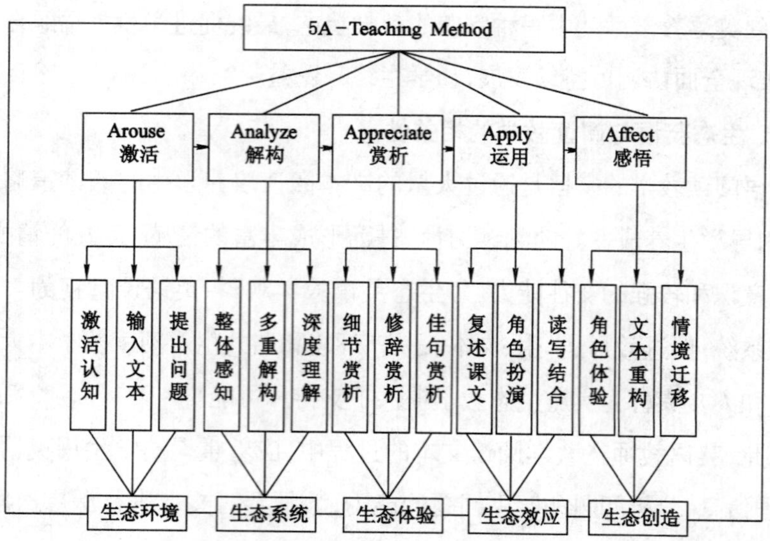

生态英语视野下“5A”阅读教学实施流程图

下面以连云港外国语学校李梦歆老师执教的牛津《英语》8A Unit 8 “Natural Disasters”的 Reading “Taiwan Earthquake”板块教学为例，结合具体的教学探索，谈一谈“5A”阅读教学模式的具体运用。

1. 激活:激活文本的背景知识,营造模拟情景的生态环境

生态教学观主张将环境因素融入教学体系中,认为环境是语言输入的源泉,更是认知的基础,所以教学中要将语言、环境、教师和学生有机结合起来。同时,生态教学阐述了学习主体和学习环境之间的关系,认为教师为语言学习提供外在环境,学生对语言进行理解,并不断地练习和应用,最终实现语言的获得(周文娟,2012)。生态教学是一种兼顾学生、教师、语言和环境的教学模式,反映教师和学生之间的关系。因此,教师在创设情境激活文本背景知识的时候,要特别注意环境创设的适切性和可行性,要注意环境与学生生活经历、学习能力的匹配度,当语言、环境和生活三者达到高度统一的时候,教学就有了无限的张力。

在教学"Taiwan Earthquake"这篇课文时,李老师考虑到它讲述的 Timmy 在一场地震前后的经历,为了使学生对地震有更强烈的现场感,先播放了一段汶川地震的视频,地震现场坍塌的情景加上一些惨烈的特写镜头使学生感到深深的震撼。在播放视频的过程中教师用几个句子描述了现场情况: The net was shaking. The building fell down. People ran in all directions. 学生在这样的生态环境中,把语言和情境有机地结合到了一起。这一环节教师通过视频激活认识,再通过关键句输入文本,最后提出问题让学生进入下一环节的学习之中。学生在这样模拟的生态环境中学习能够最大限度地调动自主学习的愿望和动机,从而为后续的学习打好坚实的心理准备。

2. 解构:解构文本的谋篇布局,构筑良性互动的生态系统

文本解构是文本处理不可或缺的组成部分,是还原作者写作意图、建构文本意义、有效利用文本教学价值的基本前提。文本解构应着眼于文本的体式、外显结构、内在意脉以及语言表现等多种视角,力求做到"依体而教"、"目有全牛"、"以所见寻不见"、"追本溯源"(孟宪军,2016)。初中英语的阅读文本相对来说内容比较简单,情节比较单一,在解构文本的时候应该侧重对故事的情节线索和细节之处进行加工,从而还原作者写作意图、建构文本意义。

"Taiwan Earthquake"这篇文章有很清晰的发展情节,那就是 during the earthquake, after the earthquake, hours later,李老师紧紧围绕这一主线开展教

学。首先，让学生完成 Read for structure 任务，并完成如下表格：

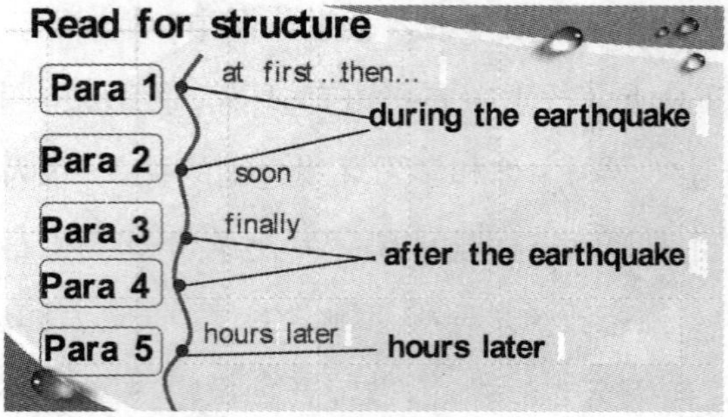

通过这个表格，教师解构了文本的结构，学生了解了文本的学习路径。紧接着，教师再通过 feel，hear，see，do 四个动词列表让学生完成任务：

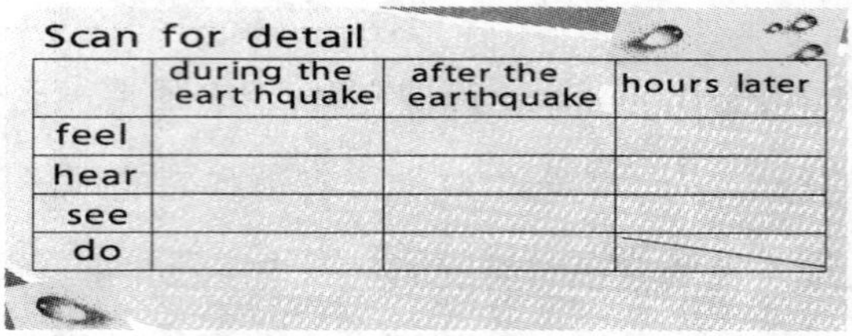
Scan for detail

	during the eart hquake	after the earthquake	hours later
feel			
hear			
see			
do			

在完成这个表格的过程中，学生与文本发生了多次互动，并与文本叙述的环境多次对话，学生真实地感受了地震时的恐惧和惨状；地震之后，Timmy 被困，为了求生，他大声地呼喊，显示了本能的反应，作者在这儿的细节描写加强了文本的渲染力；最后，Timmy 通过个人的奋力呼喊和他人的帮助得救了。

该环节从提取表层信息到对信息内容进行分项阐释，是对文本进行初构到以语言和感受为核心指向的文本解构的过程，这一过程遵循了“整体感知—多重建构—深度理解”的认知规律，这个过程既培养了学生对语言的敏感性，又营造了良性互动的生态环境。

3. 赏析：赏析文本的经典佳句，产生情智共融的生态体验

中学教材中的许多英语阅读文本有着较强的文学特质，其语言、情节和思想蕴藏着很多的文学素材，需要教师去深度挖掘和引导赏析。教师在引导学生进行赏析的时候要把具有人文意蕴的文字符号通过自身的感悟进行表述再加工，衍化出高于文本语言的师生能够共享的“新言语”，从而在文本与学生情感沟壑之间架设桥梁，让学生兴趣盎然地感受和欣赏这个世界。

"Taiwan Earthquake"这篇文章中就有很多的文学素材，教师在对文本进行了深度解读的基础上，设计了如下几种赏析片段：

细节赏析：

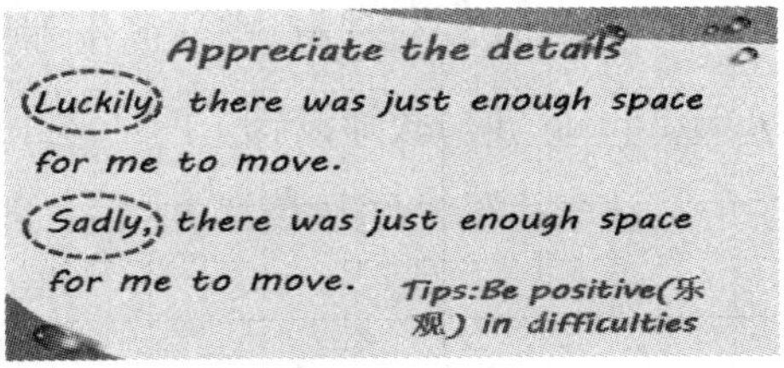

佳句赏析：

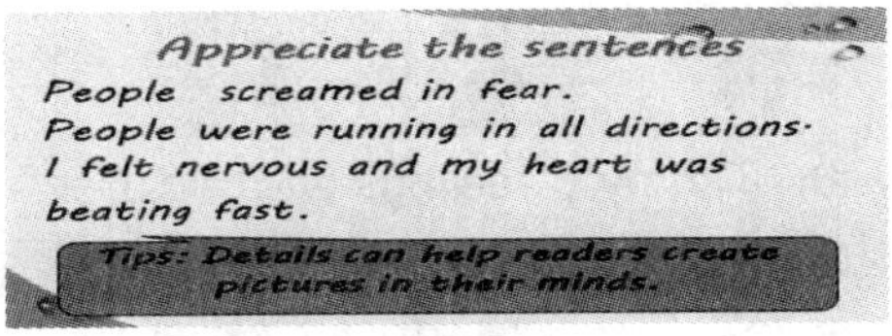

修辞赏析：

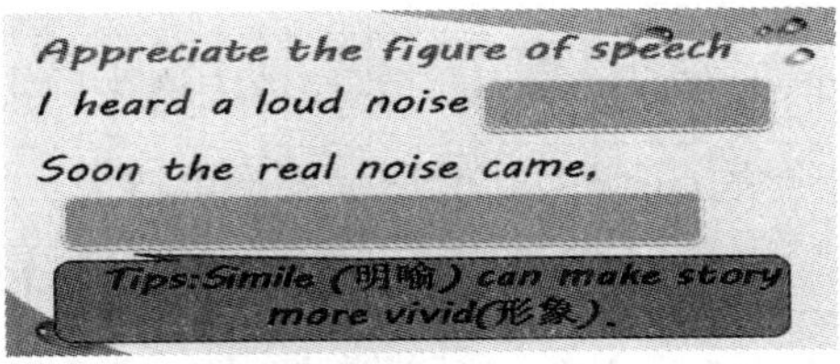

第一个片段欣赏是通过用Luckily和Sadly两个词的对比应用，让学生保持乐观心态：Be positive in difficulties；第二个片段是对同类句型的集中赏析，达成这样的目标：These sentences can help readers create pictures in their minds；最后一个片段是采用修辞赏析法，先让学生补充句子中的空白处，然后针对学生填充的like a thunder，like bombs under the ground的修辞手法进行分析，指出该修辞手法的作用是：Simile can make story more vivid. 这三个片段的欣赏过程伴随着理解、探究和体验，在教师的引导下学生思考着人物、情节、环境和主题，从而产生了深刻的文本理解和情感体验，长此以往，对学生文学素养的培养也是大有裨益的。

4. 运用：运用文本的交际素材，产生和谐共振的生态效应

阅读教学的最终目的是为了交际。生态教学的重点在于引导学生和文本发生多重对话，发展学生的语言能力和交际能力。学生的能力是在不同的新情

境中运用基础知识的主体性和能动性。能力不能靠记忆和传输获得,只能在不同的新情境中反复运用的基础上才能形成(宋德龙)。当学生对文本有了初步的感知、理解和赏析之后,教师就要设计系列活动,如复述课文、角色扮演、新闻采访、读写深化等,让学生在活动中深化理解、交往运用、提高能力。

在教学"Taiwan Earthquake"时,教师设计了两个运用型活动:一是复述课文。教师提供了六张图片,让学生借助图片情境并带着 Timmy 的情感体验进行复述,情景如下:

另一个任务是新闻采访,Timmy 从地震废墟中逃生后接受主持人采访,被采访的 Timmy 是自愿上台的,班级的其他学生都是主持人。学生提出了各种各样的问题,如:Who did you think of when you were trapped? If you couldn't get out from the bricks, who would be the saddest? Why? 被采访人随机应变,发挥了充分的想象力,如:I would think of my homework first, because I didn't finish my homework that day. My deskmate would be the saddest person, because nobody would play computer games with him. 在这样的情境中学生的语言能力、交际能力和创造能力都得到了充分的发挥,产生了和谐的共振。

5. 感悟:感悟文本的情感价值,促成自然深刻的生态创造

情感是教学艺术之魂。文本赏析的高级境界是对情感的赏析。情感赏析策略的关键是教师通过特有的情感"号召",如诵读的饱含情感、点化的巧妙天成等,渲染浓烈的情感氛围,撞击学生的心灵,掀动情感涟漪,形成情感的"奏鸣器"。感悟文本情感价值的途径有很多,如角色体验、文本重构、寓意探究等,在教学"Taiwan Earthquake"的最后环节,李老师设计了如下几种感悟方式:

(1) 角色体验。李老师让学生分别扮演 Timmy 和营救人员,模拟地震现

场，通过大声地呼喊、艰难地挣扎、成功地营救等场景进行角色体验。在表演的过程中，老师鼓励学生加入自己的语言和创造，然后再交换角色进行表演以加深体验效果。

(2) 文本重构。文本重构是基于教材和学生的知识水平把教学内容重新组合的过程。文本重构的实施要贴近学生的生活，创设适合的语言情境，重构成学生喜欢的文本，从而提高课堂教学的有效性。李老师在教学中基于文本重构了两个问题情境，第一个情境是：As the rescuers were trying to save Timmy, suddenly the glass and bricks collapsed again. 第二个情境是：Timmy was saved out, but an rescuer was dead at last because of rescuing. 这两个情境都出现了生与死的话题，尽管很沉重，但却促使学生进行了严肃而认真的思考，产生了深刻的生命体验和情感体验。

(3) 情境迁移。教师必须能够组织学习材料，帮助学生将学习材料纳入概念图之中，并且通过利用迁移到新情境中的方法来教授学生(梁美珍、付蕾，2016)。本节课的教学目标之一是让学生在地震来临时学会逃生，实施自救与互救。李老师不仅局限于此，还设计了 If a big fire (a storm, a thunder, flood...) happens, what can we do to save ourselves? 通过这样的问题设计，让学生学会迁移运用。这些基于生命关照的活动和情境设计提升了文本赏析的内涵和层次，促成了自然深刻的价值体验和生态创造。

四、实施“5A”阅读教学的几点思考

(1) “5A”阅读教学是综合性阅读教学，不是简单呈现的直线推进关系，实施流程图中所示意的只是一般的操作步骤，其结构模块不是固定不变的，而应该随着教学内容和教学情境的变化灵活地调整。综合性英语阅读教学观认为，在阅读课教学中把文本内容信息、语用能力、情感体验、思维能力和文化意识等综合考虑并能处理得恰到好处，才能促进学生综合素养的提升。“5A”阅读教学是对阅读文本进行模块化分类分步处理，帮助学生在某一主题或某一领域里摄取大量的信息，而这些信息在某种程度上是相通相连的，有利于学生对这一主题或领域知识的理解和吸收，有利于学生知识内容和范围的扩展，有利于学生形成自己的知识体系和观点，有利于学生对中西文化的融通，培养跨文化意识。

(2)“5A”阅读教学强调生态环境下的多重对话,注重在对话过程中挖掘文本的育人功能。教师作为阅读教学的引领者、设计者和实践者,其作用是不可忽视的。因此,教师在教学中应该特别注重营造互动有序的教学氛围,以自己娴熟的教学技能和高超的人格魅力促进阅读文本与学生、教师、环境等因素之间的和谐共融和动态生成,以加强阅读教学的情景性、人文性和创造性,从而产生“场”的效应。教师还应在引导多重对话的过程中采用更多的指导策略,适时引入跨文化知识和跨学科知识,经常与学生分享彼此的思考、经验和知识,交流彼此的情感、体验与观念,不断丰富教学内容,采用新的方法,寻求新的发现,达到共识、共享、共进的境界,从而实现教学相长和共同发展的美好愿景。

(3)“5A”阅读教学注重培养学生的自然探究能力和创造力,教学中应特别注重为学生创设足够多的生态空间,激发探究欲望,培养创新能力。当下,很多阅读教学设计往往停留于语言知识、语言技能和语言运用层面上,忽视了对学生用英语分析问题和解决问题的能力的培养(李杰、陈静波,2014)。长此以往,学生的探究能力和思维能力得不到训练,就会导致学习力的下降,影响良好思维习惯的养成。因此,课堂教学中要留给学生足够多的思考和探究时间,发挥学生的主观能动性。探究性阅读以问题为中心,创设学习情境,让学生自读自探、合作交流,把探究发现的阅读主动权真正还给学生,培养学生的探究、发现、创新等能力。探究性阅读关注学生身心发展和语言的人文性,关注学生的个体差异和不同的学习需求,珍视探究过程中学生独特的理解、感受和体验,调动学生的好奇心和求知欲,为教学创设空间上的无限张力,为学生创造力的发挥提供了巨大可能。

第五节 “主线式语法教学”的实践探索

一、引言

语法不应被视为一套静止的规则,而应作为一种与听说读写并行的技能教给学生(Larsen-Freeman,1991)。事实上,经过十多年的新课程改革,英语语法教学的理念和实践都有了很大的改变,传统的翻译法和讲授法已经很少使用,代之以语境、体验、任务、归纳、交际等方法的综合运用,形成了较为成熟并广为使用的语法教学思路,即将语法教学分为体验、归纳、控制性练习和自由运用四个环节。基本做法是:体验活动主要是感知语法现象的形式和意义,为归纳语法规则而进行准备。语法的体验可以通过设置合理的情境在听读中完成。简单的语法现象,多通过听来感知和体验,而复杂一些的语法现象,则多通过阅读来感知和体验。归纳语法规则的活动通常发生在听和读的活动之后,学生通过仔细观察相关的大量语法现象来归纳其中的规则。掌握了规则的用法,学生再通过控制性的练习来验证和运用规则。自由运用是语言的产出活动,是大量输入之后的自然输出,是学生在一定语境之中的自由表达(林立,2012)。但是,在实际的语法教学中,大多数教师还不能创设合理的语境,让学生充分地感知体验,只是以一个简单的情境导入,然后开始操练结构,其实是“穿新鞋,走老路”。

为了将语法教学“体验、归纳、控制性练习和自由运用”四个环节有机地结合起来,笔者在教学实践中创造性地运用设计主线开展语法教学,即根据教学内容、学生的兴趣爱好和认识水平为不同的语法教学内容设计不同的教学主线。在设计主线的时候,充分尊重学生的年龄特点和心理特点,选择学生熟悉并喜欢的人、事、游戏、流行元素等,并结合多媒体等手段交互使用,以提高语法教学的实际效果。笔者在长期的研究与实践中,探索出了四种可行的基于主线设计的语法教学方法,即以流行元素为主线,以日常饮食为主线,以传统节日为主线,以过关竞赛为主线。

二、基于主线设计的语法教学的主要类型及实践

1. 以流行元素为主线

当下流行元素如动漫人物、流行歌曲、影星歌星、街舞、韩流、网络游戏等,都是学生喜闻乐见、津津乐道的话题,将其作为语法教学的主线能很好地调动学生的学习热情和学习积极性,从而提高教学效果。

【教学案例 1】

教学内容:初三英语语法复习课。

教学目标:通过语境设置、情境创设等手段复习一般现在时、一般过去时和一般将来时的基本结构和用法,并能在实际的情境中综合运用以上三种时态。

教学过程：

第一步：放一段乌叔 Psy 跳 Gangnam Style 的视频，回答问题。

Who is he? How much do you know about him?

第二步：完成短文，谈论乌叔 Psy 的生平。

Psy ________ (be) 35 years old. He ________ (come) from Korea. What ________ "Gangnam Style" ________ (mean)? In Korea, Gangnam (江南) district ________ (be) full of modern things. So this style ________ (represent) fashion. He ________ (fly) all over the world to give shows so that he ________ (not have) much time to rest. Everyone, who ________ (watch) the MV, ________ (try) to learn the riding-horse dance.

第三步：根据图画情景，完成短文。

Psy was having a concert. Over 80,000 fans were gathering there. They were not staying at home but were enjoying the exciting Music Party. Psy was leading the dance and all the fans were singing and dancing along with him.

第四步：根据提供信息，谈论乌叔 Psy 在中国的一天安排。

Psy's busy day in China on December 12th(will/be going to)

7:00 a. m.	fly from Korea to Hunan
9:00 a. m.	arrive at the airport
11:00 a. m.	have a quick lunch at hotel
1:00 p. m.	meet fans in China
4:00 p. m.	go to see the stage and do some presentation
8:00 p. m.	give show
12:00 p. m.	fly to another place

第五步:根据提示信息写一份采访鸟叔 Psy 的提纲。

……

教学分析:这是一节语法复习课,通常的做法是通过大量的练习和讲解复习语法,但这样的教学设计很难充分调动学生,教学效果不会很好。本节课采用的教学主线是学生特喜欢的鸟叔和"骑马舞",课的开始用了一段动感十足的歌舞视频,学生一下子就被深深地吸引住了。接着与学生一起谈论鸟叔的生平,这是现在孩子特感兴趣的话题,当然,一般现在时是操练的重点。第三步是根据现场图片进行描述,巧妙地练习了过去进行时。然后,用一般将来时谈论鸟叔的中国之旅。最后,让学生综合运用几种时态写一个采访提纲,学生对照评分标准进行自评互评。这样的教学让学生从死记硬背的语法规则中走出来,自主归纳、总结各种语法规则,整个教学过程像是一次与鸟叔同行的时尚之旅,学生学得轻松,学得快乐,教学效果可想而知。

2. 以日常饮食为主线

日常饮食是每个人每天必须面对的话题,将其作为语法教学的主线更加贴近生活,更加具有生活气息,也更加适切语法教学的运用诉求。

【教学案例 2】

教学内容:8A Unit 2 "Grammar, Comparing the amount of things"(牛津初中英语,译林版)。

教学目标:学习比较级和最高级的用法,熟练使用 more... than, fewer... than, less... than, the most, the fewest 和 the least 等结构进行比较和描述。

教学过程:

第一步:比较两幅图的异同。

引导学生说出下面的句子:

Picture 1 has more apples than Picture 2.

Picture 1 has more grass than Picture 2.

Picture 2 has fewer apples than Picture 1.

Picture 2 has less grass than Picture 1.

Picture 1

Picture 2

第二步:看图,运用目标语进行描述。

Lili

Ikkyu

Lili eats more rice than Ikkyu.

Ikkyu eats less rice than Lili.

Simon Sandy

Simon drinks less juice than Sandy.

Sandy drinks more juice than Simon.

Millie

Amy

Millie gets more flowers than Amy.

Amy gets less flowers than Millie.

第三步：看图，比较 Eddie 和 Snoopy 的日常饮食。

第四步：比较 Daniel，Millie 和 Kitty 的午餐。

Millie has ________ juice of the three.

Daniel has ________ eggs of the three.

Daniel has ________ beef of the three.

Millie has ________ bananas of the three.

Kitty has ________ rice of the three.

第五步：关于饮食习惯的调查。

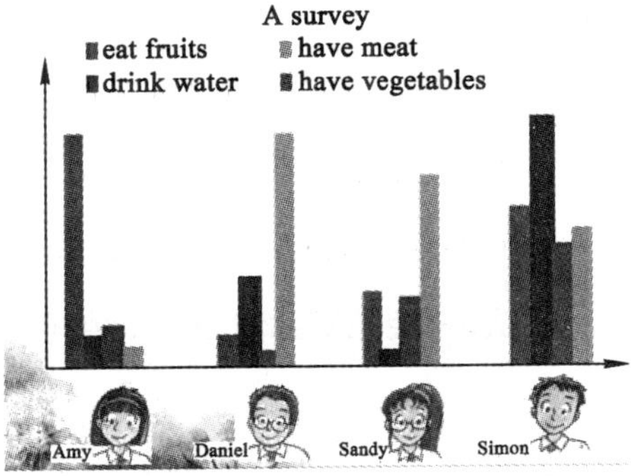

第六步：为健康饮食提供合理建议。

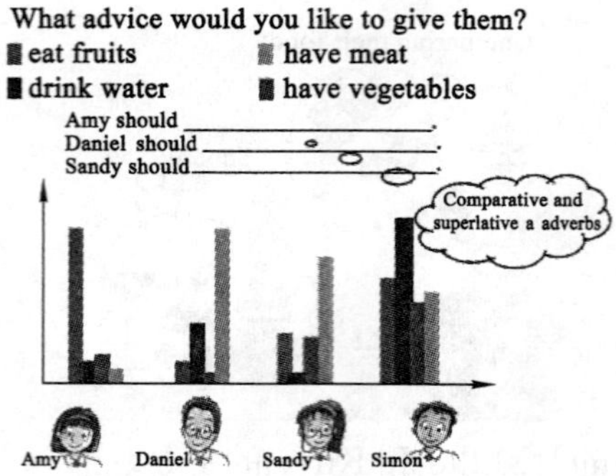

教学分析：在学生初步掌握了比较级和最高级的基础上，为了进一步拓展和巩固学生的语法知识和运用能力，教师设计了以"日常饮食"为主线的教学流程，在引出目标语之后，先借助图片进行了比较级 more than, fewer than, less than 的操练，接着通过比较 Daniel, Millie 和 Kitty 的午餐，操练最高级 the most, the fewest, the least，然后通过对饮食习惯的调查，综合运用比较级和最高级，最后，让学生提供健康饮食合理建议，进一步在运用中开拓学生的思维能力、运用能力和创新能力。教学中，先以食物的多少进行比较，再到饮食习惯的调查，最后到健康饮食的合理建议，始终以"日常饮食"为教学主线，整个教学过程思路清晰，循序渐进，螺旋上升，符合学生的认知规律，凸显了语法教学的生活化和交际性。

3. 以传统节日为主线

中华民族历史渊源，文化流长。传统节日既是文化的传承，也是青少年学生的必修课程。在语法教学中以中西方传统节日为主线，既是一种语言学习的方式，也是民族文化传承的途径，所以，以传统节日为语法教学主线意义重大。

【教学案例 3】

教学内容：8B Unit 3 "Grammar Passive Voice"(牛津初中英语，译林版)。

教学目标：学习一般现在时和一般过去时的被动语态，让学生感知并理解被动语态的结构、意义和用法，并能在实际情境中恰当地运用。

教学过程：

第一步：提问，引出与春节相关的话题。

Who celebrate the Spring Festival?

What do Chinese people do on that day?

第二步:情境操练,归纳被动语态的用法和结构。

感知用法:

The Spring Festival is celebrated by all the Chinese people.

The Spring Festival is known all over the world.

Lots of nice food is prepared on that day.

The Spring Festival Gala is held on CCTV every year.

归纳结构:

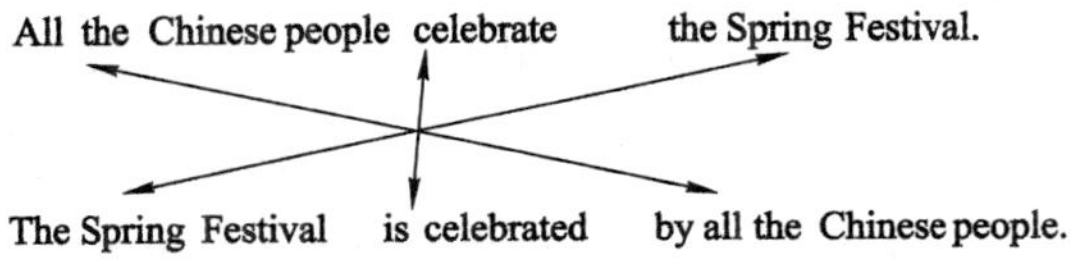

第三步:补充对话,操练一般现在时的被动语态。

A: When is the Spring Festival celebrated?

B: It is celebrated on...

A: Where is the Spring Festival Gala held?

B:...

A: How...?

B:...

A: Who...?

B:...

...

第四步:根据实际,操练一般过去时的被动语态。

How was the Spring Festival celebrated last year?

The New Year's party/... was held last year.

The game/... was played by...

The song was sung by...

The red packet money was given...

The presents were...

第五步:根据提示,以“最难忘的春节”为题,恰当运用被动语态写一篇短文。

I had a most unforgettable party on... The party was held... Some of my relatives were invited to...

The happy party will be remembered in my heart forever!

教学分析:本节语法课以学生特别熟悉的 Spring Festival 为主线,遵循“体验、归纳、控制性练习和自由运用”四环节原则,通过“节日的呈现—语法结构的导入——一般现在时被动语态的操练——一般过去时被动语态的操练—综合性操练”等步骤,让学生在了解传统节日的同时,追忆了难忘的节日趣事,综合操练了一般现在时和一般过去时的被动语态。教学中,教师特别注重基于学生体验设计语法教学,构建了归纳为主、演绎为辅的体验式语法教学模式。

其实,中西方的许多传统节日,如 Mid-autumn Festival, Dragon Boat Festival, Christmas, Halloween, Easter, Thanksgiving Day, 等等,都是很好的素材,只要用心设计情境,按照上述的一般操练步骤,都能达到良好的语法教学效果。

4. 以过关竞赛为主线

喜欢挑战是孩子的天性,过关竞赛更加迎合孩子喜欢挑战的心理。在语法教学中设计过关竞赛并以此串联教学,能够使教学结构更加严谨,教学内容更具挑战性。

【教学案例 4】

教学内容:7B Unit 3 “Grammar Simple Future Tense”(牛津初中英语,译林版)。

教学目标:学习一般将来时的基本结构和用法,让学生在各种情境中熟练运用。

教学过程:

第一步:背景介绍。

We may all know the famous TV stars ‘Happy Family’ hosting a famous

TV programme 'Happy Camp'. It's reported that Happy family will have a party called Happy English. They will invite some students to the party. The group who can pass all the levels in our class will get the tickets of the party. Is that exciting?

第二步:猜一猜:谁将来参加晚会?

Happy Family will invite some pop stars to the party. Guess, who will come?

Who will sing at the party?

Who will dance at the party?

第三步:猜一猜:还有谁将来参加晚会?

Who else will come to the party?

Will... come to the party?

Yes, he/she will. /No, he/she won't.

第四步:完成三个相关任务。

任务一:杜海涛写了去南京的旅游计划,可是有些词被擦去了,请帮助完成短文。

This weekend Wu Xin and I ________ (am going to, are going to) Nanjing. We are going to ________ (fly, flying) to Nanjing. I'm going to ________ (has dinner, have dinner) but Wu Xin ________ (isn't going to, aren't going to) have dinner. She is going to ________ (doing, do) some shopping. We ________ (will not have, will have) a good time in Nanjing.

任务二:谢娜的电脑坏了,她听不了音乐,所以她请朋友 Tom 来帮忙。请听录音,回答问题。

What time will Tom be free?

Where will they meet?

任务三:快乐家族计划将要外出一天。请你根据提示信息,帮助他们写一个公告,告知他们的粉丝具体的行程和安排。

……

教学分析:这是一节教师借班上课的案例,教学内容是语法“一般将来时”,教师设计了学生们特别喜欢的“快乐大本营”作为话题,以参加“快乐家族”举办的演唱会作为任务,以过关游戏作为教学主线。教师课前依据学生自然座位将其分成六个小组,每组推选一名组长。将教学内容由易到难分成三个环节,每个环节的教学内容都围绕“快乐家族”要举行的演唱会来设计,每个环节中积分最高的为一级过关,以此类推,最后根据总积分评出优胜过关组,获得“快乐大本营”的入场券。第二步主要是引导学生学习运用一般将来时的陈述表达;第三步则引导学生在情境中自然地运用一般将来时的疑问句及其回答;第四步是语言输出部分,教师设计的三个情境很精妙,语法概念和语法结构在练习中自然强化,学生的听说读写能力也得到有效的训练。由于教师选择了学生特别喜欢的人和事作为教学主线,加之过关游戏的设计,尽管是借班上课,但是学生的积极性和参与热情非常高,每个教学环节都伴随着竞争,每个学生都积极为小组挣分争光,这样的课堂充满了语言味,充满了人文关怀。

三、基于主线设计的语法教学应当注意的几个原则

1. 情境性原则

语法教学应该兼顾形式、意义和功能,在语境中帮助学生理解、加工、内化并产出语法(程晓堂,2013)。语法教学应重视创设语境,让学生在真实的语境中获得大量可理解的语言输入(任李燕,2011)。因此,精心创设教学情境是提高英语教学有效性的一项重要教学策略。基于主线设计的语法教学,无论是设计哪一种主线,都离不开情境创设,因为,良好的教学情境能引发学生的认知冲突,动摇学生已有认知结构的平衡状态,激发学生思维的主动性和求知欲,推动学生带着浓厚的兴趣去学习、理解、钻研学习内容。这不仅有利于学生对知识和技能的掌握,还有利于学生情感、态度和价值观的形成。

2. 交际性原则

语法教学目的有两个,一是培养学生的语法意识,二是为听、说、读、写技能的发展提供支持,为交际能力的培养打下语言基础(夏谷鸣,2011)。因此,语法教学应该贯彻交际性原则。在设计语法教学主线时,应充分体现为了交际的目的,尽可能地创设交际性语言环境,运用实物、图片、表演以及多媒体等设备和

手段，创造真实、半真实的交际活动，使学生于活动之中感知、理解和学习语言，发展语法技能。如在设计以流行元素为主线的教学中，教师应尽可能根据实际情形和生活经历进行交际活动，并且让学生在活动中担当角色，开展对话、采访、辩论等形式的交际活动。

3. 趣味性原则

开展基于主线设计的语法教学的主要目的是通过教师创新性的设计，使教学内容更加适合学生的学习兴趣。因此，教师设计的主线要尊重学生的年龄特点，迎合学生的学习兴趣。如果教师选择的主线不能激发学生的学习兴趣，或者教师围绕主线设计的活动单调乏味，千篇一律，可以预见这样的教学不但不能激发兴趣提高效果，反而会适得其反，事与愿违。在教学过程中可以尝试将流行元素为主线和过关竞赛为主线结合起来，用挑战性激发趣味性。如上文中以“快乐家族”为话题的活动中，学生为了得到演唱会的门票，在每一次过关中都表现出了强烈的参与意识和学习兴趣，学习效果非常好。

4. 变化性原则

变化是学习的调料，是教学的调节剂。语法教学要改变其在学生心目中的形象，方法之一就要注意变化性。变化性包括活动的变化性、话题的变化性、课堂组织的变化性、评价的变化性以及教师指令的变化性等。在设计语法教学主线时，应该根据教学内容和学生年龄特点设计不同的教学主线，在每一节语法课中设计不同的教学活动，在活动之后给予不同的教学评价。只有遵循变化性原则的基本要求，不断地创新教学形式，基于主线设计的语法教学才有更大的拓展空间。

5. 实用性原则

语法规则的发现需要大量的语言素材支持，因此，许多语法教学中仅靠一根教学主线往往是不够的，单纯运用情境交际法更是不够的，还需要使用演绎法、归纳法等方法，使教学内容服务于教学所需。有些语法内容，如情态动词、比较级和最高级等，可以创设一定的情境辅助教学，但是，如果勉强使用一根主线来串联教学，就会显得很不自然。再者，设计教学主线固然能更好地提供情境，激发兴趣，但是千万不能脱离课本，而应当将主线内容与教材内容有机融合,保持与教材编写体系和教材使用的一致性。

第六节　学案导学　问题导思　情景导练

——“三导”语法教学例谈

一、引言

众所周知,语法是三大语言基础知识之一,任何听说读写活动都离不开语法。《新课标》对语法教学提出了明确的要求:改变传统单一技能的语法教学模式,通过创设良好的语言环境和提供大量的语言实践机会,使学生通过体验、感知、实践、参与和交流等方式学习语法,以及让学生在做中学、学中做、在做事情过程中发展语法能力等(教育部,2011)。由此可见,在语法学习过程中,教师为学生设计高效率学习活动是十分重要的。因此,教师必须在语法课堂活动设计上下功夫,不但要考虑让学生掌握所学语法项目,而且要考虑让学生有机会进行听说读写等语言实践活动(汤燕瑜、蒋丽萍,2013)。那么,如何才能在语法教学中有效地促进听说读写能力的同步提高呢?笔者通过多年的教学实践探索出了“三导”语法教学,即以学案导学,设计语法学习的路径;用问题导思,架构语法学习的框架;依情景导练,活化语法学习的运用。“三导”语法教学平衡了语法的形式、意义和功能,充分体现了《新课标》的理念和原则。下面以笔者执教的 Unit 4 Grammar(牛津英语 8A)为例,具体阐述“三导”语法教学的一般设计思路、操作要领和注意事项。

二、“三导”语法教学的案例分析

1. 教学内容

Unit 4 Grammar (牛津英语 8A):

A: To learn to give instructions

B: To learn to use should & had better

2. 教学思路

这是笔者在连云港市“百位教师百乡行”活动中执教的一节送教下乡课,面对的是农村学校八年级一群陌生的孩子,他们的英语基础较差,语言环境欠佳,而“送教下乡”的目的主要是给农村学校的英语教师以观念的洗礼和方法的指导,激发农村中学的孩子学英语的兴趣和动力,找到学习的新方法、新路径。基于此,笔者将本节课的教学目标定位为:

(1) 通过学案的运用引导学生学会预习,学会合作。

(2) 通过系列问题的设计引导学生学会思考,学会归纳。

(3) 通过情景主线的设计增强语法教学的情境性和实践性。

考虑到农村中学的实际教学条件,本节课主要采用学案、挂图和录音机作为教学媒介,而不采用多媒体(他们学校只有一个多媒体教室,不可能在日常教学中经常使用)。

3. 教学实践

(1) 以学案导学,设计语法学习的路径

学案,即导学方案(Guided learning plan),是教师根据学生实际、教材内容、教学设备及学生能力等实际情况,为学生编制的学习方案,是建立在教案基础上针对学生学习而开发的一种学习方案。“学案导学”的精髓是突出以学生为主体,强调课堂教学以学生的学和练为主,培养学生的自学能力和合作能力。因此,语法学案的设计要由浅入深,既要有基本结构的学习、归纳和总结,又要有知识的运用和能力的训练。一个完整的学案就是整个教学内容的结构图,整个学案的设计路线就是学生的学习路径。遵循以上思想,笔者在教学 Unit 4 Grammar(牛津英语 8A)时进行了如下的设计(主要教学步骤)。

【课前预习】

① What's DIY short for?

② What other things do you know about DIY?

③ We have two ways to give instructions, what are they?

④ It's too late. You ________ ________ ________ go home now. (应该)

To keep healthy, you ________ ________ ________ ________ have a healthy diet. (最好)

【课堂导学】

① Discuss: Suppose you are in a DIY Club, what can you do there?

Write down some key words.

What can't you do there? Write down some key words.

② Let's make some rules for our school's DIY Club.

③ How can we remember the rules better? Follow the teacher to do. Write down some key words and sentences.

④ Work out the rule.

⑤ Play a game.

⑥ Can you give me some advice? Give advice as much as possible.

⑦ Have a debate.

【课后巩固】

① 基础题(略)

② 发展题(略)

③ 提高题(略)

学案的"课前预习"部分的目的是让学生了解学习的主要内容,明确重点,使学生的预习工作轻松而高效;"课堂导学"部分突出了以学生为主体的活动设计,有对话、讨论、游戏,还有辩论,各种形式的活动围绕 DIY 主线开展,听说读写形式全部涉及,为学生设计了清晰的学习路线;"课后巩固"主要以练习为主,既有基础题,也有发展题,还有提高题,三类练习题让不同层次的学生自主选择练习,体现了教学的针对性。在学案的支持下,虽然没有使用多媒体,但整节课的教学进行得非常流畅自然,学生的预习充分,为新课学习奠定了基础。因为有了学案,课堂教学的各个环节一目了然,小组合作探究真实自然,每一个学生都表现出了极大的参与热情和学习信心,让他们原来的任课教师和前来听课的教师惊叹不已。学案上的"课后巩固"分为三个等级,由于尊重了学生的差异让学生自主选择,赢得了学生的积极配合,从第二天反馈的信息得知,每一个学生的"课后巩固"完成得都很工整、很认真。

(2) 用问题导思,架构语法学习的框架

语法学案中设计的问题很重要,学生带着问题去解决问题,能充分发挥主观能动性和探究性，培养其思维，因此，问题的设计要有层次性和技巧性。比如，有的问题只要通过个人的努力就能解决，这样可以帮助学生增加成功感，树立学习英语的信心，培养自主学习的信念；有的问题是要通过相互讨论才能解决，这样可以培养学生合作学习的精神；有的问题是要通过教师的帮助来解决，这样可以吸引学生的注意力，培养学生的好奇感，保持学生的学习兴趣。总之，要通过问题的设计，构建语法学习的基本框架，培养学生的积极思维品质。笔者在进行本节课教学设计的时候将“导思”渗透到了教学的三个阶段：课前、课中和课后。通过课前导思，初步搭建语法框架；通过课中导思，逐渐丰富语法框架；通过课末导思，完善运用语法框架。结合案例说明如下。

① 课前导思，初步搭建语法框架。

在学案的“课前预习”部分笔者设计了这样的几个问题和任务：

· What's DIY short for?

· What other things do you know about DIY?

· We have two ways to give instructions, what are they?

· It's too late. You ________ ________ ________ go home now. (应该)

To keep healthy, you ________ ________ ________ ________ have a healthy diet. (最好)

第一个和第二个问题意在以教材本单元的话题激活学生的相关知识储备；第三个问题是让学生预习了解本节课的第一个语法项目：To learn to give instructions；第四题是为了让学生简单了解第二个语法项目：To learn to use should & had better。三个问题两个填空的预习任务，学生大约需要五分钟时间就可以了解明天的学习内容和学习要点，初步搭建了语法学习的框架。

② 课中导思，逐渐丰富语法框架。

课堂一开始笔者提出了讨论的问题：Suppose you are in a DIY Club, what can you do there? 然后让学生分组写出关键词。紧接着提问：What can't you do there? 之后将学生讨论的内容写入下列表格：

Rules for our school's DIY Club	
Things we can do	Things we can't do
Decorate the house by yourself. Make paper roses by yourself. Decorate the house. Repair the clock. ...	Don't throw things away. Don't push…down. Don't make a power cut. Don't begin your work without reading your instructions. ...

设计的两个问题为的是导出目标语法：To learn to give instructions，两个问题对应了祈使句的肯定和否定两种形式，学生带着这样的问题进行讨论并完成任务，其想象力和创造力远远超出教师设想，在这一过程中语法概念自然渗透，语法结构逐渐丰富。

③ 课末导思，完善运用语法框架。

在语法结构已经搭建之后，为了巩固所学语法内容，引导学生深层思考，可以采取多种方式方法，通常的做法是习题练习法，但是，习题法过于单调，很难达到更好的效果。笔者在本节课的最后采用了辩论法，围绕单元话题和所学语法内容设计了辩题让学生进行分组辩论：

Have a debate

For：We think DIY is helpful to us.

Against：We don't think DIY is helpful to us.

学生在辩论的过程中大量地使用目标语法 should/ had better 和 should not/had better not，不仅巩固了所学语法知识，并在实际情境中进行了有效运用，而且扩大了学生的学习视野，锻炼了学生的表达能力，丰富了学生的情感体验，如，有的学生在辩论中提出观点：New things are better than old things... We can ask for workers to help us. Then they won't lose their jobs...

很显然，这种形式的"课末导思"更加迎合学生的兴趣，达到了更好的效果。

(3) 依情景导练，活化语法学习的运用

课堂教学情境的形式是复杂多样的。它具有真实性和虚拟性、预设性与生成性、个体性与社会性、科学性与人文性、即时性与连续性等特征，在中学英语语法课堂教学中，教师要创设尽可能逼真的、反映知识生成和应用的学习情境，创建良好的实践场，注重课堂文化的生成，关注课堂情境的细节，促进学生对知识的掌握与建构。

情景导练，首先要注意情景设计的趣味性。设计的情景应充分考虑学生的年龄特点和心理特点，选择学生熟悉的人、事、游戏、流行元素等（赵大中，2013），这样容易引起学生的兴趣，进而激发参与热情。在学习了祈使句的两种表达形式之后，笔者设计了一个基于动画故事 Three pigs' DIY 的填空练习，用挂图呈现，练习的难度不大，但情景性强，趣味性浓，点燃了学生的学习热情。图画如下：

情景导练，其次应注意情景设计的真实性。在引导学习第二个语法项目 To learn to use should & had better 时笔者设计了这样的问题：I have some difficulties. Can you give me some advice? Give advice as much as possible using should & had better.

· I am not good at DIY.

· My English is not good enough.

· I often make mistakes in homework.

三个问题其实就是三个情境，第一个情境是学生刚刚学习并练习过的，第

二、三个情境是学生经常遇到的真实情景，这样的情境设计接近学生生活，学生有话说，想表达。课堂上，学生围绕三个情境创想了若干个合理的答案，并用目标语法熟练地表达出来，起到了很好的巩固运用的效果。

情景导练，还应注意情景设计的游戏性。教师在设计情景时如果能和情景性游戏结合起来，往往会收到意想不到的效果。笔者在第一个语法项目 To learn to give instructions 学习之后，设计了这样的一个课堂游戏：All the students stand up. Teacher gives different instructions. If you do wrong, you have to sit down. Let's see which group can do best. 教师先用祈使句发出各种口令，有肯定形式，也有否定形式，如：Touch your nose/ face/ hand/ head/ back... Don't touch your nose/ face... Stand up, please. Don't sit down, please. Use your tongue to touch your nose. 等等。紧接着让学生进行组内游戏，课堂气氛立刻活跃起来，每个学生都表现出极大的参与热情，用祈使句的肯定和否定形式发出各种富有创意的口令，效果奇佳。

三、"三导"式语法教学的实践反思

1. 学案是"三导"语法教学的总领，是教学的关键

"三导"语法教学强调在学案引领下的先学后教和合作探究，因此，学案的编写是教学的关键，要充分体现集体备课的效益，集聚集体的智慧，反复打磨，在学案上充分体现出"导学"、"导思"和"导练"的路径和方法，同时要考虑分层设计，让不同层次的学生都有所得，千万不能将"学案"做成"练习案"、"试题案"或是"讲解案"。在课堂教学时，一定要改变过去教师唱主角、学生当配角的局面，要让学生唱主角，变讲堂为学堂，把思考和表达的时间还给学生(顾海燕，2014)，学案也要根据课堂的变化进行适时的调整和增删，以最大程度地保持学生的兴趣和课堂的效度。

2. 问题和情景是"三导"语法教学的两种方法，而不是两个阶段

"问题导思"主要表现在教师的课堂组织方式上，即教师根据教学要求，将教材的内容浓缩和提炼为成系列的几个问题，并以此为主线设计和组织教学，引领学生的课堂探索和认知活动(王勇，2011)。而"情景导练"是为了让练习更有情景性，更加迎合学生的学习心理，让学生在情景中运用和内化语法知识，激

发学习兴趣，调动学习积极性(李瑛英，2011)。因此，“问题导思”和“情景导练”是语法教学的两种方法，而不是两个阶段，千万不可将其设计成逻辑顺序上的先后关系。其实，两者是相互交融的关系，问题中可以有情景，情景中可以带问题，这样的设计才会有启发性和实用性。

3. “三导”语法教学应减少多媒体的运用，加强语法教学的建构性和实用性

近几年，笔者有幸聆听过全国、省、市英语教学基本技能大赛和优质课比赛的课堂教学，在语法教学中无一不是大量地使用多媒体结合语境创设开展教学，情景的设计都非常用心，也切合教学所需，但由于大多数的情景都是通过 PPT 呈现，大量的 PPT 增加了视觉冲击，却弱化了学习的建构性过程，也淡化了教学的记忆性。学案支持下的“三导”语法教学学习路径清晰，学习任务明确，应该减少多媒体的使用，多创设真实的教学情景，增加学习的思维含量和探究性任务的设计，并适当增加写作类训练，促进学生听说读写能力的同步提高。

第七节 “四维阅读教学对话场”的构建

阅读是生命的活动。人们正是在自由愉快的阅读中享受着精神的生活。阅读教学还担负着构筑学生精神家园、重塑学生个体人格、净化学生灵魂世界的重大使命(陆志平，2002)。阅读教学如此之重要，那么英语教师如何帮助学生探寻阅读技巧，挖掘文本潜质，提升阅读的价值呢？现代阅读观认为，阅读教学是学生、教师、文本之间对话的过程，离开了对话阅读就失去了动态的构建，就会失去应有的鲜活，就很难挖掘出其潜在的价值。那么，如何丰富阅读教学中对话的层次和纬度，提高阅读教学中对话的效率呢？笔者结合自己多年的教学实践提出了“阅读教学对话场”这一概念。何为“阅读教学对话场”？笔者总结认为，就是在教师的引领和指导下，促进阅读文本与学生、教师、环境等因素之间的和谐共融和动态生成，以加强阅读教学的情景性、人文性和创造性，从而产生“场”的效应。在这一理念的导引下，笔者进行了长时间的自觉探索和实

践,并初步尝试构建了基于“四维”的英语阅读教学场。

一、与文本对话,梳理教学脉络

首先是与作者的对话。英语教材中的阅读文章不像汉语普通话教材那样,有着明确的作者介绍和相关的背景材料,多半是节选或改选的语篇,所以我们不必花太多的精力去探究作者生平和故事背景,但至少有三个问题应该知晓:Why did the author write this article? When did the author write this article? Why do we choose to learn this article? 这些问题的答案尽管有时不是很明确,但是带着这三个问题就能将学生引入探究的境界,这种积极的阅读态度引领对教学是非常有利的。

其次是与文本的对话。首先要研究文本的意图(What is this article about?),其次是研究文本编辑的方法和文章的结构(How many paragraphs does it have? How many parts can we divide it into? What's the main idea for each part?)。这一环节非常重要,它对阅读的方向和进程起着铺垫作用。特别要注意的是,这一环节的板书或课件应精心设计,应通过教学过程中的板书或课件绘出文章的主线和脉络,同时也应考虑利用巧妙的板书或表格为下一阶段的总结和复述做好准备。如在教学“My friends”时,笔者首先通过问答了解三位朋友的基本信息:appearance,personality,hobby 和 future plan,同时在黑板上设计了如下的表格:

friends	appearance	personality	hobby	future plan
Mike				
John				
Kitty				

然后让学生根据问答填写关键词,接着让学生利用该表格复述课文。由于设计合理巧妙,信息清晰明了,学生很快就能将课文复述出来。最后,笔者要求学生利用此表格采访小组内同学,再向全班进行汇报。这样做既梳理了教学脉络,又激发了学生的参与意识,优化了教学效果。这一对话过程实际上包含了两层意义——教师与文本的对话,学生与文本的对话,教师在与文本的对话中巧妙地引入了学生与文本的对话,相映成趣,相得益彰。

二、与学生对话，挖掘文本潜质

教师与学生之间是一种平等的对话关系，在阅读教学中，教师应成为学生阅读的导师，而不是居高临下的控制权威。教师应积极营造亲切和谐的气氛，激发学生阅读的兴趣，引导他们掌握阅读的方法，把点拨、启发、引导、激励留给自己，把阅读、理解、领会、品味、感悟还给学生。努力做到"书"让学生自己读，"问"让学生自己提，"情"让学生自己抒，"话"让学生自己说，"写"让学生自己评（陆志平，2002），在尊重学生的基础上充分发挥学生的主观能动性和主体创造性。因此，教师在进行教学设计时，应考虑学生的认知规律和情感体验，根据学生的个性特点和实际能力做好分层引导和分层对话。如在教学"Pets"一文时，笔者进行了三个层面的教学设计，第一层面：首先让学生快速浏览课文（英文诗歌），找出文章的主旨（main idea），然后与学生一起分析诗歌的特点，让学生找出押韵的单词，接着，找出最能体现该种动物特点的句子，最后让学生自己就文章提问，找出重难点，提出自己的疑问。第二层面：首先结合课文提出了两个问题：Which one is your favourite pet? Why do you like it best? 接着，引导学生做了一个任务（task），在小组内采访完成一个统计表格：

name	favourite	appearance	personality	Why do you like it
student A				
student B				
student C				
student D				

学生完成任务（task）的过程实际上是学生与文本再对话的过程，学生通过任务加深了对文本的认知和领悟，同时又拓展了自己的思维能力和迁移能力，这时笔者适时地抛出了一个辩论主题（第三层面）：Keeping a pet in the city is a good hobby or not? 这一问题立即将教学引向了高潮，学生思辨的火花在这儿闪耀，知识的积淀在这儿释放，创造的萌芽在这儿培育。阅读教学的三层设计实际上是教师与学生进行的三次对话，每一次对话都在完成一定任务的基础上向前渐进，实现了教学的循序性和生长性。

当然，在与学生的对话过程中千万不能忽视了"弱势群体"，因为课堂对话的中心是每一个学生个体，因此，切忌对话对象的片面性，千万不能忽视对话能力较弱的学生。分层对话是一种行之有效的对话方式,也就是为不同层面的学生设计不同层次的问题,让每一个学生各得其所。还是以“Pets”的教学为例,文章的三重对话基本上兼顾了三个层面的学生,也就是第一层面的任务主要由能力较弱的学生展示;第二层面的问题由不同层次的学生回答,从而得到不同类型的答案;第三层面的问题主要由能力较强的学生回答,使其语言能力和创造能力得到充分的发展。

与学生对话,主体是教师,客体是学生。但是还包含了学生与学生之间的对话,在常态教学中,要充分发挥学习小组的作用,将不同水平的学生混合编组,促进彼此间的合作与交往。笔者在教学中将学生按座位编成两人一小组,六人一大组,两人小组中两个人的能力较为接近,六人大组中兼顾各个层面,组内异质,组间同质。每节课教学中都安排小组和大组的活动,每节课结束时评出最佳小组和最佳大组,这样做关注了不同层次的学生,丰富了课堂对话的形式和层次,达到了大面积提高教学质量的效果。

三、与环境对话,生成教学资源

这里所指的阅读环境包含物化环境和人文环境两个层面,物化环境指的是联系文本与实际营造的直接语言环境,人文环境指源于文本而又高于文本的,既能陶冶性情又能净化心灵的间接语言环境。任何一个文本都离不开特定的环境,阅读教学中如果善于分析文章的生成环境,善于营造与文本相适应的互动环境,让学生在“活动”中学习,在“主动”中发展,在“合作”中增长,在“探究”中创新,就能逐渐步入“教”与“学”互促互动的良性循环轨道。如在教学“Welcome to Sunshine Town”时,笔者首先用大量的图片(其中大部分是笔者在英国、日本、韩国、泰国、新加坡、马来西亚等地修学旅游时拍的照片,目的是增强趣味性和亲切感,营造良好的语言环境)介绍不同国家和地区的风土人情,然后对比引入新课,通过 eating, dressing, living, traveling 和 entertainment 等五个方面学习中国阳光城的有关知识。在本单元第二课时,学生围绕这五个方面带来了许多相关的照片,用这些照片生动地叙述了家乡的风土人情,这时,笔者在大屏幕上出示了家乡现在和10年前的两组照片,让学生对比描述,强烈的反差引发了学生的兴趣,也激发了学生热爱家乡、建设家乡的情怀。

再如，在学习“Hosting a charity show”一文时，恰逢我校初三年级许汉清同学身患骨肉瘤，手术需要近50万元的巨额费用，而该生家庭经济情况相当贫困。笔者在第一时间知道了这一消息，于是率先在班级组织了一次慈善义演(A charity show)，活动由学生策划运作，他们制作了捐款箱，设计了精美的海报，选出了主持人，设计了节目单。可是，到了活动当天，当进行到“Sending blessings”环节时，每个同学都哽咽着说出了事先准备好的祝福语，在歌曲“感恩的心”的配乐声中我们录下了全部过程，并制成光碟随所捐款物通过他的亲属带给了在北京住院的许汉清同学。后来，许汉清的母亲在寄来的感谢信中说：“谢谢赵老师，谢谢同学们，你们的真情帮助许汉清渡过了手术前后的最困难时期。”其实，这一节课并没有按原先的设计进行，学生的语言水平也并没有得到明显的提升，学习的知识也许很快就被忘掉了，可是这份感动一定会永远留在每一位同学的生命记忆中，它超越了语言教学的本身，达到了润物无声的效果。

阅读教学中的物化环境和人文环境不是教学中两个独立的阶段，也不是两种独立的状态，而是相互渗透相互作用的教学意境。实际上每一篇阅读文章中都有丰富的环境资源，它们应该成为教学的主要目标之一。因为，只有对环境资源的深度挖掘，才能彰显教学特色，扩大“对话”效益，提升教学品位。

四、与自我对话，反思教学得失

阅读教学之后教师应该对教学过程进行反思，实现与自己的对话。《新课标》呼唤反思型教师，学会反思—善于反思—乐于反思是一个教师专业发展的必由之路。反思性教学是教师对自己的教学方式、教学过程主动进行多视角、多层次的思考过程，是教师主观能动性的体现(孙晓慧，2010)。那如何进行阅读教学的反思呢？笔者觉得首先要产生几个追问：学生是阅读的主体吗？学生采用了哪些阅读策略？教学过程中有动态生成的资源吗？学生在阅读过程中语言能力得到发展了吗？阅读的过程是学生伴随着思考和成长的过程吗？在阅读的过程中有情智的激荡吗？教师与自己的对话，实际上是自己与文本、学生和环境的再对话，对话的过程既是检验教学效果的一种手段，更是促进自我提高、自我完善的过程。

追问之后该做些什么呢？首先要留下痕迹，通过撰写反思日记、反思案和教学叙事等方式记录得失，无论是成功的还是失败的都要如实地记录下来。实践证明，这种个性化的反思记录积累起来是自己最宝贵的教学财富，是开展案例研究、课题研究、撰写论文的最佳素材。当然，仅有反思是不够的，更重要的是反思之后的跟进措施：如何使教学设计更加合理有效？如何使教学进程更加高效？如何制定改进措施？如何在以后的教学中落实改进措施？如果每一次反思之后都能采取相应的跟进措施，并主动听取他人意见、汲取他人经验的话，那就成了一个成功的反思型教师，具备了无限的发展空间。

如在学完“A brave young man”之后，笔者反思了自己的教学后发现，这节课的导入巧妙自然，文章分析脉络清晰，课件使用恰到好处，学生的语言能力和思维能力都得到了一定的训练和提高。但同时，笔者也发现了两点明显的疏忽：一是在引导学生复述课文时，由于提供的信息太多而限制了学生的发挥；二是对文章的德育素材挖掘不够深入，如果能提出以下的问题——Suppose you also saw the big fire, what would you do? Would you rush to save the old lady, too? (We are not grown-ups. It's not right for us to rush into the fire. Can we do other things to help her?)这对学生情感的丰富、道德认知水平的提高和教学效益的提升都是大有裨益的。反思之后，笔者在下一节课中及时补充了讨论话题，亡羊补牢，未为晚矣。

构建阅读教学的对话场，最终目的在于激活文本资源，让学生获得思想启迪，加深理解体验，产生感悟思考，发展语言能力，享受审美乐趣，从而促进阅读文本与学生、教师、环境等因素之间的和谐共融和动态生成。教师作为阅读教学的引领者、设计者和实践者，其作用是不可忽视的。如果在对话的过程中采用更多的指导策略，适时引入跨文化知识和跨学科知识，经常与学生分享彼此的思考、经验和知识，交流彼此的情感、体验与观念，不断丰富教学内容，采用新的方法，寻求新的发现，那就一定能达到共识、共享、共进的境界，从而实现教学相长和共同发展的美好愿景。

第八节　“三感”课文，拓展教学的“三维”空间

——“三感课文”阅读教学实践

《全日制义务教育英语课程标准(修订稿)》明确指出：“学生的发展是英语课程的出发点和归宿”。该课程标准在课程目标、内容标准和实施意见等方面全面体现“知识与技能、过程与方法、情感态度与价值观”三位一体的课程功能。因此，教师自身的教育理念、教学方式和教学行为也必须发生相应的变化，教师不再只是课程的执行者，而且也是课程的建设者和调试者，是新课程实施中的协商者和解决者。基于此，教师必须在深刻领会教材的基础上创造性地使用教材。课文教学是英语教学的主阵地，笔者在改革课文教学，实现“三维”目标方面做了有益的尝试和实践。

一、感知课文，加强对知识的理解和建构

建构主义认为，学习不是知识由教师向学生的传递，而是学生建构自己知识的过程。我们在教学课文之前，要站在语篇的高度，引领学生去感知文章的体裁、布局、文化背景和时代背景，要从单元的整体角度和学习的整体性引领学生感知文章的重点和难点；要通过探究式的手段去引导学生感知知识形成的方式和过程，因为“只有在依靠自己的经验建构真实至少是解释真实的过程中，才能拥有较多的真实”，才能加深对知识的理解和记忆。

那么，如何才能有效地实施“感知课文”的策略呢？重点是要发展学生的学习兴趣，培养其心理优势。在教学过程中，教师要充分发挥学生的主动性和积极性，营造宽松、和谐的学习氛围；对学生的点滴进步要及时给予鼓励，使他们树立自信心，获得成就感；对学生在口语表现中出现的语言错误，要根据教学活动的目的和错误的类型，采取相应的解决方法，不要有错必纠。在教学步骤中，教师课前要查阅大量的相关资料，分析文章的文化背景和社会背景，分析语言的特色和写作的技巧。查阅资料的过程师生要同步进行，教师在上一节课将其作为预习作业，列出提纲布置下去。学生通过翻阅资料、网上查询等做好充分准备。课上，先让学生汇报其预习报告，然后教师作归纳、总结、补充，教师的语

言一定要精练而富有感染力,从而激发起学生的学习兴趣和学习欲望。在教学"Standing Room Only"这一课时,笔者列出了这样几个预习提纲:① Find out the population of the main countries in the world. ② The growing rate of these countries. ③ China's population state. 学生要解决这些问题,首先要浏览课文,这样就达到了预习课文,初步感知课文的目的。学生在进一步查阅资料的时候会发现一些有趣的数字对比,课堂教学中因势利导,采取预习汇报、快速抢答、集体朗读等方法使学生建构起对人口问题的初步认识,为进一步感受课文奠定了良好的基础。

二、感受课文,发展语言能力和理解能力

在预习报告、问题解答的基础上学生已经对课文有了初步的感知和理解,这时,要尽可能地创设真实的交际情境,使学生在交际活动中发展语言能力和运用能力。那么如何才能促使学生的感性认识向理性理解的过渡,最终达到交际能力的培养呢?笔者通过实践证实,以下的两种策略操作方便、实用。

1. 信息差策略

通过对课文的问与答初步解决了对课文的理解,而同时又产生了一些新的问题,诸如词句的理解、新语法的习得等,这就是信息差,而平衡信息差,实现信息共享是人的一种普遍心理需要,教师在设置问题和解答问题时应巧妙地将信息差隐藏其中,提醒学生在书上重点标识,在黑板上有序呈现,这里的信息差主要包含两方面的内容:文章结构和语言知识。还是以"Standing Room Only"为例,通过问答我们列出了这样的两列增长数据:

(1) 259 → 15,540 → 370,000 → 136,000,000
(one minute) (one hour) (one day) (one year)

(2) 250 million → 500 million → 17 billion → 6 billion →
(2,000 years ago) (400 years ago) (1900) (1970)
5 billion → 6 billion
(1990) (2000)

通过两列数据的对照、比较和分析,学生清楚地认识到人口的发展状况和潜在危机。此外,在学生解答问题的过程中笔者还在黑板上列出了主要的语言点：① increase by... ；② will be born；③ multiply... by；④ grow faster and faster；⑤ at the beginning of；⑥ by the year 2000；⑦ in 600 years；⑧ standing room only。结合课文，先请学生进行解释，然后创造情景进行运用，并引导学生自创情景灵活运用。一位学生这样讨论她的英语学习：At the beginning of last term, I only knew 500 English words. By the end of last term, I had known 1,000 words. I'm learning faster and faster. In two months I will be able to learn about 1,200 words. I'm very happy. 通过这种方式，学生将语言知识自然地融合到了实际运用之中，单调的语言立刻变得生动而具象。

2. 信息转换策略

如果说信息差策略的活动是语言解码过程的话，那么，信息转换策略则是语言的编码过程，也是信息再结合的过程。在理解课文、认知语言知识的基础上，要引导学生综合地运用知识，注意新旧知识的联系和前后知识的贯穿，增加语言的复现率，提高学生的综合运用能力和交际能力。学习了课文"Standing Room Only"后，笔者设置了这样一个辩题。正方：人口不断增长能促进社会发展(The increasing population speeds up the world's development)；反方：人口不断增长阻碍了社会发展(The increasing population slows down the world's development)。正、反两方展开了激烈对抗，辩论过程不仅加深了对新学知识的理解和运用，而且使学生自觉地检索已知信息，从而综合地运用新旧知识。促成信息转换的方法还有情景对话、短剧表演、话题阐述等，学生在活动过程中不仅实现了新旧知识的交融，更重要的是学生在主动参与的过程中表现出了强烈的求知欲望和求胜欲望，其语言表述能力和交际能力得到了自由的发展和提高。

三、感悟课文，陶冶学生情操，提升学生思想境界

新编英语教材在选择课文时更加注重其时代特征、科技含量和教育潜质，教师一定要充分挖掘其情感素材和教育价值，陶冶学生的道德情操，提升学生的思想境界，培养学生的健康人格，帮助学生树立正确的人生观、世界观和价值观，为学生的可持续发展和终身学习奠定良好的基础。挖掘课文的情感素材时，一定要充分利用教材的潜在资源并创设合适的情景，增强学生的信心，激发其参与热情，正如德国教育家第斯多惠所说：教育艺术不在于传授本领，而在于激励、唤醒和鼓舞。“CODY SAVES THE BABY”这篇课文描述了一场地震之后，Mrs Parley 的孩子和婴儿床被挂到了屋檐上，而 Mrs Parley 由于腿已骨折无力救助，孩子的生命危在旦夕，这时他们的小狗勇敢地冲了上去，就在他救出婴儿的同时，婴儿床也轰然坠地。这真是一部感天动地的壮丽诗篇，人类与动物和谐共处所缔造的伟大情结在瞬间定格成了永恒的美景。这时笔者适时地引导同学们去感悟这一场景，并引导同学们设身处地地想象自己遇到这种情景时的处理方式，最后再让同学们想象人类与动物和谐共处的其他情景。此时，学生理性的光芒和情感的火花迸发出耀眼的火焰，生命的空间一刹那变得无比的宏大而深邃。

不同的语篇蕴藏的教育含量是不尽相同的，因此，我们的处理方式也应区别对待。牵强地处理素材，生硬的说教方式所带来的教育效果往往适得其反，只有灵活地处理教材，巧妙地传导教育信息，才能实现教育资源的有机整合。学完“The Man Who Never Give Up”这篇课文之后，笔者出了这样一道题目：我与爱迪生比一比。要求学生从正、反两方面进行对照。有的学生说爱迪生十二岁时有了小发明，我十二岁时已经建起了网站，爱迪生成了伟大的发明家，我将来一定能成为一个 IT 行业的精英人物；有的学生说爱迪生置自己的生命于不顾，勇敢地从铁轨上救起了一个小孩，而我在路上看到了同学摔倒了却视而不见，这是多大的反差啊！通过对比，同学们找到了自身的优势和发展方向，对未来更加充满了信心；通过对比，学生们也找到了自身的不足和致命的弱点，他们决心充分利用优裕的条件，促使自己更加全面和快速地发展。最后笔者又让学生模仿爱迪生为自己制作一句英文座右铭，用以不断地鼓舞和鞭策自己。由于笔者采用了灵活而机智的处理方法，本堂课的教育效果几乎达到了最大化，对学生的思想境界产生了深刻而久远的影响。

总之，只有把感知、感受和感悟课文有机地融合起来，在感知的基础上去感受，在感受的背景下去感悟。唯此，课文教学才能显示出它巨大的教学张力和教育潜力，教学的“三维空间”才能得以无限地延伸并折射出人性的光芒。

第三章　校本教研与文化构建

第一节　英语教研中的文化构建

什么是文化？有人说，文化就是满足需要的一种方式。那么，也可以说，教研文化就是教研机构或教研人员满足自己需要的一种方式。这种需要包括哪些内容呢？仅仅是教研工作的需要吗？笔者认为，除此以外，至少还包括专业发展的需要。当然，教研文化的内涵是丰富的，不仅包括集体的，也有个人的。在新的教育形势下，教研部门如何创建富有特色的教研文化？教研人员又该怎样选择自己的专业发展方式？如何融入这种文化中？这些都是摆在每一个教研人员面前的新课题。

一、构建合作共享型的教研文化

传统的教研工作方式较为单一，教研主题基本上是自上而下，由上级主管部门提出或指定，学校和教师只是充当参与者，难以达到研究者境界；教研活动凭经验、凭权威，教学研究缺乏调查，脱离教师教学实际；教研工作针对性及实效性不强，各自为政，区域间缺乏合作与交流。针对上述不足之处，构建合作共享型的教研方式，加强教研文化建设，拓宽研究思路，成为教研工作的立足点和归宿。

1. 建立教研片区，疏通区域间交流渠道

通常情况下，一个地区的学校地理位置分布较广，校际间缺乏交流渠道，而英语学科由于师资水平、学习环境等因素的影响，教学实际效果也存在较大差距。根据地理位置、办学规模和师资水平的差异性，合理划分区域，建立教研片区，充分发挥片区联动的优势，强弱联合，以强扶弱，优势互补，构建合作共享型的教研氛围，缩小校际间差距，促进教育均衡化。

2. 进行合作备课，促进教师群体专业发展

备好课是上好课的前提和基础，也是提高课堂教学效率的重要环节。合作备课是指在教师个人研究的基础上的集体研讨式备课，这种模式下的备课每位教师都是活动的主体，每位教师都有平等的话语权，同时每位教师又是一个聆听者和学习者。在建立教研片区的基础上，成立合作备课组，这样做能促进教师群体专业发展，从而提高课堂教学的实效性。

3. 充分发挥网络教研的优势，扩大教研时空，提高教研效益

针对英语教学、教研工作中出现的问题，搜集新课程改革中遇到的难题，以建立博客群、开展教研论坛、教研网站等形式进行讨论，集中各类教研资源、网络资源加以讨论解决，多视角、多维度地提高教研效益。

二、构建探究反思型的教研文化

美国心理学家波斯纳提出了教师成长的公式："成长＝经验＋反思。"教学反思是教师对自己已完成的教学实践活动有目的地进行审视，作出理性思考，并用以指导日后的教学。我们将依托连云港市英语集体备课手册，引领教师复备时进行课前预测，根据学生实际情况提出预见性意见及对策，课中根据学生实际接受能力随时调控课堂进程，课后依据自身教学实际情况撰写教学反思：或总结成功经验，或查找失败原因，或记录教学中的灵感闪光点，或捕捉学生的反馈信息……在此基础上鼓励教师整理成文，定期进行展示、交流、评比，引领教师理性分析备课成果和课堂教学行为，表达自己独到的做法与见解。教师借助反思可以拓宽思路，完善思维过程，寻求改进办法，使教学日臻完善，从而最大限度地体现自身价值，促进教师专业发展，有效提高教师研究能力。

三、构建课例研究型的教研文化

课堂是教师教学活动的主阵地，开展课例研讨活动是教师成长的主战场，教师只有真正把教研活动当作教师之间互相学习、共同研究的机会和方式，敞开自我、真诚交流、深度会谈，才能使自己在研讨中受益并获得个性发展。我们将以英语特级教师、优秀教师的课堂实录、研究课、观摩课、示范课等多种形式的课例为载体，专家、名师、教研人员、教师群体、学生等构建教研共同体，引领

广大教师投身课堂教学的研究，并将具有先进理念的课堂教学模式，通过研讨课、研究课等深受教师欢迎的教研形式加以铺展讨论，优化实施，以期在更大的范围获得最大化的效益。因为课例引领是一种方便、快捷、收效高的教研方式，营造研究型教研文化，构建教研共同体，是教学研讨文化重建的方向，而基于课例的教研方式能使教师生活在一个扩展开的更大的“教与学”的时空，成为一种更高意义上的精神共同体。而欣赏优秀教师的录像课例，可使教师在学习欣赏、互动交流中享受合作交流的快乐，在问题中引发教学认知的内在冲突，在思辨中促进教师的反思与建构等。

四、构建科学引领型的教研文化

根据新课程要求，我们应该改变传统教研方式，构建科学引领型的教研文化，科学指导、科学评价教师的教育教学成果，做到研评分开，以研为主，研训一体，发挥教研员“服务者、研究者、引领者”的角色作用，变原来自上而下的检查评价方式为调研、对话的方式，强调教研员与教师平等、民主地交流和对话，深入课堂做好调查研究工作，给教师以切实可行的帮助和指导，做好服务工作。提倡互动参与式的培训方式，创设宽松和谐的教研氛围，激发教师的积极参与意识，在平等的对话交流中，给教师提供更大的交流平台，互相学习，共同进步，发挥引领作用。特别注重研究和解决新课程实施过程中遇到的实际问题，给学校和教师提供更多的指导和服务，使研究成果服务于教学，服务于教师。

综上所述，笔者认为新形势下的英语教研员必须适时地更新观念，科学地定位职能，不断地加强学习，有效地创新教研方式，适应新形势下的教研工作，在合作共享和探究反思中构建新型教研文化，充分发挥教研员的职能，才能在深入实施素质教育、规范教育教学行为的背景下有新的举措、新的成就。

第二节 小学英语教师课堂教学用语使用现状调查及反思

笔者在教研工作中特别关注教师课堂教学用语的使用情况，通过所记录的课堂用语数据发现了不少问题。带着这些问题，笔者设计了“连云港市小学英语教师课堂教学用语使用现状调查问卷”,并在一次市级教研活动中进行了问卷调查。此次调查共发放问卷160份,回收有效问卷140份,其中省、市级的实验小学教师55人,普通乡镇小学教师42人,农村小学教师43人。这些教师中,英语专业毕业的教师85人,转岗教师55人;工龄10年以下的教师76人,10～20年之间的教师48人,20年以上的教师16人。样本数据基本反映了目前连云港市小学英语教师的构成情况,因而调查结果具有较强的代表性和可信度。调查结束之后,笔者对部分教师进行了访谈。以下是对问卷调查中几个主要调查项目和访谈情况的统计和分析。

一、调查结果

调查项目1:你认为用英语组织课堂教学,对提高课堂教学效益有帮助吗?

项目内容	人数	百分比/%
(1) 肯定有帮助	105	75
(2) 作用不大	30	21
(3) 没有帮助	5	4

调查项目1的统计结果表明,大部分教师认为英语课上用英语组织课堂教学活动对提高课堂教学效益有帮助。选择“作用不大”、“没有帮助”的教师(占25%)大多长期从事低年级教学,他们认为小学低年级学生刚开始学习英语,学生听不懂教师的指令,用英语组织教学费时费力,浪费课堂教学时间;而直接用汉语组织教学更易于学生理解,可以提高教学的容量,加快教学进程,同样能确保较高的教学效率。

调查项目2:你认为自己的口语水平如何?能胜任英语课堂教学吗?

项目内容	人数	百分比/%
(1) 口语较好,可以胜任	27	19
(2) 口误较多,经常犯语法错误	17	12
(3) 缺乏练习,不够流利	70	50
(4) 词汇贫乏,想说但说不出	26	19

从调查项目2的统计可以看出,目前小学英语教师的口语状况不容乐观。有近80%的教师认为自己的英语口语水平不能完全满足教学的需要,这与笔

者在听课过程中的感受是相符的。笔者发现有些教师虽然有用英语组织课堂教学的意识，但由于词汇贫乏，平时缺少练习，再加上担心学生听不懂，导致教师课堂用语出现错误或“卡壳”现象。这种现象不仅在普通乡镇及农村小学的教师中较为普遍，在省实验小学的老教师中也存在。究其原因，一是由于新课改前各级各类的英语测试以笔试为主，评价以分数为准。在这种理念指导下，不少教师认为无须用英语组织教学，无须创设语言学习的情境，时间一长教师的口语水平和表达能力都呈下滑状态。二是由于普通乡镇及农村小学缺乏语言学习的环境，而且教师授课时很少讲英语，这对创设良好的语言环境和提高教师的口语水平很不利。

调查项目 3：走上英语教师岗位后，你参加过何种形式的教师口语培训？

项目内容	人数	百分比/%
(1) 上级教育主管部门、学校安排	78	56
(2) 自己上辅导班	8	6
(3) 自学	30	21
(4) 没有任何学习培训	24	17

调查项目 3 的统计结果表明，教师提高口语能力的机会一半以上是上级教育主管部门和学校提供的，通过自己上各级辅导班或自学提高的比例很小，甚至有 17%的教师自工作以来没有参加过任何形式的学习与培训。近年来，各级教育主管部门开展过各类英语培训，课程涉及语音、口语、听力及教学法等，主要是从专业角度提高教师的口语水平和其他教学技能。但是，上级部门组织的培训对大面积的小学英语教师来说是杯水车薪，对于比较偏僻地区的转岗教师更是鞭长莫及。而且有些培训整体水平不高，实践性不是很强，培训内容难以运用到教学实践中；有些培训主要针对年青教师和骨干教师，教龄较长的老教师被排除在外。再者，教学任务重、工作压力大也常成为制约教师参加培训和自我提高的客观因素。此外，教育教研部门或学校缺乏相关激励机制和长效监督机制，也导致教师不重视自我素质的提高。以上因素说明目前的英语教师培训，尤其是口语培训工作尚存在许多问题，有着很大的研究和提升空间。

调查项目 4：你会在听课时，关注授课教师课堂用语的有效性并学习运用于自己的课堂教学吗?

项目内容	人数	百分比/%
(1) 会,而且详细记录课堂用语,并学习运用于自己的课堂	20	14
(2) 会,而且详细记录课堂用语,但较少学习和运用	40	29
(3) 会,但较少记录课堂用语,很少学习和运用	65	46
(4) 从不关注教师课堂用语	15	11

调查项目4的统计显示,有43%的教师听课时关注授课教师课堂用语是否有效,而且详细记录课堂用语,但其中只有14%的教师能将听课时记录的课堂用语在课后进行整理和归纳,并学习运用于自己的课堂。有些教师听课时虽能详细记录课堂用语,但不擅长学习、借鉴和运用。根据上表,86%的教师不太善于抓住学习机会,进行课后反思,这是制约教师口语水平提高的瓶颈。有11%的教师从不关注授课教师的课堂用语,没有意识到课堂教学用语在提高课堂效益和教学有效性方面所起到的关键性作用。

调查项目5:你在平时的备课中,会有意识地把课堂用语准备好吗?

项目内容	人数	百分比/%
(1) 会,而且单列在备课本上	60	43
(2) 不用准备,根据课堂情况灵活机动	72	51
(3) 反正没人听课,何必费事	8	6

从调查项目5的结果看,50%以上的教师对自己的口语水平较为自信,认为课堂用语不用事先准备,只要根据课堂情况灵活机动,就能满足学生、课堂的实际需要。这种认识在英语专业的教师以及年轻教师中较为普遍。笔者听课时注意比较了这种类型教师与准备教学用语的教师的教学效果,并且查看了教师的备课本,结果发现:英语专业毕业且口语水平较好的青年教师有时在课堂上的表现还不如口语水平虽弱但对课堂教学用语做了充分准备的转岗教师,前者的课堂教学用语的有效性和针对性急需加强。选择"不用准备,根据课堂情况灵活机动"的教师在平时几乎不用英语组织教学,只是在有人听课时为了应付而稍作准备。由于平时缺乏系统、正规的训练,不少教师上公开课时经常出现课堂用语使用不规范的情况。

将本调查项目与调查项目2的结果相比较就会发现,相当多的教师不能客观、公正地评价自己的口语水平。这些教师一方面认为自己口语水平一般，另一方面又觉得自己在课前不用对课堂用语做充分准备，课堂上灵活一点就能应对，表现出盲目的自信，意识与行为之间的矛盾凸显。这个问题在青年英语教师中尤为普遍和突出。

调查项目 6：你认为什么样的途径对提高教师的课堂教学用语水平最有效？

这是一道开放式的调查项目，教师提出的提高课堂教学用语水平的途径有：参加各种形式的口语培训班；坚持用英语组织课堂教学；多听优质课、展示课，学习、借鉴和积累有效的课堂用语；备课时准备课堂用语……

上述各种途径说明绝大多数教师对自己口语水平的提高和专业发展寄予厚望，他们期望教育主管部门和学校为他们创造更多学习的机会，搭建更好的发展平台。

二、反思与对策

1. 立足教师的专业化发展，深入开展新课程理念的培训

许多教师参加培训时都感觉新课程理念有助于提高课堂教学效率，使学生成为课堂教学真正的主人。但是，新课程理念变成教师的自觉行动还有待时日，不少教师的课堂教学还是过分重视语法与词汇知识的讲解与练习，忽视对学生语言运用能力的培养。

英语教师的培训工作任重而道远，教学理念的培训应融合到专题性、实践性的培训之中，使每一次培训都能基于问题，并解决问题，成为教师专业成长的平台。

2. 建立完善而有效的教师口语发展和评估机制迫在眉睫

要激发教师的自我专业发展欲望，引导教师注重自我发展、自我提高。要多途径、多维度地进行教师口语评价，建立有效的教师口语评价机制，建立教师口语三级评议制度：教研组教师之间的互助评价、教师自评、学生对教师的评价。在教师口语能力的评价方面，目前连云港市新浦区正在推广试行以下评价用表：

表 1　　小学英语教师口语能力发展自评表

一、动机和态度	自评得分				
	5	4	3	2	1
对口语训练非常感兴趣					
有信心在教学和生活中使用英语					
乐于定期更新课堂用语					
合理安排口语训练时间，注重效率					
除因工作需要学习口语，还积极看英语报刊、看影像、听有声材料					
二、训练方法	自评得分				
	5	4	3	2	1
能主动制订每月的训练计划					
坚持每天的训练，保证每天的训练时间					
能够在训练中主动查找存在的问题并解决					
能够和身边懂英语的人探讨训练中的问题					
能积极准备下一节课课堂用语，参加英语口语活动					
三、课堂活动	自评得分				
	5	4	3	2	1
能够利用课堂用语有效组织教学					
能认真留意课堂所用口语，及时记下不足并试图改正					
能够分门别类地整理课堂用语					
能及时用英语表达自己的观点，并说出理由					
能用英语回答学生提问					
四、学习资源利用	自评得分				
	5	4	3	2	1
能够有效使用工具书					
能够通过网络搜索学习资源					
能够借助电视、广播等获取知识					
经常利用其他英语材料进行学习					
五、问题解决	自评得分				
	5	4	3	2	1
能够及时通过各种方式解决暴露的问题					

（注：5 分为最高分，依次递减，1 分最低。）

这份“自评表”从动机和态度、训练方法、课堂活动、学习资源利用和问题解决五个方面进行了规划，旨在让教师通过定期的自评和量化评分，及时发现自己教学中存在的问题和不足，有针对性地采取措施拾遗补阙。当然，这份表格的设计还不尽完善，其适用性还有待通过教学实践进一步检验。但是，从初期使用的反馈情况来看，不少教师已经将其作为自己专业规划的主要手段之一，其效果已经初步彰显。

我们还在调研的基础上制定了“连云港市新浦区小学英语教师课堂用语评价表(试行)”。

表 2　　小学英语教师课堂用语评价表(试行)

项　目	总体印象	举例说明
符合学情 结合教材		
指令明确 调控课堂		
言语精练 衔接得当		
养成训练		
评价有效		
学生课堂反应		

说明：

(1)“符合学情、结合教材”旨在衡量教师的课堂用语是否符合本年龄段学生的年龄特点、实际学习水平，是否能有效利用好教材中相关内容。

(2)“指令明确、调控课堂”旨在衡量教师的指令是否让学生清楚明白要干什么，教师的言语是否能调控课堂的节奏和学生的行为。

(3)“言语精练、衔接得当”旨在衡量教师的言语是否精练，各环节衔接是否自然有效。

(4)“养成训练”旨在衡量教师的课堂用语是否能有效组织学生自然学习英语，养成良好的学习习惯。

(5)“评价有效”旨在衡量教师的课堂用语是否能激发学生的学习积极性和课堂参与欲望。

(6)“学生课堂反应”旨在衡量学生是否能听懂教师的课堂用语并做出相应反应，教师的课堂用语是否有效。

依据表2的几个指标可以发现教师课堂教学用语的问题所在,然后帮助教师根据问题进行针对性的强化训练。如何将表2与表1更好地结合起来使用,让教师们看到自己的问题和取得的进步,这是下阶段需要着力研究并解决的问题。

3. 充分利用现有的教学资源进行模仿与应用训练

学习和借鉴优秀教师的课堂教学用语有助于提高教师自身的口语水平。教师在听课时,除了学习优秀教师高超的教学技艺外,还应特别留意并记录授课教师如何用英语组织课堂教学,要关注这些课堂用语衔接得是否顺畅、学生是否感兴趣、是否具有激励性等,然后在自己的课堂中模仿运用,并注意比较模仿前后的教学效果,分析产生不同效果的原因。同样的课堂用语在不同的教学情境中会产生截然不同的效果,这与教师的专业素养和课堂用语使用率有很大的关系,与学生知识储备、课堂学习状态等也密切相关。但是,只要教师能做个有心人,坚持不懈地训练,其口语水平和课堂教学效果就会得到不断的提高。

第三节　小学英语区域性协作教研现状调查及实践

一、引言

笔者工作所在的区域5年内历经3次区划调整,区域行政范围由最初的老城区范围扩大至目前的城乡近200平方公里,人口近百万人。城区学校规模较大,投入较多,优秀师资也相对丰富。乡镇学校地理位置偏远,办学条件简陋,教师培训渠道单一,师资队伍存在着水平参差不齐的问题。

在区教研部门的引领和指导下,许多学校的教研活动已经不再囿于校内,而是趋向于组建校际的协作教研共同体,开展强强联手、就近组合、片内组合、区间组合,或强弱联谊、城乡互动等活动。不同的合作形式均能达成一定的合作教研效果,但是在发展过程中也存在着不少的问题。

为了更好地了解区域内不同类型学校英语学科校本教研和校际间协作教研现状,使今后的区域教研工作更有针对性和实效性,我们设计了小学英语区域性协作教研现状调查问卷,在全区所有小学范围内开展了相关调查和访谈。本次调查涉及全区26所城乡小学,回收有效问卷158份,其中乡村小学82份,城区小学 76 份；调查涉及各校分管教学校长 19 人，教务主任 21 人，英语教研组长或备课组长 36 人，一线英语教师 82 人；在这些被调查对象中，工作 10 年内教师 46 人，10～20 年的 81 人，20 年以上的 31 人，反映了目前我区英语教师的构成情况，因此调查结果具有较强的代表性和可信度。因为学校英语教研组长对调研的主题最为了解，可以深入探讨区域性协作教研存在的问题及其原因，课题组成员针对调查项目访谈了部分长期担任教研组长的老师，获得了较为详细的资料。以下结合访谈情况对调查项目进行统计与分析。

二、调查结果统计与分析

调查项目 1：你所在学校开展过英语学科校际间协作教研活动吗？

项目内容	人数	百分比/%
曾经有	90	57
一直有	56	35.4
从没有	12	7.6

调查项目 1 的结果表明，本区内 57%的学校曾经开展过英语学科校际间协作教研活动，但仅有 35.4%的学校能坚持下来，还有 7.6%的学校从没有开展过此类活动。通过与教研组长访谈得知，学校多是与上级主管部门指定的帮扶学校开展过此类活动；而从未开展过此类活动的学校一是因为没有帮扶学校，二是因为缺乏学科领头人，没有条件开展活动。

调查项目 2：你们学校开展过哪些协作教研活动？

项目内容	人数	百分比/%
听评课	129	81.6
命题交流	59	37.3
主题教研	41	25.9
其他	13	8.2

调查项目 2 为多选题。结果表明，校际间开展得较多的教研活动是听评课活动。此类活动简单易行，对新老教师均适用。命题交流活动占 37.3%，但围绕某个主题开展的协作教研活动较少(25.9%)，说明活动缺少广泛的调研和明确的工作目标，也就不能解决亟待解决的问题。

调查项目 3:对于开展过的校际间协作教研活动,你感觉效果如何?

项目内容	人数	百分比/%
自发组织,效果好	38	24
缺乏规划,效果一般	85	53.8
随意性大,效果不好	35	22.2

调查项目 3 旨在了解开展过的校际间协作教研活动效果。结果表明,一半以上的受调查者认为活动缺乏规划,效果一般,即使没有开展过此类活动的受调查者在访谈时也有这样的感受。笔者参加了几次校际间的听评课活动,感觉与预期的效果落差较大。授课教师是学校领导指定的,授课内容均为自选,随意性大。听完课后缺乏研讨主题,教师的评课泛泛而谈,如蜻蜓点水,无实质性内容,不利于解决问题,活动效果不明显。

调查项目 4:你希望如何开展英语学科校际间协作教研活动?

项目内容	人数	百分比/%
常态化、规范化	134	84.8
自发组织	20	12.7
无所谓	4	2.5

调查项目 4 的结果显示,84.8%受调查者希望开展常态化、规范化的英语学科校际间协作教研活动,他们非常愿意参加教研部门举办的各类主题活动,认为此类活动针对性强,活动有调研、有规划、有组织,领头人多为学科内的名师,知识面广,实践经验丰富,能及时解决各类教学问题,活动效果好。

调查项目 5:你希望开展何种类型的英语学科校际间协作教研活动?

项目内容	人数	百分比/%
课堂教学诊断帮扶	100	63.3
教研活动指导	82	51.8
教科研指导	41	25.9
其他	4	2.5

调查项目 5 为多选题。结果表明,教师们希望多开展课堂教学诊断帮扶活动,需要进行课堂教学方面的引领。但有的帮扶学校之间自发组织的此类活动缺乏领头人,没有明确的活动目标,不能准确判断教师们的需求,从而达不到诊

断帮扶的活动目的；而且活动缺乏后续的跟进和研讨，缺乏广度和深度。教研活动指导也为多数教师所需，但教研活动多在本校教研组之间开展，很少看到校际间的教研活动，造成教师视野不开阔，活动内容不丰富，活动主题不鲜明，形式单一、无创新。

调查项目 6： 你认为规范开展英语学科校际间协作教研活动会有哪些方面的提升？

项目内容	人数	百分比/%
促进学校的校本教研深入开展	112	70.9
促进学校英语教学质量的提高	137	86.7
促进英语教师个人专业成长	141	89.2
其他	4	2.5

调查项目 6 为多选题。结果表明，受调查者大都认同规范开展英语学科校际间协作教研活动可以促进英语教师专业成长，进而提高学校教学质量。

调查项目 7： 你对开展英语学科校际间协作教研活动有哪些好的建议？

这是一道开放式的调查项目，除了项目 5 提及的内容外，教师还提出了许多活动内容和方式，如：开展网络教研活动，扩大活动的空间；创建教研群，加强区域交流；多开展主题教研活动，及时解决教师的困惑；开展区域性集体备课交流，开阔教师的视野；开展针对农村学校的教师培训活动；开展主题沙龙研讨活动等。这些建议说明大多数教师对通过区域性协作教研活动促进自己的专业发展寄予厚望，他们期望教育主管部门和学校为他们搭建更好的发展平台。

三、反思与实践

针对调查情况我们进行了深刻反思，采取了多项有力的措施，开展了多样的有针对性的校际间协作教研活动，收到了良好的教研效果。

1. 建立“教研共同体”，疏通区域间教研通道

本区域内虽然校际教研共同体建立了不少，但基本还处于自发和无序状态，大多数共同体没有规范的制度，教研活动随意性较大；有些共同体研究的内容偏窄，如有些学校的教研联合主要是为应试服务，有些共同体之间主要是听课、评课、试卷交流等。

本区地理范围大，英语教师数量在校际间分布不均，有的学校达 30 多人，

少的才3人，师资水平参差不齐。我们根据地理位置就近、强弱联合、以强扶弱、优势互补的原则，出台了《海州区小学开展英语教研共同体活动的实施意见》，将区内26所小学划分为东北共同体、东南共同体、西北共同体、西南共同体、中部共同体五大教研共同体，建立健全了教研共同体活动制度，设立了工作目标，采取了保障措施，确保了区域间教研通道的畅通。

教研共同体成立之后，五大共同体学校纷纷按照实际需求开展特色教研活动，主动联系教研团队专家、教研员等参与到活动中，共同行动，共同获益。学科教师人数少的学校主动联系师资力量雄厚的学校，参与该校的集体备课、互动听评课等；建立了共同体QQ群，加强网络教研，弥补了校际间师资分布不均、师资水平参差不齐等劣势。区域间教研通道的畅通使不同的学校可以协调好统一的业务学习和教研活动时间，形成了真正意义上的协作教研共同体。

在一次同课异构共同体活动中，活动的发起方根据教师把握不住新教材Grammar time板块教学重难点的现状，让共同体内不同学校的两位教师进行同课异构；参加的所有教师不仅要参与评课的过程，还要说出自己对这节课的思考。活动中，教师们听得格外投入，记得特别认真，研讨时人人融入其中，有感而发，再加上专家团的现场诊断，极大地增强了研讨活动的针对性，顺利解决了教师的困惑。这样的活动组织有序，调研充分，每位参与人员均为活动的主体，有利于教师团体的共同发展，从而实现高质量的教育均衡发展（任洁，2015）。

2. 成立区域性协作教研团队，弥补英语学科中专业引领不足的问题

受多种因素影响，区域内英语学科骨干教师分布不均，专业引领力量不足。我们整合区域内教师专业发展的人力资源，集中区域内学科骨干教师，依据其专业特长组成协作教研团队，充分发挥专家、教研员和优质学校名优教师的专业指导与学科引领作用，将团队内教师的经验与成果及时分享在网络平台上，使学科教研的全员参与、大范围的经常性交流变成了现实，改变了教研活动面窄和专业引领不足的状况。

为了分析两所师资水平相当、生源接近、但教学质量相差较大的学校成功的经验和存在的问题及原因，我们开展了异校同研协作教研活动，即在两所不

同的学校开展相同主题的教研活动。在区域内小学英语课堂教学诊断帮扶教研团队的带领下，两校英语教师分别走进对方的学校，两校教师及团队成员通过填写同课异构课堂观察表及课后研讨发现课堂教学存在对学情关注不足等问题，通过相互查看教师的作业批改情况发现教师的工作态度问题，通过交流转化学困生的做法发现学生的兴趣激发及作业如何分层布置、如何落实教学效果等问题，及时解决了教师的困惑，促进了教学效益的提升（江尧梅、赵大中，2013）。

针对部分学校教师忽略自身的专业发展、缺乏教学思考、教科研能力欠缺的现状，我们开展了“教科研沙龙”活动，请教科研指导团队成员结合自身的实际经历以沙龙的形式进行活动，参与活动的教师带着自己感兴趣和关心的问题进行互动研讨，促使教师为解决自己的问题而自主学习与思考，通过身边的实例激发教师的自主发展意识。通过区域性协作教研团队，一线教师及时获得了专家的专业支持，使好的经验得到了广泛传播，使教学中的难点得到了集中攻克，从而放大了课程资源的效益，使专业支持力量和课程资源的匮乏矛盾得以缓解。

3. 开展各类英语学科协作教研活动，促进区域内学科教学质量的均衡发展

学科教研团队依据教师特长进行组合，按照区域整合、协作教研、灵活机动、按需而行的原则，在区域内不同学校之间开展协作教研的实践研究，这一方面可以弥补目前区域性学科教研中存在的不足，改变英语学科没有区域性教研团队、缺乏领头人的现状，另一方面也是对校际教研新模式的探索，推动了区域内英语学科的均衡发展。我们目前成立了课堂教学诊断帮扶团队、教研活动指导团队、教科研指导团队、教学沙龙研讨团队，开展了一系列的相关活动，取得了明显的效果。下面以一次“片段式集体备课”为主题的区域性协作教研活动过程为例进行说明。

(1) 先期调研，制定活动主题

先期调研发现，区域内大多数学校制定了集体备课制度，定时间、定地点、定人员，但大多数活动程序化严重，流于形式；缺乏领头人，研讨氛围不足；准备不充分，主题及重点不突出。基于此，笔者决定开展一次集体备课研讨交流活

动，将主题定位于“片段式集体备课”研讨，从教学过程中的细节问题来展开，落实教研活动的实效性，推进学校教研组的建设。

(2) 立足调研，围绕主题开展活动

本次活动先让区域内所有学校的英语教研组上报活动方案，依据方案选定一所英语教师数较多(28人)、骨干教师较为集中、研讨氛围较为浓厚的学校来开展活动，各校教研组长和教研活动指导团队成员参加活动。该校五年级英语备课组按照教学进度，对五年级第九单元第一课时导入环节进行了片段式集体备课：先由一位教师主备，活动前发放了教案初稿，然后围绕PPT课件进行教案和设计意图说明，备课组其他五位教师利用PPT课件进行了详细的补充和修改。修改后的内容更贴近班级学生实际，便于激发学生的情感体验，导入内容更能为新授环节做铺垫。所有参与活动的人员边听边做记录、写想法，以便参与后面的研讨。

(3) 协作教研，转化活动成果

教研活动指导团队成员由区域内特级教师、名师、学科带头人及教研员组成，他们结合自身对教材板块设计意图的理解，结合校情和学情积极参与到后续讨论中，对怎样分析处理教材、设计导入环节教学活动、激发学生学习兴趣、调控课堂等方面给出了很多方法和建议，整个活动研讨氛围浓厚。一些平时缺乏研讨氛围、教师数较少的学校教研组长也参与到研讨中来，针对校情、学情提出了许多问题加入研讨行列，在场人员纷纷提供建议，交流做法。

教师教学经验的碰撞和分享助推了协作教研的效果(任洁，2015)。活动结束，老师们纷纷交流活动感想：本次协作教研以集体备课活动为渠道，与教师教学息息相关；以导入环节为切入点，选题虽小，但内容的借鉴性、针对性、实效性强；校本教研就是要以问题为出发点，着力于解决教学中的实际问题，这样才能使教研活动真正服务于教学，使教师的专业水平和科研能力得以提升；活动过程中提出的问题也是日常教学中的常见问题，运用集体的智慧解决问题，真正发挥了区域性协作教研的力量；活动引领性强，每位教师都是活动的主体，都有平等的话语权。

四、结语

以学科协作教研促进小学英语区域均衡发展是我们正在研究的一项省级

教育科学规划课题,围绕课题我们已经进行了大量的行动研究。通过常态性、规范性的学科协作教研活动,区域内一大批骨干教师养成了自觉行动和内省反思的好习惯,不断提升自己的道德素养和职业素养,从而使自己的专业发展更具持久力;区域内的一些相关学校因此走上了规范化、主题化、协作化的教研之路,区域教研水平的提升又促进了学校整体水平的提高,实现了教研质量与教学质量的同步提升。

第四节　对送教下乡课的几个追问

为了帮助农村学校提高英语教学水平,平衡校际差距,辐射名师效应,借本市教学质量年的东风,近阶段笔者先后组织了几批教师送教下乡活动,活动的重点是课堂教学的示范和研讨,以期提高农村小学英语教师的教学水平和教育理念。活动前,笔者充分考虑了校际差异和学生水平差距等诸多因素,执教老师也做了大量的应对性工作,甚至将教学的效果作了最坏的预设,但是,出人意料的是系列“送教下乡课”无一以失败告终,反而是堂堂精彩,堂堂成功。这引发了笔者太多的感慨和思考,面对新课程,面对城乡英语教学的现状,笔者不禁产生以下追问。

一、追问一:是师资水平的差异还是教育理念的悬殊

客观上讲,当今城乡教师的总体水平差距是显著的,英语教师更甚,农村小学英语教师很大一部分为转岗及兼职教师,英语专业毕业的所占比例甚微。可是,在农村学校中也有一些学历水平与城市学校教师相当的,抑或是上师范时候的同班同学,为什么短短的几年教学之后就形成了很大的差距呢?难道是师资水平的先天性差距?答案很显然是否定的。有些转岗教师经过自己的努力已在各级基本技能比赛中取得了良好的成绩。与其说送教下乡教师展示的是教学技艺,不如说是在展示先进的教学理念,面对陌生的环境和陌生的学生,在这种特定的课堂里,他们普遍运用了如下的教学理念:一是平等的学生观;二是兴趣导学的原则;三是承认差异、尊重差异的科学态度。他们在课堂上不歧视任何一个学生,他们采用了各种手段和策略有效地调动了学生的学习兴趣,他

们将差异当作一种资源，巧妙地将差异性原理引入课堂，形成了一种再生性资源，这样，他们就成功了。那么，教学理念的差距是如何形成的呢？这主要在于群控性的学术引导和个体性的学习态度。群控性的学术引导讲的是组织引领，这主要受制于校长的文化自觉和实践执行力以及集体学习氛围；个体性的学习态度却是每个人努力的结果，是最容易通过努力实现的平衡。实践证明，每次大赛的优胜者和在各种竞赛中脱颖而出的教师都是那些态度认真、准备充分、善于学习的有心人。

二、追问二：是教学资源的匮乏还是教学机智的贫乏

情景回放：

片断 1：教师为了创设情景，讲授动物及玩具类单词，亲手绘制了精彩可爱的动物图片布置教室，并带来了一些可爱的毛绒玩具分发给学生，以便于操练所学内容，这样做极大地激发了学生的兴趣，使其能很快地融入课堂，参与课堂教学活动，保证了教学目标的顺利完成。

片断 2：讲到颜色的单词时，教师不仅利用了教室的桌椅、学生的服装的颜色等一些现成的资源，还联系了土地、庄稼、家禽等学生熟悉的环境及动物的颜色，生动而亲切的设计大大调动了学生的参与热情，保证了良好的教学效果。

理念剖析：诚然，农村学校的教学设备、学生素养、教学环境、家长素质等诸多方面与城市学校都有着不小的差距，现在大部分城市学校已经用上了液晶投影和网络教室，而大部分农村学校连最起码的录音机、胶片投影都很难保证，教学资源对教学效果的影响是不可否认的，但教学资源的匮乏完全可以通过教师的教学机智得以补偿，上述“情景回放”中的几个片断有效地解决了教学资源的矛盾，显示了执教者闪光的教学智慧和教学机智。那教学机智又是如何生成的呢？笔者想教学机智是建立在教学理念下的对教学的一种独特悟性和实践能力及教师的教学态度和教学热情，所以，关键是理念和态度，其次是悟道和实践，要想悟得有效果，有灵性，就需要经常反思自己的教学实践，经常学习别人的成功经验，对一个外语教师而言，还需要经常揣摩语言的运用规律和技巧，揣摩孩子学习外语的心理和兴趣，长此以往，你就有了驾驭教学的机智，你就能以你的教学机智解决教学资源匮乏的矛盾。

三、追问三:是教学生成的突兀还是教学预设的不足

情景回放:课堂上老师提出了这样一个问题:Do you like your family? 这个问题老师预设学生的答案是肯定的:Yes,I do. 然后老师可以讲解并操练一般现在时句子的肯定回答。可当提问一个学生时,他回答:No,I don't (like my family). 看到老师疑惑的目光及同学们的小声议论,他接着说: My mother is dead(死了). My father is not good. 听课老师们听到都很震惊,执教老师镇静片刻后说:But you have so many good classmates. You have good teachers. I want to be your friend,too. OK? Do you like your classmates? 这个学生的情绪转眼间被调整了过来,整个课堂气氛也被调整了过来,而且学生们又被引导到了此句型的学习上。

理念剖析:上述教学情景的成功,最主要是因为教师运用自己的教学机智很好地处理了预设与生成的关系。在送教下乡之前,笔者让每个执教老师将所有困难做最充分的考虑,尤其是要将学生的实际水平做最糟糕的设想,正因为如此,每位执教老师备课时,不仅认真备好了教材,而且充分备足了学生和学法,充分预设了课堂的种种可能,也充分准备了应对种种可能的种种措施,才使得课堂的各个环节浑然天成,才使得“生成”成为课堂中美丽的风景——在知识的迁移中学生生成了学习的智慧,在情景的创设中学生生成了交际的能力,在师生平等的对话中生成了和谐的教学氛围和教学愿景。而在平时的农村学校教学中,教师同执一本教参,照本宣科的现象比比皆是,面对教学中的“生成”情景他们无所适从,更不可能产生“生成”教学资源观,因而,笔者在视导的过程中处处可以听到抱怨声,或埋怨教材难度加深了,或埋怨学生没有学习语言的能力,课堂呆若木鸡。果真如此吗? 他们听了送教下乡课了吗? 他们每节课都很好地进行预设了吗? 他们每次都能巧妙地利用“生成”了吗?

四、追问四:是教学常规的不熟悉还是常规教学的不实在

笔者在送教下乡的过程中浏览了大量的教研组工作计划,翻阅了许多的常规教学资料,参加了一些集体备课,听取了学校领导的汇报,从管理的层面感到都做得细致而全面,既有书面的痕迹,又有物化的成果。但是,笔者在农村学校的课堂里却看到的是另一番情景:教师的教学设计采用的是老套的语法讲授

法，课堂上主要是教师的一言堂，学生没有自主活动的空间，新课程理念得不到丝毫体现，违背基本语言学习规律的现象很普遍；教师的板书很凌乱，很少用英语组织教学且教学语言很不规范，教学环节不齐全，学生的作业很少是整洁的，且书写也不规范，等等。教师的教学常规如此，何谈学生的常规?！因此，我们追问，是教师对常规教学的不熟悉吗？不，大量的文件和材料告诉我们，他们很熟悉。真正的问题在于没有一套有效的机制去落实，集体备课流于形式，教师之间的合作意识淡漠，教学评价走入低端的恶性竞争。我们常说“教学的法宝是常规”，当然，仅仅强调常规、学习常规是无济于事的，教学管理者的主要职责是强化常规、训练常规、落实常规。当教师的教学实实在在地走入了常规，那么学生就有了养成好习惯的可能，常规才可能成为制胜的法宝。送教下乡的教师正是抓住了常规教学的经脉，听说读写训练扎扎实实，教学环环相扣，教学语言简洁明了，板书设计工整条理，他们的课自然流畅，水到渠成，他们在送教下乡课中并没有展示特别的技能和进行花哨的表演，但是因为他们抓住了常规，用好了常规，所以亮点纷呈，产生了强烈的对比效应。

本节的几个追问旨在探求农村学校英语教学的基本现状和改革方法，尝试从教学理念—教学机智—教学方法—教学常规这种渐进和循环的图式中发现规律，引发思考。诚然，部分农村学校业已走在了新课程改革的前沿，而且取得了令人瞩目的成绩，部分农村学校的英语教师也具备了相当高的素质，但这些学校和这些教师的数量与农村学校的基数相比可谓九牛一毛，他们的辐射力和影响力更显单薄而苍白。真正想在短期内改变农村学校的英语教学现状，仅靠几节送教下乡课也是杯水车薪，但是笔者从送教下乡课中得到的这些启发和产生的追问，希望能引起相关部门、学校和教师的思考和重视，当然，这更会成为本人个人做教研工作的动力和智慧，在送教下乡之后的适时跟进和行为操练就显得尤为重要了。

第五节　基于课例设计探索教学有效性

一、教学目标的确立

【原设计】 根据本单元话题，该教师确定本课的教学目标为：

掌握单词及问路的句型: way, get, along, street, take, stop, road, miss, crossing, kilometre, minute, History Museum, post office.

Can you tell me the way to..., please?

Go along this street and then turn right/left at the... crossing.

How far is it from here? It's about a kilometre away. You can take bus No. 5...

【讨论修改后】

(1) 语言知识目标:掌握单词及问路、指路的句型(同上,略)。

(2) 能力目标:

① 提高学生整体理解语篇的能力,为他们今后的对话学习打下良好的基础。

② 通过本课的学习,让学生学会如何向他人问路及指路。

(3) 情感目标:

① 设置与日常生活类似的情景,让学生在熟悉的语境中感受及运用英语,从而达到激发学生学习兴趣、运用所学语言进行交际的目的。

② 引导学生做一个乐于助人的好少年。

【评析】 教学目标定位准确,教材处理合理,教学环节流畅,教学策略运用得当,这是每位小学英语教师追求的目标,而其中尤以目标定位最为重要。但是该教师原教学设计的目标中只有知识目标,不符合《全日制义务教育英语课程标准》(修订稿)(本节简称《标准》)中的基本理念:"整体设计目标,体现灵活开放"。该教师听完讨论的意见后,认真学习了《标准》,修改了教学目标。修改后知识目标的确定符合教材要求及学生学习实际;能力目标的确定依据小学英语对话教学的特点及本单元问路的话题,强调培养学生的学习习惯及语言交际技能。情感目标的设计紧紧围绕本课问路的话题,引导学生进行小组合作,能够运用所学问路对话在别人问路时给以指导,使他们乐于助人。在课堂教学中,教师的教学目标意识强,以目标这条主线贯穿于本节课的教学,教学过程始终在融洽自然的教学氛围中进行,非常有利于"三维"目标的达成。

二、教学环节的安排

(一) 对话导入环节

对话导入设计方法为话题导入,教学目标语为:Can you tell me the way to..., please? Go along this street, and then turn left/right at the... crossing.

【原设计】 Boys and girls, I want to go to Nanjing this summer holiday. Do you want to go with me? Where do you want to visit in Nanjing? I want to visit the History Museum. 将 History Museum 图片贴在课前准备好的地图上,老师提问:Can you tell me the way to the History Museum, please? 引导学生回答: Go along this street, and then turn left at the first crossing.

【讨论修改后】 Boys and girls, I'm new here. I want to visit Huaguo Mountain this afternoon. Can you tell me the way to Huaguo Mountain, please? 幻灯片出示一幅花果山景区的地图,请学生在该地图上指路,然后教师运用幻灯片出示对应的英文: Go along this street, and then turn left at the first crossing.

【评析】 《标准》强调课程从学生的学习兴趣、生活经验和认知水平出发,倡导体验、实践、参与、合作与交流的学习方式和任务型的教学途径。本课教学的对话为日常生活中常见的问路话题,涉及的句式为问路时最实用的交际用语,教师开始的设计考虑到依托课本中 Mr Smith 问路的场景,便于学生对课文的理解,但创设的导入情境与学生实际生活距离较远,不容易引起学生的情感共鸣。讨论时笔者认为,花果山为国家 4A 级风景区,花果山脚下的学生对此景区的路线具有得天独厚的优势条件,而授课教师为借班上课,不是本地人,直接问学生去花果山的路,既可借助学生的生活体验,激发学生学习兴趣,又可激起学生作为东道主强烈的自豪感和参与欲望,教学效果比依托课本中问路的场景要好。

实践证明,修改后的导入环节成了本课的一大亮点,学生参与欲望空前高涨,争先恐后地参与到问路的对话中,实现了导入的目的。在课后反思中,教师意识到《标准》倡导的“从学生的生活经验和认知水平出发,体验参与式的任务型教学模式”非常有利于实现教学目标,让学生感受成功,有助于学生形成积极的学习态度,促进语言实际运用能力的提高,今后的教学设计一定会实时实地考虑学生已有的生活体验,使自己的教学更贴近学生的实际,以达到最佳的教学效果。

（二）对话教学环节

在根据本单元话题导入部分生词及句型后,进入对话教学环节。

【原设计】 课件呈现本课对话动画及录音,简单介绍背景后,出示三个关于对话的细节性问题:Where does Mr Smith come from? Where does he want to go? How far is it? 学生听录音,回答问题,逐段呈现讲解操练,在集体核对答案过程中继续教学生词及句型。

【讨论修改后】 课件呈现本课对话动画及录音,简单介绍背景后,教师出示一个概括性问题:How does Mr Smith ask the way to the History Museum? 并出示阅读小贴士:第一遍听录音时,请合上课本,听 Mr Smith 问路的时候用了哪些句子,并适当地记下所听到的关键词。第二遍听录音时,边听录音边在书本上找出 Mr Smith 在问路时用了哪些句子,然后与组员讨论,在书上划出答案。待学生通过小组合作,找出有关问路的句式后,出示问句的几道选择题,让学生通过自主阅读,小组合作,找出对话中相关答句,并要求学生在阅读中如遇到生词试着通过语境及上下文猜测词义。

【评析】 按照原设计听完教师课后,笔者感觉整个对话教学过程是教师继续引导学生学习生词及句型的过程。在教学中,学生缺乏自主学习思考的时间及空间,偏离了对话教学的宗旨。修改后的对话教学环节教师从语言知识的讲解与传授者变成了课堂活动的组织者、引导者、协调者。在对话阅读教学中,教师不仅注重让学生在合作学习中发现和解决问题,还巧妙地为学生介绍了学习生词、阅读对话或短文的方法,提高了学生通过阅读获取信息的能力和利用情境进行语言交际的能力,增强了学生的自主学习意识,渗透了学习策略指导,为学生形成初步的英语语篇阅读策略和自主学习的策略打下了坚实的基础。

教师在课后反思中认识到理念的转变不仅解放了学生,更解放了教师,真正体会到了“授之以鱼不如授之以渔”。这从一个侧面反映出目前仍有些教师没有更新教学理念。他们低估了学生的能力,总想着要“教”给学生更多的知识,整堂课成了教师的“一言堂”,与新课标倡导的“突出学生主体”背道而驰。事实上,课堂教学是否有效,不是指教师是否完成了教学任务,或教得是否认真,而应该是学生学到了什么知识,掌握了什么样的学习方法,获得了什么样的学习技能,促进学生的长远发展才是英语课程的出发点和归宿。

(三)对话巩固拓展环节

【原设计】 在对话教学之后,教师采用了朗读和练习环节,帮助学生复习巩固已学知识。

【讨论修改后】 原设计忽视了引导学生进行拓展训练,学生的创造性思维没有发挥的空间,整节课缺少亮点和创造。经过讨论修改,该教师在对话巩固拓展环节中为学生提供了以下两个学习情境。

情境1:T:This weekend,I want to go to Times Supermarket and Xinpu Park. Can you tell me the way to Times Supermarket or Xinpu Park? 出示路线图,让学生运用所学语言,小组合作编写对话,分组进行展示交流。

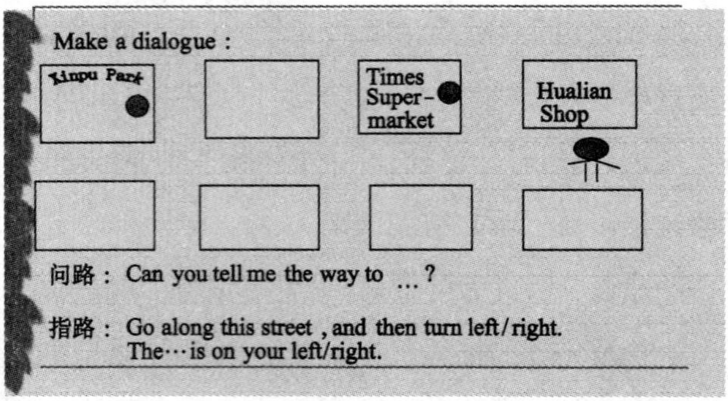

情境2:A foreign friend wants to visit Huaguo Mountain, but he doesn't know the way. Can you tell him the way to Huaguo Mountain?

【评析】 语言教学的最终目的是要进行交际运用。教师在教学中应根据教学内容,联系学生的生活经验,为学生创设运用所学语言进行交际运用的情境,帮助学生通过运用所学知识进行语言交流来巩固所学知识。此环节设计的情境贴近学生的生活,拉近了英语学习与学生生活的距离,让学生感觉英语知识的学习运用近在咫尺,能够在本课所学知识的基础上综合运用以往所学语言进行语言实践,获得成功的体验,增强自信心。授课教师欣喜地看到,学生有话可说,讨论时非常热烈,即使是平时学习有困难的学生在小组成员的互助下,也能大胆开口，真正做到了教学面向全体学生。反馈时很多学生进行的对话表演在本课教学内容的基础上，能综合运用以往所学语言，此环节教学效果之好出乎听课教师的预料。这种新课程理念倡导的互动式的课堂教学模式、开放性的学习方式，为学生创造性地运用语言提供了有力的保障。

三、感悟

(1) 课程改革至今已近十年，各级各类的培训学习活动也进行得如火如荼，教师参加培训时都感觉新课程理念有助于提高课堂教学效率，使学生成为课堂教学真正的主人。但是透过这节普通的观摩课，透过这次普通的“磨课”研讨活动，我们可以清晰地看出广大青年教师在课堂教学中落实新课程理念的意识和能力都还比较单薄，他们的教学行为与他们接受的教学理念之间存在较大差距。因此，教师培训的工作任重而道远，新课程理念变成教师的自觉行动还有待时日。

(2) 如何对教师进行培训？什么样的培训最有效益、最受教师欢迎？这是我们教学管理和教学研究部门应该不断探寻的课题。笔者认为当下应该少一些全员式的、通式化的培训，多一些即时的、小专题的、应景式的、诊断性的培训。就像这次“磨课”，在课例中进行学习培训，在具体的指导中进行教学有效性的探索，这对于新课程理念的深度落实，对于青年教师的快速成长是大有裨益的。

(3) 教师的主阵地在课堂，教师的生命在课堂，教师的成长在课堂，因此，脱离课堂的培训是没有生命力的。而基于课堂的培训首先应该从教学设计做起，在设计中充分体现新课程理念，并将理念与教情和学情紧密结合起来。当然，仅有一个理想的教学设计是不够的，应该紧跟着对教师进行课堂观察，在课堂具体环节中指导教师。本节述及的教师有着较强的教学悟性和良好的基本功，很好地贯彻了课前的设计理念。但是对于更多的教师来说，他们需要更细致的指导，对于在课堂中发现的问题和存在的不足，可以采用单项行为操练的形式进行强化辅导与纠正，这种跟进式的、草根化的培训一定能起到润物无声、潜移默化的效果。

第六节　小学英语区域性协作教研的实践探索

一、引言

传统的教研工作方式较为单一,基本上是自上而下,即教研主题由上级主管部门指定,学校和教师充当参与者;教师参与教研活动仅凭经验,教学研究缺乏调查,脱离教学实际;教研活动针对性及实效性不强,区域间缺乏合作与交流。

为了解决传统教研方式存在的上述问题,笔者所在的区域创新教研思路,开展了区域性协作教研,并做到强弱联合,优势互补。针对区域内不同学校存在的问题,我们成立了巡视与指导小分队指导各校开展教研活动。小分队成员由区域内学科骨干教师组成,分为课堂教学诊断帮扶小分队、教研活动指导小分队、教学沙龙研讨小分队等。小分队活动灵活机动,时效性强,实施一段时间以来成效显著。

二、开展区域协作教研的实践探索

笔者所在区域内有两所小学——A 校和 B 校。近阶段,A 校领导及英语老师感到困惑,因为师资力量较强、生源较好的 A 校在学业质量调研抽测中成绩不如师资力量及生源较弱的 B 校,而且学困生逐渐增加,明显多于 B 校学生。B 校领导及英语老师感到欣慰,因为学生成绩大幅度提高,学困生大为缩减。通过平时巡视与指导时的课堂观察及对学生的访谈,笔者发现,B 校学生学习英语的态度端正,兴趣浓厚,参与课堂学习活动的积极性很高。笔者通过采取先期调研确定主题、围绕主题开展活动、协作研讨转化活动成果等形式针对上述现状进行了协作教研实践的探索。

1. 先期调研,制定活动主题

为了更加明晰地了解两校的生源状况、教师专业水平和工作状态,笔者设计了相应的调研项目,进行了比对性的调研分析,调研情况见表 1。

表 1　　A、B 两校调研情况对比表

调研项目	A 校	B 校
班级数	每个年级 4 个班，共 24 个班	每个年级 2 个班，共 12 个班
每班学生数	55 人左右	40 人左右
学生英语学习基础	三年级开始学习英语，前几年英语调研成绩位于全区前列	三年级开始学习英语，前几年英语调研成绩位于全区中等水平
英语教师数	6 位英语教师	3 位英语教师
英语教师基本情况	英语专业毕业的专职教师区基本功比赛 1 人获一等奖，2 人获二等奖	英语专业毕业的专职教师区基本功比赛无人获奖
工作量	每人带 2～3 个班英语，跨 2 个年级	每人带 2～3 个班英语，跨 2 个年级
近期调研抽测情况	四年级均分为 88.6 分，及格率 95.3%；六年级均分为 76.1 分，及格率 82.5%	四年级均分为 94.6 分，及格率 100%；六年级均分为 85.8 分，及格率 95.5%

A、B 两校调研结果显示，无论从师资还是从学生基础等方面来分析，A 校教学质量均应该强于 B 校，但实际情况并非如此。笔者及区域内骨干教师分析后认为，应该从课堂教学效益及教师工作状态方面查找深层原因，在两所学校实施同样的教研内容，并让两校教师全程参与，以便更快、更准地追根溯源，解决问题。因此，笔者带领区域内小学英语课堂教学诊断帮扶小分队（以下简称“小分队”）成员及 A、B 两校全体英语老师分别走进对方的学校，开展异校同研协作教研活动，两校教师通过同课异构、相互查看教师的作业批改、交流转化学困生的做法等活动，查找问题、解决困惑，促进教学效益的提升。

2. 立足调研，围绕主题开展活动

(1) 同课异构，查找课堂问题

同课异构能清楚地看到不同教师对同一教材内容的不同处理，显示不同学生对同一个知识点的掌握程度，并分析不同的教学策略所产生的教学效果，以更好地探究课堂教学的实效性。为了便于查找课堂教学存在的问题，“小分队”开展了两校六年级同课异构活动，教学内容定为《牛津小学英语》6B U3 “Asking the way”的 A 部分，因为 A 板块对话教学内容丰富，更能反映师生教与学的状态，揭露课堂教学存在的问题。活动前，“小分队”要求两所学校的教师认真集体备课，并提前制定、发放了同课异构课堂观察表（见表 2），要求所有听课教师根据表格，记录课堂教学中教师各环节的活动设计及效果以及不同层次学生的课堂参与情况等，特别是教师对学困生的学习指导情况。课堂观察表可以引导教师边听课边进行课堂实效性分析，也为课后的研讨提供依据。

表 2　　同课异构课堂观察表

教学环节	教学活动观察记录（记录各环节主要活动及所用时间）		对比分析（对比分析两个课例中各教学环节的效果，如不同层次学生对重难点的理解情况、操练效果、对目标语的交际运用情况及教师对学困生的学习指导情况等）
	课例一	课例二	
热身环节			
新授环节			
操练环节			
巩固拓展环节			

（2）查看作业，交流转化学困生的方法

教师对作业的布置与批改情况能够反映教师的工作态度和教学理念。两校教师分别查看了与自己任教年级相同的异校教师布置和批改的作业，发现 B 校各年级的作业设计能够满足不同层次学生的学习需求，学困生的作业能抓牢基础知识，学优生的作业能体现语言的交际运用，符合课程标准“面向全体学生，关注语言学习者的不同特点和个体差异”的基本理念。相比之下，A 校的作业设计就显得流于形式，机械抄写的内容居多，对提高学生的基础知识和基本能力没有太大的促进作用。B 校教师的作业批改非常细致，对学生作业中的错误进行面对面的讲解与纠正，工作细化且有实效。A 校教师没有发现部分学生作业中的错误，学生的书写不够认真，这反映出教师的工作态度不够严谨，教学细致程度不够。

3. 协作研讨，转化活动成果

听完课后，笔者组织两校教师和“小分队”成员开展协作研讨，分析比对“同课异构”的教学效果，查找问题，解决问题。现将两节课教学过程与对比分析利用表 3～表 6 呈现。

表 3　　热身环节

课例一(A 校教师)	课例二(B 校教师)
1. 歌曲激趣,边唱边做动作。 2. 师生自由交谈。	1. 边唱边做动作: Left, left. Right, right. Go, turn around, go, go, go... 2. 师生自由交谈。

【对比与分析】

(1) 两个课例选用的歌曲及热身活动都有利于激发学生的学习兴趣和创设良好的学习氛围。

(2) 课例二中的活动为学生理解 turn left/right 等内容做好了铺垫。

表 4　　同课异构课堂观察表:新授环节

课例一(A 校教师)	课例二(B 校教师)
1. 谈话导入: How do you go to school? What can you see on your way to school? My home to my school is a long walk. 2. 图示引出新授内容: How far is my home from school? It's about a kilometre away. 3. 切入课文问路内容: Where does Mr Smith want to go?	1. 利用地图导入 way, crossing, street, go along this street, at the first crossing 等词汇。 2. 出示文中人物 Mr Smith 和 Yang Ling 图片,介绍对话背景。 3. 向学生提问: Where does Mr Smith want to go?

【对比与分析】

(1) 课例一的导入从学生生活体验出发,设计意图明确。但由于复习导入不足,只有个别学优生能结合实际回答问题,影响了整体教学效果。

(2) 课例二的图片导入直观、形象,介绍课文情景和铺垫课文内容的时机把握到位,照顾到不同层次的学生,师生互动较为流畅。

表 5　　操练环节

课例一(A 校教师)	课例二(B 校教师)
1. 小组合作阅读对话,画出文中问路的句子,请两位学生写到黑板上,核对答案。 2. 再次阅读对话,画出去邮局的路线图和相关问路的问句和答句。 3. 学习文中新词句。 4. 跟读对话。	1. 看课文卡通后回答问题: Where does Mr Smith want to go? 2. 听对话第一部分,画出去历史博物馆的路线。 3. 听完整的对话部分,画出不熟悉的词句,根据上下文理解对话,并完成听音判断题。 4. 跟读对话。

【对比与分析】

(1) 课例一的对话教学整体性较强，有利于学生整体理解对话。但由于教师对学生的分层要求不明确，加之分组活动指导不足，有一半学生互相观望或查看别人答案，学困生不知如何入手。

(2) 课例二的对话处理过程合理，分步处理对话中出现的重难点知识，注重让学优生帮扶学困生完成任务，课堂教学效果较好，实效性强。

表 6　　巩固拓展环节

课例一(A 校教师)	课例二(B 校教师)
1. 阅读课文，判断正误。 2. 阅读课文，完成文后句子。 3. 将教室布置成微型城市，学生分组编写问路的对话并表演。 4. 小结本课所学内容。	1. 阅读课文，判断正误。 2. 阅读课文，完成文后句子。 3. 学生分组编写去本市雷锋纪念馆的问路对话，并分角色表演自编的对话。 4. 小结本课所学内容。

【对比与分析】

(1) 课例一中的学生在输出环节的表现不如课例二中的学生熟练，有些词句不能流畅说出。课例二中的学生学习兴趣浓厚，发言积极性高。

(2) 课例一中教师的语言素质较好，但语速较快，对不同层次学生的关注不足，课堂没有根据学情适时调控教学进程，导致教学效果不佳。

(3) 课例二中教师语速适中，并在课件中适时呈现重点和难点，加深学生对新学知识的印象，而且提问时对学困生关注较多，学生基本能运用本节课所学内容，目标达成度较高。

表 3～表 6 记录了两校教师的课堂教学过程，各表后的对比与分析反映了教师教学设计理念和课堂教学效果的差异。“小分队”对从各表得出的信息进行了认真分析后认为，A 校执教教师语言素质较高，课堂驾驭能力较强，用英语组织教学的节奏把握得当，对话教学注重整体设计，渗透阅读理解的策略，对教材的设计意图清晰，教学理念新颖；但 A 校教师对学情把握不准，不能根据学生的学习状态调控课堂进程，如发现学生不能回答问题时，应降低难度或搭建支架，尽量采用学生容易理解的直观手段，如出示图片或给出范例，帮助学生理

解并回答问题，不要一味依赖课件，更不能忽视学生的学习需求；课堂上对学困生的指导有所欠缺，忽视了面向全体学生，影响了课堂教学的整体效果。

B校执教教师的语言素质与A校教师相比差距明显，教学设计也很常规，但是对学情的把握很准，能够根据学生的学习情况安排课堂教学进程，对学生容易出现问题的地方及时提醒并有针对性地操练，课堂上能够面向全体学生，特别关注学困生，鼓励学生大胆开口发言，对学生的回答能够及时肯定并作出相应的评价；课堂采用小组合作、学优生带学困生的方式指导生生互教互学，而且操练的过程真实有效，没有流于形式。因此学生学习兴趣浓厚，课堂发言积极性高，教学效果较好。

两校教师研讨时的发言反映了教师的教学理念。A校教师认为本课教学内容较多，课堂上没有等待学生回答问题的时间，也难以引领学困生由不会到会。B校教师认为本校学生学习基础薄弱，学困生较多，课堂设计一般会从学情出发，以学生能学会多少作为教学设计的出发点。B校教师的课堂更好地践行了新课程标准"面向全体学生"的理念，体现以学生为主体的思想。

作业是课堂的延伸，高效课堂必须有高效作业的保证，高效作业既能体现教师的敬业精神，又能体现教师的专业水平。针对作业调研中存在的问题，小分队实事求是地进行了分析和评议，对B校的分层作业和作业面批给予了充分肯定，对A校教师在学生作业中的误批现象提出了改进建议。

三、开展区域协作教研的反思与感悟

此次区域性协作教研是在充分调研的基础上有针对性地开展的活动，以专业化视导小分队为依托，开展区域性协作教研是本区创新教研思路的新举措。此次基于两个学校的协作教研是我区首次开展的实践探索，参与者一致认为，此项教研活动对于两所学校及教师查找问题根源、解决困惑非常有帮助。

在区域性协作教研活动中，教师成为协作性的共同体，每位教师都是活动的主角，在活动中学习他校一些行之有效的教学方法，弥补自己教学中的不足，同时把自己的优势展示给异校的老师。教师在活动过程中不仅得到了专家的点评、指导，还在课堂教学、作业批改等方面与兄弟学校教师作对比，更直观感受到自己的不足与差距。听课和上课的教师直接参与活动过程，使得彼此的交流、探讨更实际、更有效。

区域性协作教研活动改变了以往缺乏调查研究、脱离教学实际的教研，可以更适时、有效地解决实际教学问题。针对活动中发现的问题，小分队今后将采取跟踪帮扶的方式逐步解决，两校之间、区域内学校之间以及教师之间将加强协作，共同提高教学效益。

第七节　在日常教学中探索小学英语转岗教师口语能力的培养途径

一、问题提出的背景

连云港市从2001年在农村大面积开设小学英语以来，到目前全市所有乡镇小学已开设英语课程。然而，连云港市农村小学英语教师中有80%是其他学科的转岗教师，他们的英语教学素质和专业水平都比较低，口语表达能力尤其薄弱，小学英语教师无论在数量上还是在质量上都难以满足小学开展高质量英语教学的需要，这已成为制约小学英语教学发展与质量提高的“瓶颈”问题。

众所周知，英语教师的口语素质对于学生，特别是初学者即小学生的影响是巨大的。如何让孩子感受到英语语言的优美，感受到英语语言的独特魅力，让孩子热爱学英语、讲英语、用英语，是迈好基础阶段英语教学的第一步，这就需要英语教师具备良好的语言素养和职业素养，而不标准的、模棱两可的、怪腔怪调甚至错误的语音语调对学生的负面影响是很大的，有时甚至对其终身的语言学习造成不好的影响。我市在职农村小学英语教师中，非英语教育专业毕业生数量较多，缺乏系统的英语教学知识，教学观念、专业知识和教学技能参差不齐，特别是转岗教师英语口语能力更是良莠不齐。只有少数教师口语较为娴熟流畅，其他大部分教师口语只能应对中低年级，部分转岗教师对如何使用英语组织教学和进行课堂管理相当不熟悉，相当一部分转岗教师连基本的课堂用语都不能表述正确，对所教教材上的词汇甚至不能正确把握读音，以至于教研组老师、教研员听完课后需要帮助其正音。因此，探求提高农村小学英语转岗教师口语能力的途径，以期短期内大面积地提高小学英语转岗教师的口语能力，成为迫在眉睫的问题及任务。

二、问题提出的目的与意义

针对以上现状，各级教育主管部门也开展了各级各类培训，课程涉及英语语音、英语口语、英语听力及英语教学法等。各类相关专题研究主要是针对如何从专业培训角度提高教师的口语水平。依赖上级培训部门组织的培训对大面积的转岗教师来说只能是杯水车薪，尤其对于比较偏僻地区的转岗教师更是鞭长莫及，加之有些培训实用性不是很强，不能很好地调动教师的主观能动性，激发其潜在内驱力，导致培训内容不能学以致用。因此，立足于教师的日常教学，结合教师日常的备课、上课、作业布置及批改、形成性评价、学生的综合测试等方面，从这些方面着手研究，探求提高农村小学英语转岗教师口语能力的途径，调动教师的主观能动性，激发其潜在内驱力，使大面积的、偏远地区的转岗教师口语能力得以提高，大部分农村小学生享受英语优质资源，学会地道的英语语音，从而激发学生学习英语的兴趣，提高英语学习的水平，促进连云港市英语教学质量的全面提高，是问题提出的目的及意义所在。

三、解决问题的主要途径

要提高英语教师的口语素质，必须提高教师的整体英语水平，增强教师提高口语能力的主动性、积极性。首先教师必须自觉地参加相关的继续教育，努力使自己成为真正可以让学生依赖的英语学习指导者和帮助者。在此基础上，把提高自己的口语能力落实到工作的每一个环节，成为自己主动自觉的活动。笔者通过实践证实，从以下几个途径入手，有助于调动其学习口语的主观能动性，激发其潜在内驱力，可以在短期内大面积地提高小学英语教师的口语水平。

1. 从教学设计角度，探索提高教师口语能力的途径

备课、设计教案是教师的日常工作，从日常工作出发，可使教师把此项工作作为一项自觉的行动，而不会成为额外的负担。具体做法：教师设计教案时先熟悉教材，注明教材中不熟悉或易读错的音，反复熟读；教学时使用英语组织教学和进行课堂管理；构思教案时尽量用英语思维，用英语书写各个教学环节，根据各个环节的需要，把可能用到的课堂用语书写到教案中，根据各年级学生的学习实际及教师平时的教学习惯，课堂用语要尽量利用学生已掌握的语言知

识,做到简单易懂。如教学《牛津小学英语》四年级祈使句时课堂组织教学用语可用:Let's start a new lesson today. 教学 6B Unit 5 be going to 结构时此句改为:We are going to start a new lesson today. 以此来加深学生对课堂用语及所学语言知识的理解,为新授内容打下埋伏。教学《牛津小学英语》6B Unit 5 The seasons 时,本课要求掌握的语言点为:What's the weather like in...? It's... Which season do you like best? I like... Why? Because it's... I can...本课有关天气的英语表达可在平时课堂教学中逐步渗透,如在 Daily report 或 Free talk 环节进行这样的问答:What's the weather like today? It's...此句可作为课堂用语导入做好铺垫,在不同的年级根据不同的天气反复使用。还可利用之前已学与本课知识点联系紧密且可作为本课课堂用语的语言导入:What do you like? Do you like...? Why? Because... What do people usually do...? 以旧引新,学生易于接受。

根据调查,当今英语教师平时听、说、读英语的时间太少,即使是英语专业毕业的教师,也会随着教龄的增长口语能力日渐减弱。针对此种现象,可以用读教案的方式来加以改善。写完的教案,要求教师利用时间朗读,学校教研组或教研室定期组织教师进行教案朗读辅导、教案朗读竞赛、英语说课竞赛等,请口语程度较好的英语教师或专家加以督导指正,定期组织考核,把每次考核或竞赛的成绩纳入教师的业务档案,以此方式督促教师自觉朗读自己的教案。此种做法,一可帮助教师熟悉教案,熟悉各个教学环节;二可有效地、有针对性地训练教师的口语能力,提高教师的口语水平。

以前听课时经常发现很多英语教师课堂也有使用口语组织教学的意识,但由于准备不足,再加上转岗英语教师口语基本功较为薄弱,导致口语经常出错或卡壳,几次打击后,就丧失了用口语组织教学的信心。有的教师还自我安慰,认为自己反正是转岗教师,口语说不好也情有可原,殊不知用口语组织教学对于英语课堂、学生来说,也是一种语境,有利于英语课堂教学流畅顺利地进行。只有当教师意识到优美流畅的口语在英语课堂中的重要性,并在教学设计这项常规工作中,照此方法长期坚持下去,才能使教师课堂用语流利自然地呈现,避免出错或临时想不起说什么、如何说,才可以提高教师使用英语组织教学和进行课堂管理的自信心。

2. 从课堂教学角度，探索提高教师口语能力的途径

课堂教学为教师教学活动的主战场，教研部门或学校可以把英语口语的使用情况列入课堂评估中，不用英语组织教学的可作为不合格课，限期整改。要使教师养成用英语组织教学的习惯，还不能靠听公开课或准备好的课来加以评估，可通过师生问卷或听推门课的形式加以评价、管理；对使用英语口语规范有效的课堂加以推广；定期开设转岗教师教学公开课，对教师加以激励；教研部门可根据教学实际情况，下发适合的课堂用语手册供教师参考使用；教研组或教研部门可针对各环节如何使用课堂用语进行针对性的行为操练，例如，如何使用英语进行课前热身、导入新课、课堂提问、小组操练、指导、检查、布置作业和结束课等，使教师有章可循，有的放矢，逐渐养成良好的英语组织教学习惯，增强用英语组织教学的能力和信心。例如，在 Preparation 环节可以提供用语：Please get ready for class. Is everyone here? Don't be late next time... 在 Revision 环节提供用语：Let's have a dictation. What did we learn in the last lesson? We are going to start a new lesson today... 在 Drills 环节提供用语：Let us do some written exercises. Please read the dialogue after the tape. Read the dialogue and then practice in pairs. Let us listen to the tape again and check the answers...

一线的教师对观摩体现新课程理念的、有示范作用的好课的愿望非常强烈，他们非常欢迎通过具体的课例来学习、运用和掌握新课程理念，学习借鉴先进经验。因此，我们还可以采用送课到校的培训形式，通过说课、上课、评课，把有效地用口语组织课堂教学的培训工作落到实处，使培训质量能得到较好的保证。这一做法也有助于转岗教师在理论与实践相结合的过程中提高自己的口语水平，体现出培训的辐射功能。我们市已组织过多次相关教研活动，受到教师的一致欢迎，也收到了良好的效果。这样的英语培训方式可以大范围地提高教师的口语使用热情，提高英语口语培训的效率，锻炼转岗教师英语口语使用能力。

还有一种简单易行的方法就是观看优秀教师的录像课。观看时除了学习

优秀教师高超的教学技艺外,应特别注意记录上课教师是如何用口语组织课堂教学的、这些课堂用语对学生是否有效、课堂的衔接语是否顺畅等,然后在自己的课堂模仿运用,比较模仿录像课教师口语后自己课堂与录像课课堂不同的教学效果,分析清楚是教师口语使用率的原因还是学生知识储备不足的原因,因为同样的口语在不同教师的课堂会有不同的效果,这与教师平时口语的使用率有很大的关系。此种做法长期坚持下去,教师课堂口语的有效性将得以大幅度改进。

另外还可以结合课堂教学要求,组织多样的教师口语竞赛、技能展示等活动,给教师提供更多展示的舞台。

3. 从教学评价角度,探索提高教师口语能力的途径

评价是英语课程的重要组成部分。科学的评价体系是实现课程目标的重要保障。通过评价,可使学生在英语课程的学习过程中不断体验进步与成功,认识自我,建立自信,促进学生综合语言运用能力的全面发展,也可使教师获取英语教学的反馈信息,对自己的教学行为进行反思和适当的调整,促进教师不断提高教育教学水平。因此,建立合理的评价体系,把口试既作为考查学生的一项重点内容,也作为考查教师的一项内容,通过过程性评价和总结性评价,量化各项考查指标,明确各项考查要求,在培养学生口语的过程中策略地、高效地、快速地提高英语教师的口语水平。例如,我们可以制定英语教师课堂用语跟踪记录表,将教师在课堂上使用英语的数量、频率、正确度和有效性跟踪量化记录,在每学期的汇报课上进行对比评价,最后画出教师的学期口语水平发展曲线,以此调动和促进教师的发展内驱力和主动发展意识。

口试评分标准涉及语音语调和节奏是否自然,是否能使对方听懂;信息组织是否合理,表达与交流是否流畅;能否使用恰当的交际策略等。考查内容涉及小学阶段所学的日常交际用语及句型,话题包括现行教材中涉及的日常生活话题如本人爱好、生日、学习科目及自己喜好情况、季节天气情况、问路及谈论自己打算等。作为一名合格教师,要教给学生一碗水的知识,自己势必达到一桶水甚至一缸水的知识储备。学生口语能力的提高需要教师的有效指导,只有教师自身了解相关标准,达到上述要求,才能有效促进学生口语水平的发展。

从教学设计、课堂教学、教学评价这三个维度探索英语转岗教师口语的培养途径是笔者正在进行的一项课题研究内容。在实际工作中我们已经采取了相应的策略和措施，形成了一整套行之有效的操作方案和评价方案，而且深受广大同行的认可和欢迎。但是，我们仍然面临着区域发展不平衡和个体发展不平衡等诸多问题，尤其是偏远地区的教师缺乏及时的、跟踪的帮扶，提高广大英语转岗教师的口语水平之路任重而道远。

第八节　在英研修的几个观感

在江苏省教育厅的安排下，笔者与来自省内高校和中学的英语骨干教师一行三十人，赴英国著名的杜伦大学(Durham University)，进行了为期两个月的研修学习。现将我在英国研修期间的所见所感通过几个视角叙述如下，与各位同仁分享探讨。

一、人本思想是具体的

英国的教育宗旨是帮助学生尽量发展个人才能，让学生有尊严地学习，增强内心对愉快、自由和幸福的追求，其核心是人本思想。下面是笔者见到的几个镜头。

镜头一:右手椅与左手椅。英国的许多学校有为学生提供的沙发式座椅，上课时围成一圈，学生可以把书笔等用品放在椅把上。老师第一节课就让我们猜其中一张的与众不同之处，笔者仔细观察后发现它的椅把设计在左边，而其他的都在右边——原来那是专为左撇子学生设计的，如此精细的设计，可谓用心良苦。

镜头二:跑班上课。一次听课时偶然发现上节课听课班级的学生跑到了另一个班，询问后得知，他的数学基础不太好，老师允许他到低一级的班级去听课，基于这样的目的，学校还特意安排了对应的课表。在英国学校的课程计划中，我们时常可以看见“学生可以选择上课的教材和内容”之类的表述，从教材到学习内容到作业再到上课班级，学生都有充分的选择权和定夺权，真正体现了以生为本的教育思想。

镜头三:体育课男女生分开上。在一所中学我们注意到体育课时女生在体育馆上,而男生在室外上。如果仅仅因为训练项目的需要也就不足为怪了,校方主要是考虑女孩子有些训练动作的不便,而男生又以此为乐,分开上就避免了这种尴尬——这也算是尊重女权吧。此外,每节体育课都有一个助理老师,协助上课教师做好指导和安全防护工作,可谓考虑周到吧?

镜头四:教师跪着答疑。老师跪在学生面前解答问题这是课堂上最常见的镜头之一。通常是老师先俯身指点,然后单腿跪地,接着索性双腿跪下,我很喜欢拍摄这样的镜头,画面中老师跪地的身影与学生求知的眼神交融成一幅优美的教育画卷,让人过目不忘。

镜头五:校长身上备奖品。Easington 学校的校长的身上时时刻刻都装着随时都可能为学生颁发的奖品,奖品是一个俏皮可爱的动画玩具,奖品很小,价值也不高,却是全校学生最期望得到的东西。校长每天在校园里巡查,一旦发现值得称道的就发一个小玩具给学生。临行前笔者向校长先生要了一个样品,现在挂在笔者办公室的墙上,它时刻鞭策着笔者走近学生,善待学生,做学生的知心朋友和引路人。

镜头六:评价表上无成绩。教室内外的墙上到处可见学生的各种作品和自荐材料,其中不乏老师公布的评价表,而在评价表中你绝对看不到学生的成绩和排名,表中反映的是学生的各种学习成果和点滴的进步,每个学生在表上都有闪光的符号。老师说,他们眼中没有好差学生之别,有的是对学生心灵世界的守护和与学生一起感受幸福的执着。

笔者始终信奉一个观点:唯经历的才是真实的,唯体味的才是鲜活的。在英国的两个月研修经历,使笔者真正地认识了英国式教育的民主与人本。

二、绅士教育融贯血脉之中

英国的绅士是英国男人的第一张闪亮名片,去英国之前,一种模糊的、近似幻觉的印记告诉笔者:那只是一种理想的人生境界吧,至多是一种理想追求而已。然而,两个月的真实体验告诉笔者:英国有绅士,处处有绅士、时时有绅士、事事见绅士。

绅士学生:在英国的教科书中看不到“绅士教育”的字样,但他的绅士教育确实渗透到了教育的方方面面，变成了一个民族符号、一种民族精神，每到一所学校你都会看到一个个气度非凡的“小绅士”：教室里“绅士们”彬彬有礼，学之投入，悟之透彻；食堂里“绅士们”自觉排队，细嚼慢咽；操场上“绅士们”挥洒自如，从不参与女生的单训项目，从不让女生尴尬。

绅士校长：如果说“小绅士”给人留下的是端庄可爱印象的话，那么“大绅士”可谓是冲击了一波又一波：他们的一颦一笑气度非凡，他们的举手投足彰显优雅。在参观了一所中学之后回校的路上，我们班上一个女同学在回忆接待我们的校长时情不自禁地喊了起来：He is too fascinating. Oh, I' m lost.（他太迷人了，我迷失了。）一个矜持高傲的大学英语系主任感慨于斯，让我们在场的男同胞自惭形秽，几乎是潸然泪下，我们当即决定：做中国的绅士，为中国男人增光添彩。

绅士司机：在英国，职业司机是非常少的，所以经营各种大巴的司机通常是从与他有业务往来的司机中临时抽调的，就像我们评职称时的评委是从评委库中临时抽调的一样。陪我们出游的大巴司机有工人、有医生，还有大学教授，不管是哪种职业的司机，每次出游时都是衣冠整齐，白衬衣黑领带，皮鞋绝对是擦得锃亮，举手投足之间透着良好的职业素养和文明素养，总是与每一位上车下车的人微笑致意，那种笑容是真诚的，让你过目难忘。

中华民族是礼仪之邦，然而，在市场经济大潮冲击下，基本道德缺失的现状常常拷问我们的心灵，心育智育倒挂的尴尬逼迫我们警醒：道德教育的回归迫在眉睫、刻不容缓——绅士教育也许是我们寻求回归的一个入口吧。

三、固执和高傲也是一张名片

“大英帝国”的铁蹄曾经几乎踏遍世界各地，“日不落”的荣耀却永久地留在了他们的血脉中。英国人的固执（stubborn）和高傲（arrogance）也就成了英国人的第二张名片（至少笔者是这么认为），带着太多奢望和幻想的笔者却对此没有充分的准备，以至于和老师及校方之间产生了两次较为激烈的冲突。

第一次冲突：第一次冲突是发生在课堂上，一个叫 Mel 的女教师给我们上语音课，她用一种非常幼稚的方法教我们学语音，然后发给我们每人一张纸片，要求根据读音将单词拼写在纸片上。我觉得我们花了那么多的英镑到你这来是接受正规语言训练的，这样素质的老师用这样童稚的方法来消磨我们的时间实在令人不满，于是我拒绝拼写单词，但我还是委婉地告诉她：我已学会了您所教的方法，我认为没有必要再去拼写一个一个单词了。Mel 顿时拉下脸来，迅速地从我的桌上将发下的纸片及图片收走。事后，虽然她认同了我提出改进教学方法的建议，但她拒绝向我道歉。于是我将此事告知校长，校长对此非常重视，第二天，专门召集了有关人员共同协调此事，可事情并不像我想象的那样进展，校长、班主任（英国老师）他们是串通一气，口径一致，拒绝承认这是对我的不尊重，但 Mel 还是向我表示了并不诚恳的道歉。

第二次冲突：这一次冲突发生在宿舍区，我去洗澡时忘了带钥匙，回来进不了宿舍，此时已是晚上 11 点多，于是我打电话至我们所在学院的宿管部，可是电话无人接听，于是我跑到了几百米开外的办公室去找，办公室灯火通明，可是室内空无一人——这是明显的失职事件，接着我打电话至总校值班室，值班人员了解情况后建议我与同学借宿一晚，我坚决反对，一是因为我们每个人的床太窄，无法容纳两人居住；再者，因为是你们的工作失职才造成了这种局面，你们必须尽快想法进行弥补。我放下电话 10 分钟左右，他们带着钥匙来了，让我没想到的是他们的校长也来了，向我表示了真诚的道歉，并感谢我帮助他们发现了工作的不足，此时已是深夜 12 点多了，这次冲突我取得了圆满的胜利，我带着满足的心境进入了梦乡。

离开英国回国已经有一段时间了，但那两个月的学习、生活、考察使我有机会了解和体验了英国的文化教育、政治体制、生活方式、社会习俗等方面的一鳞半爪——这一鳞半爪，开阔了我的视野，丰富了我的人生经历，尤其是提高了我的语言素养和跨文化意识和交际能力——这特别让我知足而且常乐。“大英帝国”殷实的家底、无与伦比的语言资源、良好的人文素养和井然的社会秩序给我留下了深刻的印象。但“大英帝国”的保守、固执、傲慢和偏见是植根于血液之中的，是根深蒂固的；它太缺少包容，缺少与多元文化的融合，师道尊严还是比较普遍的现象；它缺乏进取精神，缺少竞争氛围，不太上进，在整个英国几乎看不到现代化的建筑，即便是在伦敦，也很难见到繁华的市容市貌——这也是我的一个观感。

第九节　规范集体备课的流程　提高集体备课的质量

——中央教科所网络研修访谈直播课程实录

课程目标:通过访谈,进一步明晰集体备课的基本程序和流程,厘清集体备课重点要解决的问题,以及如何通过有效实施保障集体备课的高效运行。

专家简介:赵大中,男,中学高级教师,工作至今一直担任初高中英语教学工作,现任连云港外国语学校副校长,系教育部"国培"专家库成员、江苏省333工程培养对象、连云港市名教师、连云港市英语学科带头人。

主持人:备课是展现教师教学艺术的序幕。备课过程实际上是教师对自己组织每一节课的教学活动的内容、时间和空间结构的规范和优化过程,这是一个循环往复、逐步发展提高的过程。过去,我们通常采用独立备课形式,这种形式可以彰显教师个人对文本(教材)的独到见解,于是,课堂上出现了百花齐放的壮观情景。但个人独立备课也有一定的局限性,过分追求独到见解,而忽略了教学中的一些基本知识和基本能力的渗透与训练。长此以往,学生"应知应会"就会打折扣。现在我们采用集体备课的形式,目的是在充分酝酿,日趋完善的集体智慧的基础上,发挥教师的个人潜能,在二次备课中显现教师个人的教学魅力。我们不能用集体备课代替教师个人备课,我们更不能使课堂教学走进一个程序化的模式中。为此,我们共同探讨有关集体备课的问题。首先探讨第一个问题:集体备课到底备什么?

赵大中:我们学校对集体备课的要求是:四定、七备、六统一。

四定:定时间、定地点、定内容、定中心发言人。

七备:备思想、备教材、备教法、备学生、备学法、备教学手段、备教学过程。

六统一:统一进度;统一目标;统一重难点;统一每一节课授课的共性内容;统一作业(课堂练习题和课后作业题,作业难度分三个层次);统一单元检测试题。

我们集体备课的操作程序和基本流程是:

基本程序:个人初备,集体研讨,修正教案,课后交流、反思。

基本流程:确立课题一组内讨论一确定主备(讲)人(形成初案)一集体研讨(形成共案)一个性化设计(形成个案)一教学实践(跟踪)一课后交流、反思一二次一资料保存。

我们对集体备课的基本要求是:脑中有纲(标)、腹中有书、目中有人、心中有法、胸中有案。这样的程序和流程,我认为起到了很好的规范和引领作用。

主持人:请问赵老师,集体备课时,我们重点应该备什么呢?

赵大中:首先是备教学理念。理念是什么?理念就是教学指导思想。先进的课程理念,都来自于成功的教学实践。理念指导实践,实践孕育理念。课程改革已进行到了现在这样的程度,我们应对我们所教学科的课程定位了如指掌,还应对我们所教学科的课程理念了如指掌:积极倡导自主、合作、探究的学习方式,这是达到教学目的的基本教学策略。只有将这些理念烂熟于心,我们在备课中才能为我们的课堂教学定位,才能使我们的课堂教学与时俱进。例如,在我们集体备 8B Unit 6 "Birdwatching"这节课时,我们不仅讨论了扎龙自然保护区的相关知识,还基于学生视角,充分考虑了教学中可能遇到的问题,如保护环境、做志愿者等。我们还设计了一项研究性学习任务,让学生分组查阅并实地调查环保理念的落实和环保行为的改进等。

其次是备教学重点和难点。摸准学生已有的知识水平是上好一节课的基础。准确把握教材的重、难点是基于学生已有的知识水平之上,这是上好一节课的关键。就学生已有知识经验而言,班与班之间参差不齐,学生与学生之间参差不齐。经常发现一些不利现象:有些教师为完成教学设计中既定的内容,在学生已掌握知识要点的情况下,仍不厌其烦地反复讲解该知识要点,学生真正需要教师讲解、加强巩固的地方因时间而耽误,或一带而过,或省略为自学。其实他们目标本身设置得没有错,但是,每个班级的学生情况不同,能力也不同。因此在集体备课时,应充分讨论生情、班情,在此基础上确立教学重、难点,合理划分课时,使课堂教学密度均衡。例如,在 9B Unit 2 "Great people" Reading 这节课的备课活动中,我们根据学校两个语种班级之间的实际差异,确立了不同的教学重、难点:UEI班的重点为熟知 Neil Armstrong 的生平并能熟练复述课文,难点为通过能力迁移认知并表达更多世界名人的生平和事迹。小语种班的重点为熟读课文并正确理解文本的含义,难点为复述课文并能用文章中的语句写简单的作文。从课时分配上,UEI班用时两课时,小语种班级用时三课时。

第三是备学生的学法和学情。修订后的课程标准在“教学建议”中都增加了积极倡导自主、合作、探究的学习方式与“有意义的接受学习”相辅相成。这告诉我们自主、合作、探究的学习方式不应是唯一的课堂学习方式,它应与有意义的接受学习有机结合,互为补充。一些教育专家指出当前课改中出现的几种误区,其中一个误区为学习方式“自主变为自由”,教师在课堂上充当的是:① 学生学习的“召集人”:学生夸夸其谈,教师无所事事。② 学生交流的“旁听者”:学生漫无边际,教师不置可否。③ 学生活动的“捧场者”:学生言行出轨,教师大加赞赏。集体备课时,我们应探讨教材中哪些知识是可以让学生自己学习掌握的,哪些是需要教师讲解的,教师应讲到什么位置。要预设学生会出现什么问题,教师该采用什么形式帮助学生解决问题。千万不能让学生指责教师在课堂上“不作为”。例如,在 7B Unit 5 “Grammar, Asking wh-questions”的备课活动中,我们年级通过讨论,认为演绎式的语法学习应与归纳式的语法学习相结合,先让学生通过自主学习了解一般规律,再通过集体谈论归纳基本规则,最后教师采用多种手段和练习让学生完成从演绎到归纳,再从归纳到演绎的练习循环,从而达到强化学习和巩固运用的目的。

最后是备作业设计。学生对知识的掌握是通过“学得”和“习得”而来的,无论课内课外应“学得”与“习得”并存。众所周知,作业设计成为教师了解、掌握学生学习情况的一把尺子,这把尺子在教师手中。教师应怎样用好这把尺子,是我们集体备课要探讨的。我认为,应探讨两个问题:

(1) 作业的量。不论课堂作业,还是家庭作业,都应严格控制学生作业的数量,保证学生在一定的时间范围内完成作业。可以因人而异,对不同学习层次的学生设立必做题和选做题,以满足不同学生的需要。

(2) 作业的质。这是教师备课讨论的重点。作业的设计应既是对课堂学习的巩固,也是对课堂学习的反馈。作业题型的设计既相对固定,也应有所变化。相对固定是针对基础知识的掌握,尤其是对层次低的学生来说,尽快地认识、熟悉、读懂题目,是保证作业质量的基础。随着学生层次的升高和知识水平的补充,作业题型应有变化,以帮助学生学会审题,正确答题。作业内容的设计既考虑基础性,也应兼顾发散性。集体备课强调的是集体智慧与个人创意的结合,建立有效的集体备课的运行机制,是我们每个教育工作者探索的内容。“集体备课”是很好的教研形式,但如何有效地实施好,确实是个难题,需要我们不断地思考和探索。

主持人:在明确了集体备课的流程和内容之后,请您再谈一谈如何保证集体备课的质量。

赵大中:首先,保证集体备课的时间。目前我们学校语数外物化实行每周两次集体备课,其他学科每周一次备课,每次备课不少于两节课。教务处要提前统筹安排好一学期的备课计划,并在网上公布,供大家监督。备课组长提前一周通知主备人进行认真准备,其他教师熟悉教材,自我初备,在这个过程中要形成文字材料。每周有集体备课集体交流时间,有确定的形成集体备课教案、个性设计与反思即二次备课的时间。这样,通过时间的固定化,保证集体备课工作的正常开展。概括说来,集体备课流程共分四步。

(1) 初备。主备人的职责是什么呢?主备人要围绕思考提纲将主备的教学内容深入吃透,梳理出教学内容的知识点和教学目标,确定好教学的重、难点,并就教学目标的达成,教学重、难点的突破作深入的思考和设计,然后形成初备稿和交流意见。辅备人的职责又是什么呢?辅备人在集体交流前必须将教材研读通晓,理清教材的知识体系,梳理出教学的知识点,并初步考虑相应的教学设计。无论是主备人还是辅备人都要在初步设计的基础上,列出你的困惑和疑问,形成书面材料,以便交流时供大家重点讨论。

(2) 集体交流。交流的内容有两项,一是由主备人围绕讨论提纲逐一抛出自己的理解、观点、设计及有关理论依据。辅备人随时以补充、完善。二是由主持人组织大家就备课时的困惑或上周教学实践的反思等选择一到两个话题,组织大家讨论交流。集体备课的价值在于相互交流,在交流中达到信息沟通、资源的共享,在交流中达到相互促进相互吸取。为了保证交流不流于形式,保证交流的深入,教师可以不拘形式,可以就一点有感而发,可以就整体发表见解,可以中途打断,可以求同存异。

每周的教学内容有重点非重点之分。备课交流时,要做到区别对待。另外,针对不同的主备人备的课,在交流时也要体现区别。骨干教师主备的课能起到促进垂范的作用,讨论时可以重点交流;才入门的青年教师需要更多的关心和锻炼,备的课可以重点讨论,反复打磨等等。另外,集体备课以讨论并形成教案为主,并附以讨论教具准备、课件制作、作业布置、阶段检测等。

(3) 形成教案。集体交流之后,由主备人综合集体的意见和智慧,在个人初备的基础上进行二次备课,然后形成自己的个性化教案。主备人再形成的教案应力求精致和实用,体现学校的课改精神。所撰写的教案一般应由组长审阅后方可实施。为了保证教案及时印发到辅备人的手中,集体备课第 1、2 课时的教案必须在上周五复印到辅备教师手中,其余的教案必须于下周一印发给教师。

(4) 个性设计(二次备课)与反思。我们总结了以往集体备课,往往有两大薄弱环节。一是教师个体共同参与热情不够,交流不够深入;二是形成教案后,会照本宣科,忽视了自身的教学特点,忽视了本班学生的实际,也忽视了个性化的设计,甚至于也懒得对集体的设计反思和自我实践的反思。因此抓好个性设计与反思可以说是关系到集体备课能否成功的一个重要因素。一个好的个性设计或深入的反思比单独备课的教案更能提高人的业务能力。每位教师特别是辅备人拿到教案后都要根据自己的个性情况,对集体备课的教案作深入的推敲、斟酌。个性设计的方式可以是旁注,可以是知识点的解说,可以是教学方法的更换,可以是教学片断的增删。通俗地讲,一份整洁干净的教案未必是一份好教案,一份涂涂改改、增增删删的教案则肯定是一份对于你来说最完美的教案。教案实施后,教师还要将实施过程中的启发、瞬间的灵感、困惑等反思也记下来。这些困惑、心得正是我们教师业务能力前进的一个个阶梯。

主持人:在平常的备课实施中,备课的效率问题一直是被大家所诟病的,请您谈一谈如何实施有效集体备课。

赵大中:有一些老师会说,我们学校的集体备课流于形式,没有实质性措施,远远达不到预期的效果。那么,要想提高集体备课的效果,除了学校加强行政化管理,主要的是要注意做好"两个结合",处理好"四个关系"。

"两个结合"的内容是:

1. 制度管理和人本管理相结合

我们学校很注重制度管理和人本管理相结合,我们现在很多的措施已经逐步由刚性的制度管理向弹性化的人本管理转变。作为教师,感受到了自己被尊重,学校努力在创设一种宽松的备课环境,例如淡化资料的要求,在主备人的备课量上,放手让备课组自行决定,发挥骨干教师知识水平高、业务能力强的特点,让骨干教师主备量大一些;还有的组内认为"才入门"的青年教师应主备多一些,以便大家来共同指导,这样的措施也很有助于教师的成长。每学期学校还组织了一些备课竞赛和评选最佳备课组等激励活动。这些活动并没有给我们一线教师造成多大负担,因为这些评比的素材都来自于我们集体备课的成果,大家之间相互学习,能够更好地促进自己的备课效果。

2. 备课和培训相结合

集体备课的过程其实就是一个相互交流、相互影响、相互吸取的过程,这本身也是一种师培的过程。在每次集体交流中,我们不仅讨论备课的教案,还就教师的困惑反思或教学中的热点难点问题进行专题式的研讨,这本身也是教研培训相结合了。

其次,我们还要注意处理好"四个关系"。

1. 注重个人和集体的协调

集体备课是一种行动研究,它是在个人认真准备的基础上进行集体研讨的一种有效的教研活动。在集体备课活动中,每个教师都要明确自己的角色定位。首先,教研组长(或学科备课组长)是集体备课活动的组织实施者,必须具有研究能力、统筹组织活动的调控能力和对集体备课的评价能力,发挥好协调、衔接教务处和本组教师的纽带作用,组织实施集体备课活动;其次,中青年骨干教师是集体备课活动的中坚力量,应勇于挑重担,备优质课、上示范课,起好引领作用;年长的教师有一定的教学工作经验,也要积极参与,不断提高,以适应新课改的要求。同时,在集体备课中,每个人的充分参与是保证集体备课质量的关键。每个人都是参与者、合作者,而不是成果的享受者。就某部分而言,我是中心发言人,就另一部分而言,我又是积极的思考者、讨论者。否则,集体备课将陷于"一人提供教案,大家机械使用"的尴尬局面,虽然省时省力,但这种有名无实的集体备课,其效果比单人独备更差,甚而助长了一些人的依赖思想。所以在每次备课之前,我们都要求写出教学简案,并列出自己有疑惑的东西。这样有备而来,每个教师在集体备课中都能畅所欲言,把集体备课落到实处。

2. 注重集中和平时的统一

备课组活动固定化。备课组集体备课作用显而易见,因此一些学校对集体备课做出了规范性的要求,如制定了时间、地点、人员、材料、内容的"五定"。其实规范备课程序,初衷是好的,但也会限制教师的思维空间,如果只是靠集中固定的几课时,很难把问题真正及时地解决。尤其是语言的教学,是不断变化发展的。教师在备课中、学生作业批改时、一堂课上完以后,会有许多思维的火花或新的问题产生,及时与同伴交流或商量,提示或请教同伴,是一种很好的即时研究,效率高、落实快。我认为应该放开备课形式,注重平时教师之间的研究讨论,教师可以随时随地把在教学、教研中遇到的问题、疑惑、难点甚至教学方法等拿出来交流,这样不必等到集中备课,问题就可以得到及时的解决。因此,集中备课与平时交流结合起来,应该说是提高备课效果的理想方式。

3. 注重个性教案与共性教案结合

教学虽然有一个共同的目标,但是没有规定共同的格式。所以在教学上,教师就应该根据自己的教学风格和教学特长去组织教学,而不是大家共同采用同一个教案。要是那样,在教学中就不能体现出各自的教学风格了,而在从因材施教这个角度来说,那就更加离谱了。再者从教师的教学风度和性格来说,所有同科同级的教师使用同一个教案,也会让教师在真正的课堂上失去自己的风度或教学性格。因为一个教师的教学风格是在他长期的教学实践中慢慢形成的,当一个教师的教学风格形成之后,那么他就不会随便改变自己的教学风格或教学个性了。从这个角度来说教师同时使用一个教案去上课,那是非常错误的教学思路和教学方法。

因此在集体备课的基础上,须注重二次备课的教案。每个教师除有一本集体备课的教案,还有一本个性化教案。个性化教案主要是教师在集体备课的教案基础上,根据自己学生的实际情况和个人的教学风格对集体教案进行一定的改进和完善,让教师重新思考重、难点突破时教学方法的选择以及如何根据学生的一些生成性问题来修改我们的教学思路。

4. 注重课前和课后反思的统一

同一个教学内容,不同的教师在具体上课时,对教学的某一环节上会有新感觉、新看法,也就有可能产生创新点;在不同班级上课时,因为学生的不同,教师对于教材的重、难点的突破上可能就会有新方式、新亮点。课堂是思想对撞的地方,是智慧升华的场所,因此我们在上课时就会激发出闪光的灵感,并能够捕捉到课堂教学中的一些感悟点。正因为如此,课后的教学反思应该说是课前备课的补充、延伸和升华。《新课标》认为教师是研究者,要求教师要反思、会反思、常反思、善反思,通过课后反思可以吸取教训,总结经验,将教学感受记录下来,就可以作为自己的第一手资料,这样既可以为今后备课或研究提供素材,又可以不断提高自己的备课与研究能力。因此,做到每课都有反思很有必要。并且可以把优秀的教学反思以博客的形式发到网上和大家共享,这个过程也是教师较好的提升过程。在一个初三教师的反思中,我们看到这样的内容:“和我教初三的都是一些老教师,有学科带头人,也有教学能手。一开始我心里没底,不知如何进行复习。可是因为有了集体备课,我觉得自己的底气很足。在这堂课中,我的听写和限时阅读的时间没有把握好。经过和其他老教师的探讨,我对上好复习课有了信心。”

课程总结:教师的专业化成长不仅依赖教师个体自身不断的努力,更需要他所在教师群体的合作与帮助。集体备课就是教师之间互助合作的一种表现形式,成功的集体备课对于促进教师专业化发展起着非常重要的作用。

1. 在智慧碰撞中交流思想

集体备课是校本研究的一种重要形式,是实现教师交互式教学以及进行教法探讨的一种备课形式。在集体备课过程中,同年级同学科的教师汇集在一起,对教学内容进行讨论研究,对各自备课进行比较鉴定,从多角度、多方面、多层次对教学活动进行考察,共同解决教学过程中的疑难困惑,为个体的教学研究提供了广阔的智慧源泉和创新空间,为教师尤其是我们的新教师的专业发展搭建了一个良好的平台。在集体备课的两种主要操作模式中,不论是个案辅导式(个人初备、集体研讨、课堂跟踪、课后交流)还是整体提高式(集体研讨、分工备课、集体完善、形成个案、交流反思) 都强调教师教育理论知识的应用。在个人初备阶段,教师不但要写清教材分析、学情分析、教学方法、教学过程等教学常规基本内容,而且必须写明其分析和选择的理论依据。如教学程序设计必须依据课程的结构和类型理论,教学方法的选择必须考虑教师主导性和学生主体性关系理论等等,而且教师在备课形成的文本上必须体现新课程理念。如教学目标上不仅要体现英语课程标准提出的"语言技能、语言知识、情感态度、学习策略和文化意识"的总目标,还要注重 1～5 级分目标的细化与落实。教学方法上倡导学生积极主动参与教学过程,勇于提出问题,学会分析问题和解决问题的方法,改变死记硬背和被动接受知识的学习方式等。在集体备课的集体研讨阶段,则强调教师注重教育理论知识和新课程理念的应用。各备课小组成员不但要评价其他成员教学常规的实用性、可行性,还必须表明其评价的理论依据和文本所体现的新课程理念。这种通过个人对教学理论的不断探索和集体对教育理论的探讨、交流,最能有效地提高教师的教育理论水平。

2. 在互动反思中生成智慧

教师专业化发展的一个重要途径来源于教师积极地自我反思。自我反思一般是指行为主体立足于自我以外,批判地考察自己所处情境的能力。它强调教师要检查自己的教学实践,回顾、诊断、监控自己的行为表现,以改进教学方法和教学策略,适应教学的需要。其目的是通过各种形式的反思,促进教师对自身以及自身专业活动和各种相关事物有更深入的认识和理解。美国的心理学家波斯纳提出教师的成长公式是:成长＝ 经验＋反思,他还说没有反思的经验是狭隘的经验,至多只能形成肤浅的知识,如果教师仅仅满足于获得经验而不对经验进行深入地思考,那么他的发展会大受限制。我国的心理学家林崇德也说过“优秀教师＝ 教育过程＋反思”。清华大学副校长谢维和教授也指出，教师教学实践能力不仅表现在教育学生方面，而且也体现在对自己教学活动的反思上。集体备课有利于教师自我反思的形成，实际上在集体备课过程之中始终贯穿着教师的自我反思。我们可以把集体备课过程中教师自我反思划分为三个阶段：① 个人初备阶段的反思。这一阶段的反思具有一种预测性，主要表现为对教材、课标及学生情况相关材料的收集和分析，此阶段的反思有利于提高教师的归纳能力和分析能力。② 集体研讨阶段的反思。这一阶段的反思具有调控性，主要表现为教师在集体讨论、交流中对自己的教学方案进行重新审视，并根据集体的意见做出修正和完善。这一阶段的反思有利于提高教师的专业素质和理论水平。③ 课后交流阶段的反思。这一阶段的反思具有批判性，主要表现为教师对自己教学方案实施后的教师集体的评价以及教学效果的反馈进行再审视的过程。这一阶段的反思对于教师专业发展具有非常重要的作用，它会对教师下一次的教学实践产生直接作用。由此可见，教师的自我反思是教师专业成长的核心因素，而“集体备课则为教师的自我反思提供了培育的土壤”。所以，英语教师应该紧密结合自我反思的三个阶段和英语教师的特定成长规律，既要从个人初备中反思对教材的解析能力，又要从集体研讨中反思自己的辨析能力，还要从课后交流中反思自己的执行能力。只有这样，教师才能在反思中不断碰撞智慧、生成智慧。

3. 在学习研究中提升品质

“集体备课有利于教师学习和科研能力培养，有利于教师成为一名研究者。”在集体备课过程中，优秀教师的丰富教学经验会潜移默化地影响整个教研组，会促进年轻教师不断学习，吸取这些宝贵的经验，从而不断地成熟。而年轻教师对新事物的理解能力和新颖的教学理念又会激励年老的教师去学习新知识，在这种知识共享和碰撞过程中，可以帮助所有的教师加深对教学的理解和对教学本质的认识。集体备课要求每一位教师必须带着自己的教学方案参加，对自己所备的课进行分析，陈述自己的教学观点和理论依据。如果教师没有扎实的理论知识、先进的教学理念和教学方法，是很难准确把握自己的教学行为的。这就要求我们英语教师在平时不断学习，坚持不懈地学习新的知识和新的理论，学习国内外英语教学的最新研究成果，同时积极参加和进行教育教学研究，提高自己的教学科研能力和课程开发能力，使自己不仅成为一个专家型教学实践者，而且成为一个专家型教学研究者。

总之，教学质量是教学的生命线，集体备课是提高教学质量的有效途径之一，我们应该充分认识集体备课的作用，以便有效地提高教学质量。如果我们用"把每一件简单的事做好就是不简单，把每一件平凡的事做好就是不平凡"的心态来对待集体备课，用踏实、执着、精致的工作态度来准备集体备课，以"特别能吃苦，特别讲奉献，特别肯钻研，特别善协作"的精神与胸襟去实践集体备课，那么我们一定能够使教育教学水平再上一个新台阶，一定能享受到"一枝独秀不是春，百花齐放春满园"的教育愿景。

第四章　考试评价与课题研究

第一节　中考英语新题型的特点和走向管窥

随着各地高考制度的改革，英语学科的重要性日益彰显，也因此带动了中考命题思路的调整和变化。笔者搜集并浏览了近两年全国各地的50多份中考试题，愈觉考试的功能性逐渐丰富，在注重语言基础和语言能力运用、体现甄别和选拔功能的同时，综合了从语言知识到综合运用再到情感体验的全方位考查视角；更加关注学生的学习体验和文化感知，更好地体现了《新课标》的五大基本理念。尤其是一些新题型的出炉，更像是一股课改的疾风，在创新思路的同时，也对我们今后的教与学提出了更高的要求。笔者结合自己对全国各地中考试题的粗浅研究，以新题型的特点为切入点，力求分析出各地试题命题的创新思路和基本特点，并借此推论今后中考的趋势和走向，可谓管中之见。

一、听力考查更加注重新闻性和描述性，信息量明显增加，听力要求明显提高

“2007年北京市高级中等学校招生统一考试(大纲卷)”英语试卷的第一、二题听力是这样的：听简短叙述，选择正确答案。

1. (　　)

A. 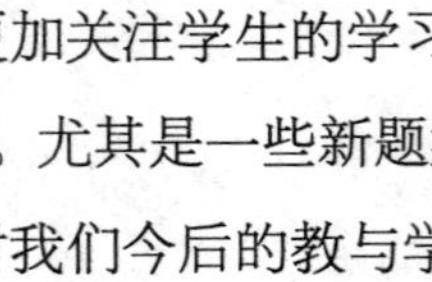
B. 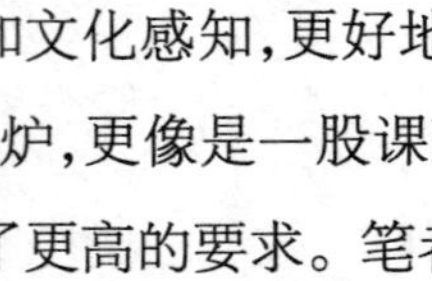
C. 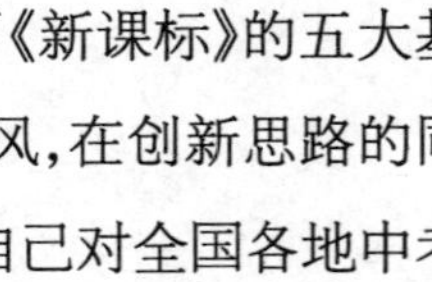

2. (　　)

A.  B.  C. 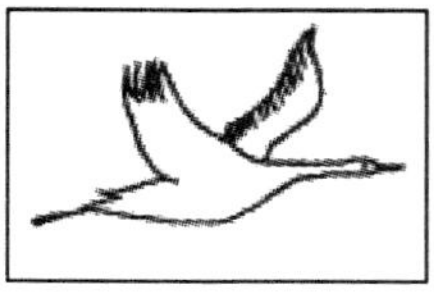

这两题的听力原文是:

1. It's a part of our body. Each person has got two of them. They are in our faces. People see the world with them.

2. It can take hundreds of passengers and travel very fast in the air. Before it flies, it has to run a long way on the ground.

以前我们通常见到的是听一个句子,选择与其内容相一致的图片,而2007年的北京试题是通过一段描述性的文字让学生选择图片,学生在听力的过程中输入的信息量显著加大,因此对学生获取信息、概括信息、把握要点的能力提出了更高的要求。

2007年怀化市听力第三节:听下面一段材料,将第18至第20小题的信息补充完整,每小题不超过三个单词。

18. ________	Weather	Temperature
Huaihua	Sunny and hot	32～38 ℃
Yuanlin	Sunny and a little cloudy	19. ________ ℃
Tongdao	20. ________	28～33 ℃

这是一篇新闻体的天气预报。此外,2008年南京市听力第三题通过新闻人物报告的形式介绍了Jim和Kate兄妹俩现在的学习和生活情况,徐州市试题听力第三部分为一篇有关Robbery案件的报道,这些都是新闻报道体的听力材料,其真实性和时效性为考试营造了良好的氛围,同时使试题增加了亲切感和实用性,考生的注意力更加容易集中,答题效率明显提高。

由此可见,听力题中信息量的增加和新闻题材的增多说明我国英语的听力考查正在逐步提高要求,传统的听词选词和听句填词等题型几近绝迹,新题型着重考查考生获取信息的能力,又考查考生归纳整合与转换信息的能力,这样的题型在重点城市和沿海地区的试题中屡见不鲜,相信中西部地区很快就会跟进。因此,教师在平时的听力训练中首先应该注意选取原汁原味的英文材料作为训练素材。其次,应特别注重听力策略的培训和培养,将学生用英语获取信息、分析信息、筛选信息和处理信息的能力作为培养重点。再者,就是要注意养成良好的听力习惯,冰冻三尺非一日之寒,每天定时定量地训练听力是非常必要的。

二、"语言知识运用"的考查更加注重语境的创设和情境的运用,淡化语法、侧重交际成为显著特点

2008年北京市的中考试题可谓是新题备出,再看词汇题:2008年奥运会将在北京召开。作为中学生,我们应该为奥运做贡献。请根据提示,选择方框中的词语,填在下面横线的相应位置上。

A. greener	B. plant more trees	C. guides	D. better
E. grow flowers	F. more beautiful	G. go shopping	H. save water
I. translators	J. delicious	K. keep streets clean	L. reporters

1. For the 2008 Olympic Games, we will make our city much ________ ________ and ________.

2. From now on, we can ________ ________ ________ and ________.

3. We want to be volunteers, working as ________ ________ and ________. So we should study hard.

这样的题型让人耳目一新,充分的情境创设、相关的备选答案、时事知识的储备,这一切使得语言知识的考查成了一种隐性产品。答题者在情境的牵引下进入了一种自觉的答题状态,在答题的过程中自主地调动各种知识储备,整个过程浑然一体,水到渠成,可谓匠心备至。

再看重庆市的试题:短文填空。根据下列短文内容,在短文后的空格处填上一个恰当的词,使短文完整、通顺。

Andy was born in China 15 years ago. In 2005, she __77__ to the USA with her family. As a high school student, she has found many differences __78__ Chinese and Americans:

About money

1) Americans like to spend __79__ than they have, so many of them are

always in debt(欠债). But Chinese usually spend less than they have, so many of them always have __80__ left in the bank.

2) The American kids themselves make their own money. Most Chinese kids always __81__ their parents for money.

3) Many American parents think there is __82__ need to send their children to an expensive university. It's different in China. Many Chinese parents would do anything to send their children to expensive universities __83__ their family isn't rich enough.

About school

1) Many American girls take part in sports, dancing and singing groups while many Chinese girls take part in study groups.

2) Many American students think that B is a girl while many Chinese students think that B is too __84__.

About friends

Most American parents let their sons or daughters make friends by __85__. They never ask them about their friends while Chinese parents usually enjoy knowing more about their children's friends __86__ many different ways, and usually stop them from staying out too late with friends.

这一题看似考查词汇，实则是将词汇融入了短文之中，也就是考查学生的语言知识在特定情景中的运用。更为可贵的是，情景设计与学生的学习和生活经历息息相关，而且是学生特别感兴趣的话题，短文的语境更加完整、明确，避免了为语法而语法的试题，坚持从能力的角度考查学生对各种语言知识的掌握，考查学生在理解句子、短文上下文意思的基础上运用语言知识的能力。

以上两项考题，一题是关于2008年北京奥运会，另一题是关于中美两国学生的文化差异，都是学生熟悉而关心的话题，题目本身除具有很强的情景性之外，也蕴涵了很强的人文性。这是语言知识运用的新题型，它不一定是考试的趋向，但是从这样的题型中我们可以得到很多的信息，产生很多启发。

三、“任务型阅读”和“报刊型阅读”在提高阅读技术含量的同时，对学生的文化素养、科学素养和人文素养提出了新的要求

2008年的中考试题中，许多省市都有“任务型阅读”题型。任务型阅读的考查方式多种多样。先看天津市试题：阅读下面短文，根据短文内容，按照事件发生的先后顺序排序。（开始句和结尾句序号已给出）

When Julia Somberg eats her favorite food, she feels bad. She knows that chocolate can have a lot of fat and sugar. But Julia says she loves chocolate so much-once she starts eating it, she can't stop.

Julia isn't the only one who loves chocolate. It is a favorite food for people all over the world. People prefer chocolate over ice cream, cakes, and cookies.

The idea of eating chocolate didn't begin until the 19th century. Before that, people drank chocolate. The habit began in Central America where the Aztecs drank bowls of chocolate to stay watchful. When the liquid（液体） chocolate was brought to Spain in the 1500s, people thought it was medicine because it had a medicine taste. In fact, the people who made chocolate into drinks were doctors.

Then people discovered that mixing chocolate with sugar made a wonderful drink. King Ferdinand of Spain loved this drink so much that he put out an order: anyone who talked about chocolate outside the court（法庭） would be killed. For about 100 years, chocolate was a secret in Spain.

Finally, people found out about chocolate, and it became a popular drink in Europe. Later, the Swiss mixed milk and chocolate. Today, most Americans prefer milk chocolate, while most Europeans prefer dark chocolate.

New research shows that chocolate is actually good for us. "Chocolate has different kinds of vitamins," says a researcher in France. "It has more than 300 different chemicals. One chemical works on the part of the brain（大

脑) that feels pleasure. People who feel good when they eat chocolate are actually healthier. Feeling pleasure is important for health and can protect against illness." "Good chocolate doesn't have much fat or sugar. You can enjoy it if you eat a little at a time!" says Tara Berish, another chocolate lover.

76. ________ Doctors made chocolate into drinks.

__1__ The Aztecs drank chocolate to stay watchful.

77. ________ Chocolate was a secret in Spain for 100 years.

78. ________ Liquid chocolate was brought to Spain from Central America.

79. ________ Sugar was mixed with chocolate to make a sweet drink.

__7__ Research has shown that chocolate is good for us.

80. ________ The Swiss put milk into the chocolate mixture.

再看成都市的试题：阅读下面短文，根据短文内容，补全表格中所缺的信息。

Let's go hiking!

Most people enjoy hiking. Hiking is not only a healthy but also a relaxing activity. The reason why people go hiking is different from person to person. Here are some of the most popular reasons for people to hike:

First of all, hiking is very good exercise which will improve people's body. It's good exercise that doesn't hurt your body.

Secondly, hiking is simple and cheap. All you need to do is to wear a pair of hiking boots and your smile to start.

Finally, hiking is the best way to get away from your everyday life. You could hike alone or go with your friends. After hiking, you will have a clear mind and then return to work with confidence. So why not plan your hiking route right away?

The reasons why hiking is 6. ____________

General reason	It's 7.____________ and ____________.
Reason 1	It's good exercise that can 8.____________ without ____________.
Reason 2	It's simple and cheap because buying 9.____________. And wearing your ____________ are enough.
Reason 3	It's the best way to get away from everyday life and return with 10._____ and ____________.

以上两种题型只是"任务型阅读"的考查方式之一,它较之一般的阅读理解题更具逻辑性和实践性。"任务型阅读"还有许多其他的考法,如推测型、连线型、补充型、写作型等,按体裁可以分为图表类、信函类、广告类。它们的共同特点是:以任务型教学理念为根据,在保持较大阅读量的基础上,着重考查学生快速获取信息、处理信息、分析信息等能力,符合《新课标》对学生英语能力的要求,也在一定程度上体现了试卷的区分度。此外,任务型阅读更加注重中外文化的比较和交流,渗透人文思想,对社会文化和生活常识的考查视角也更加细致实用,真情故事、礼仪常规、电影预告等题材的引入彰显了试题的时代性、教育性和实用性。

四、写作考查的开放性思路与限制性要求很好地结合,对学生的知识面、读题能力和组织能力提出了更高的要求

2007 年苏州市中考试题的书面表达是以"中国印——舞动的北京"(Chinese Seal-Dancing Beijing)为题写一篇短文(图片见下),对会徽本身的解读是:印中的"京"字代表北京,像个舞者,向世界展开双臂;印是红色的,下面写有"北京 2008",红色代表好运。并描述"舞动的北京"使你想到……

这是一份非常具有时代特征的命题,其限制性要求和开放性思路对考生提出了很高的要求。首先要求考生具有相关的知识储备,再者,如果考生具有相

关的活动经历就能更好地表达出开放性的要求。因此,它还是一种综合实践能力的集中体现和运用,是立意和形式的创新性结合。

再如,2008 年“辽宁省十二市初中毕业生学业考试试题”(供课改实验区使用)的书面表达是以国家倡导的“阳光体育工程”为话题,既可以参考提供的连环图片(省略),也可以结合自己和学校的实际展开联想。

该命题对考生的语言组织能力和创造能力提出了更高的要求,考生不仅要理解“阳光工程”的内涵,找出关键句,还要具备布局谋篇、连贯表达的能力。这种考查方式给予考生一个基本的写作平台,具有一定的限制性,同时又要求考生充分发挥想象,具有一定的开放性和选择性,且能在一定程度上体现区分度。写作题的这种设计符合《新课标》“目标描述”中有关“写”的能力要求,希望能从综合能力上对考生进行较全面的考查,这是平时教学中应该注意和强化训练的重要方面。

第二节　中考英语命题新思维例谈

2009 年中考结束之后,笔者搜集并研究了全国各地 50 多份中考试题,深切地感受到各省市在《新课标》的指导下,进一步改变了过去那种着重考查学生知识的趋向,而更加强调考核学生运用所学知识与技能,分析和解决实际问题的能力;试卷命题更加注重实用性、实践性、探究性、开放性、时代性、教育性和综合性;很多试题都比较注重学科间的联系,在考查学生运用英语知识的同时,倡导学生关注时政、关注环保、关注生命,联系生活实际,着力培养学生的创新能力、实践能力和综合素质,重视学生的全面发展和个性差异。2009 年中考出现了许多让人耳目一新的考法和题型,这是《新课标》精神最直接的体现,是对教学的一种指向性服务,值得我们推敲与深思。

一、英语听力和口语自动化考试被更加广泛地采用

【简介】 自动化考试(或称人机对话)形式近年来发展迅猛,目前已经有很多地区在公务员考试、卫生专业资格考试中广泛采用。中考英语听力和口语自动化考试是根据中国科学院研制的软件系统,让考生在电脑上进行听力和口语

答题的新型考试形式。它能公平公正地对考生进行考试检测，有效地规避了平常口语考试中人为的印象和误差，也有效地减少了听力考试中环境因素的干扰。正因为如此，现在越来越多的地区准备引入这套考试系统。据笔者所知，2009 年上海、江苏、广东等地区实行大面积的听力和口语自动化考试，今后会有越来越多的地区加入其中。

【题例】 考试内容实行两考合一。将以往的英语口语等级测试和中考听力测试合并进行，通过计算机一次性完成考试，考试方式实行人机对话。以往的英语口语等级测试方式为“师生对话”，由测试员现场提问，现场测试打分；以往的中考听力考试则在中考笔试时进行，依靠考场内广播或录音机播放听力磁带。实行人机对话后，考生坐在计算机前，戴上考试专用耳麦，由计算机播放听力录音和试题，考生用计算机作答并对着麦克风回答口语题。出题、考试、判卷、结果反馈全部由计算机完成。成绩评定实行电脑评分。考试结束后，由计算机记录下考生的答案，由自动阅卷专用服务器综合各种特征给出评分，经考试组织部门确认后发布。听力口语自动化考试，简化了考试程序，减轻了考生负担，规范了考试要求，避免了人为因素可能造成的不利影响。听力口语自动化考试由计算机进行自动化评卷的同时，还对考生口语信息进行自动化评估，对学生英语口语水平进行客观评价，并以学校为单位生成自动化评估报告，指出存在的主要问题与缺陷，有助于教师、学校了解本校英语教学质量，改进教师的教学，有针对性地对学生加以指导，从而提高学生英语水平。

【建议】 首先，教师和学生大可不必有太大的心理负担，听力口语自动化考试只不过是考试形式的变化而已，只要了解人机对话考试到底是怎么回事，熟悉和掌握考试流程，严肃认真参加考试，按计算机提示进行操作，一定可以正常发挥水平。其次，听力口语自动化考试对学生语言表达各方面的评判都比较规范，因此，适当的练习与训练是必需的。学生在平时学习中，要多听原版的英语录音，在课堂上大胆用英语回答问题，通过多看英语影片、多听英语新闻和英语歌曲等方法让自己的发音更加标准和地道。第三，要重视模拟训练，认真参加全市(或全县区)统一组织的适应性训练，充分利用每一次上机操作机会加强练习，熟悉考试程序，感受考场氛围，这样就能做到正式考试时临阵不乱，发挥正常水平，取得好的成绩。

二、图表信息转换题全面渗透在各种题型之中

【简介】 图表信息转换题旨在考查学生的信息提取与加工的能力，这种能力是现代社会对人才提出的普遍要求，所以，这种题型越来越多地出现在中考试卷中，如听力理解中的“听句子选图”、“听对话选图”、“读图表回答问题”；阅读理解中的读表题，即根据表格内容选择正确答案；书面表达中的看图写作等。

【题例 1】 听对话，选图片。你将听到五段对话和五个问题，每段对话读两遍，每个问题读两遍。请在每小题所给的 A、B、C 三个选项中选出最佳选项。

1. A. 
B. 

C. 

2. A. 
B. 
C. 

3. A. 
B. 
C. 

4. A. 
B. 
C. 

5. A. 
B. 
C. 

听力原稿：

1. M：I'm thirsty, Mom. May I have some juice?
   W：Yes, here you are.
   Question：What does the boy want to drink?
2. M：Mom, I've got full marks in the math exam!
   W：Well done!
   Question：How does the boy feel?
3. W：What are you going to do this weekend, Jim?

M: I'll stay at home and watch TV.

Question: What is Jim going to do this weekend?

4. M: Can I help you?

W: I'd like a pair of shoes in Size 7.

Question: Where are they talking?

5. W: David, what do you want to be when you grow up?

M: My father wants me to be a reporter, but I prefer to be a doctor.

Question: What does David want to be when he grows up?

【题例 2】 阅读下列图表,从每题所给的 A、B、C 三个选项中,选出最佳的答案。

1. From the Report Card below we can see that the student need do better in ________.

A. English

B. Science

C. Math

2. Read the note below. They CANNOT ________ in the park this Saturday.

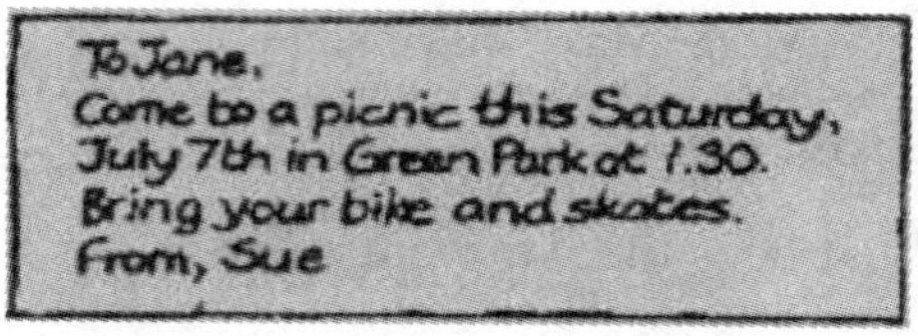
To Jane,
Come to a picnic this Saturday,
July 7th in Green Park at 1:30.
Bring your bike and skates.
From, Sue

A. have a picnic

B. go skating

C. go swimming

3. The card below is written for ________.

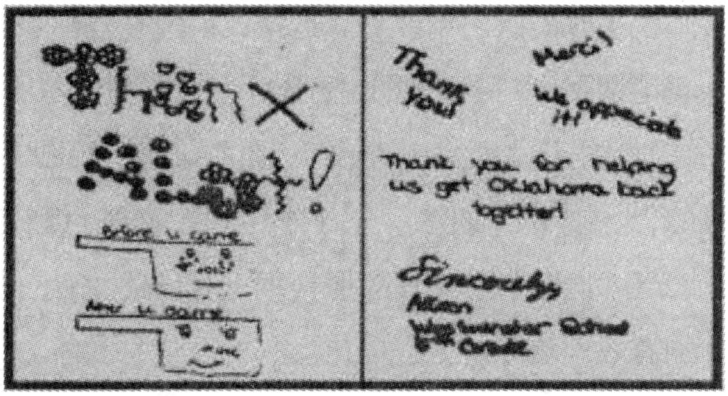

A. showing great thanks

B. leaving a telephone message

C. inviting friends to a birthday party

4. Look at the timetable on the right. If you want to choose Flight 315 to go to Martha's Vineyard, you can set off ________.

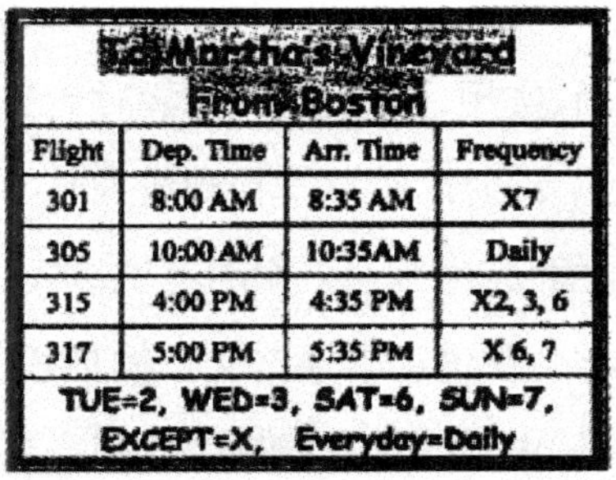

To Martha's Vineyard From Boston

Flight	Dep. Time	Arr. Time	Frequency
301	8:00 AM	8:35 AM	X7
305	10:00 AM	10:35AM	Daily
315	4:00 PM	4:35 PM	X2, 3, 6
317	5:00 PM	5:35 PM	X 6, 7

TUE=2, WED=3, SAT=6, SUN=7, EXCEPT=X, Everyday=Daily

A. every day

B. on weekends

C. on Monday or Friday

【题例 3】 假如你叫吴闻，想应聘学校的学生导游，今年暑假陪同即将来校访问的美国朋友参观××。要求你用英语写一篇短文推荐自己。

姓名	吴闻	班级	初三(5)班
性格特征	大胆、开朗、随和		
爱好特长	看英文小说、打篮球、旅游、交友		
相关经历	2006 年在全校英语竞赛中获第一名		
联系方式	mmwuwen@hotmail. com		

要求：

1. 短文内容必须包括以上要点，语意连贯，句式规范，字迹工整；
2. 文中不可用真实姓名，只能用所给姓名；
3. 词数 60～80；
4. 开头已给出，不计入总词数。

My name is Wu Wen ______________________________

【建议】 教师在平时的练习中要着意选择或编辑一些图表练习题，特别要重视指导学生认真地读图、审图和验图，要求学生一定要做到看清图、看全图、读懂图、叙述图和检查图，要关注每一个细节，要明确每一幅图的主题。平时可以进行专项式训练，比如"读图训练"，先让学生用中文进行叙述，然后再用英文；叙述之前先让学生列好提纲，然后对照提纲进行叙述，叙述完之后再动笔去写。这样的训练能有效地培养学生提取信息和处理信息的能力，是一举多得的训练方式。

三、任务型阅读和报刊型阅读更加普及

【简介】 2009 年中考阅读理解的选材范围更为广泛，文章更加新颖、时尚、实用，贴近生活，充满时代气息并富有趣味性。广告、说明、时文等材料仍是热点，时尚的英文报刊成为选材加工的主渠道；任务型阅读因其真实性和实用性而成为普遍采用的考试形式；根据阅读文章进行首字母填空，此类题型要求学生在语篇中根据文章的语境灵活运用语言知识把单词拼写正确，使文章连贯，由于其具有"难度大，起点高，区分度大"的特点，以前在中考中很少被采用，但是 2009 年也被越来越多的地区作为升学选拔的手段之一。

【题例 1】 阅读下面短文，根据短文内容，按照事件发生的先后顺序排序。(开始句和结尾句序号已给出)

When Julia Somberg eats her favorite food, she feels bad. She knows that chocolate can have a lot of fat and sugar. But Julia says she loves chocolate so much-once she starts eating it, she can't stop.

Julia isn't the only one who loves chocolate. It is a favorite food for people all over the world. People prefer chocolate over ice cream, cakes, and cookies.

The idea of eating chocolate didn't begin until the 19th century. Before that, people drank chocolate. The habit began in Central America where the Aztecs drank bowls of chocolate to stay watchful. When the liquid (液体) chocolate was brought to Spain in the 1500s, people thought it was medicine because it had a medicine taste. In fact, the people who made chocolate into drinks were doctors.

Then people discovered that mixing chocolate with sugar made a wonderful drink. King Ferdinand of Spain loved this drink so much that he put out an order: anyone who talked about chocolate outside the court(法庭) would be killed. For about 100 years, chocolate was a secret in Spain.

Finally, people found out about chocolate, and it became a popular drink in Europe. Later, the Swiss mixed milk and chocolate. Today, most Americans prefer milk chocolate, while most Europeans prefer dark chocolate.

New research shows that chocolate is actually good for us. " Chocolate has different kinds of vitamins," says a researcher in France. " It has more than 300 different chemicals. One chemical works on the part of the brain(大脑) that feels pleasure. People who feel good when they eat chocolate are actually healthier. Feeling pleasure is important for health and can protect against illness. " " Good chocolate doesn't have much fat or sugar. You can enjoy it if you eat a little at a time ! " says Tara Berish, another chocolate lover.

Doctors made chocolate into drinks.

1 The Aztecs drank chocolate to stay watchful.

Chocolate was a secret in Spain for 100 years.

Liquid chocolate was brought to Spain from Central America.

Sugar was mixed with chocolate to make a sweet drink.

7 Research has shown that chocolate is good for us.

The Swiss put milk into the chocolate mixture.

【题例 2】 根据短文内容及首字母提示,填写所缺单词。

Advertisements are everywhere! They're on the r __1__ and TV, in newspapers and magazines, on buses and buildings. They're on websites and mobile phones. Companies g __2__ their products to film stars, pop stars and sports stars to u __3__ so that fans will buy them in order to copy the stars.

Advertisements have become so common (常见的) that they aren't

w __4__ any more. We don't like advertisements, so we try not to see them. We turn o __5__ the advertisements on computers. We refuse(拒绝) to watch them on TV, or read them in magazines. We no longer pay attention to the posters all around us. We don't copy the stars b __6__ we know they don't really like the things they advertise.

This means that advertising companies need a new w __7__ to sell. They can't make their products "cool" by advertising. Advertisements aren't cool, and teenagers won't buy the things in advertisements i __8__ because the advertisements say they are fashionable. The latest way to advertise is not to advertise.

I __9__ of using stars, companies are using teenagers. They pay them to tell their friends about new products. Teenagers don't want to dress like everyone else and buy the things that everyone else has. They want to look d __10__ and create their own style. Teenagers don't think it's cool to copy the stars or buy things they've seen in advertisements.

【题例 3】 阅读下列四则短文,选择正确答案填空。

The Summit 2009

World leaders from about 20 countries met at the London Summit(峰会) 2009 on April 2nd, Thursday and reached an agreement of $1,100,000 million to fight against the worst economic crisis(经济危机). They said they would take more tight control of the financial rules(金融管制) to stop it happening again.

Chairman Hu Jintao on behalf of(代表) the Chinese government attended the summit and played an important role in it.

The Shanghai Tower

The Shanghai Tower has some famous neighbours. It's next to the 1615-foot-tall Shanghai World Financial Center that is the second tallest completed skyscraper(摩天大楼) in the world. So far, the first is Taiwan's 1670-foot-tall Taipei 101. The Tower is also next to the Jin Mao Building, which is the fifth tallest in the world at 1381 feet high. At 2073 feet, the Shanghai Tower will top(超过) all the three. The design work began in 1993 and it will be finished in 2013.

续表

The Grand Hotel Beijing The Grand Hotel Beijing is a five-star hotel. It is within the red wall to the east of the Forbidden City and is near Tian'anmen Square and Wangfujing shopping street. All of the guest rooms are made in the traditional Chinese imperial style(中国传统的皇室风格). It's the right place where you can experience Royalty(王族) and enjoy the honor that few people can do. Add: No. 35 East Chang'an Avenue, Beijing, P. R. China, 100006 Tel: (86-10)65137788 Fax: (86-10)65130048 E-mail: sales@grandhotelbeijing. com	**Chinese delay US tour plans** Chinese tourists delayed(推迟) trips to the United States yesterday as the government warned on traveling to countries hit by H1N1 flu. Zhang Wei, manager of the China International Travel Service's tourism office, said the agency(旅行社) had been full of fears of being infected(被传染) by such a flu. The flu may have killed at least 83 people in Mexico. Confirmed or suspected cases have been reported first in the US, Brazil, Canada, Spain and New Zealand, then in Japan and several provinces(省份) in China.

1. Where was the Summit 2009 held?

A. in London　B. in Beijing　C. in New York　D. in Paris

2. Which of the following is NOT a news report?

A. The Summit 2009　B. The Shanghai Tower

C. The Grand Hotel Beijing　D. Chinese stop US tour plans

3. According to Passage 2, the tallest completed building in the world is ________.

A. the Shanghai Tower

B. the Taipei 101

C. the Jin Mao Building

D. the Shanghai World Financial Center

4. According to the passage, the last continent(洲) the H1N1 flu spread to was ________.

A. America　B. Africa　C. Europe　D. Asia

【建议】 以上题型属于"任务型阅读"或报刊型阅读。它较之一般的阅读理解题更具逻辑性和实践性。"任务型阅读"还有许多其他的考法，如问答型、推测型、连线型、续写型、写作型等，按体裁可以分为图表类、信函类、广告类。

它们的共同特点是:以任务型教学理念为根据,在保持较大阅读量的基础上,着重考查学生快速获取信息、处理信息、分析信息等能力,既符合《新课标》对学生英语能力的要求,也在一定程度上体现了试卷的区分度。此外,任务型阅读和报刊型阅读更加注重中外文化的比较和交流,渗透人文思想,对社会文化和生活常识的考查视角也更加细致实用,真情故事、礼仪常规、电影预告等题材的引入彰显了试题的时代性、教育性和实用性。因此,学生平时的阅读面一定要广,选材要广,题材要广,形式要多样,尤其要重视多读时文美文。对于自己比较棘手的题型更要多加练习。阅读能力的提高绝不会是一蹴而就的事,要将其分解到每天的练习中去,要在科学方法的指导下,运用有效的阅读策略,长期坚持训练,方能取得实效。

四、开放性和半开放性写作已经成为书面表达的主流形式

【简介】 开放性和半开放性写作留给了学生较大的创造空间,有利于培养学生主动思考和创新学习的能力,适应了素质教育的发展要求,也符合新一轮课程改革的大方向。因此,2009 年中考中,各地区普遍采用了开放性和半开放性写作,传统的罗列式、翻译式写作题型已经很少使用。那些能够充分发挥学生想象力和创造力的时尚题材成为考试的首选。

【题例 1】 根据中文大意和英文提示词语,写出意思连贯、符合逻辑、不少于 80 词的短文。所给英文提示词语供选用。

一家英文报社正在开展题为 He/ She Gives me the Greatest Help 的征文活动,请你投稿,谈谈他(她)是怎样帮助你的,你取得了哪些进步,你有什么感想或受到了哪些教育。

注意:请不要写出真实校名和姓名。

提示词语:grow up, learn, take care of, understand, love, think

【题例 2】 假如你叫 Liu Mei。前不久,你和来自英国的一位中学生 Allen 一起讨论了一个话题:the ways to learn English better。现请你根据他的观点和你自己的观点,用英语给你的外籍老师 Mr Nunan 写一篇关于这次讨论的汇报材料。

注意:1. 开头和结尾部分已写好。

2. 可适当增加谈论话题时经常用到的话语，使所写内容连贯。

3. 所写内容必须包括上面表格中他的观点和你自己的至少三个观点。

4. 词数：80 个左右。

His ideas	Your ideas
1. reading English newspapers	1. ...
2. talking with friends in English	2. ...
3. seeing English films	3. ...

Mr Nunan,

Recently I have had a discussion about the ways to learn English better with Allen, a student from Britain.

Liu Mei

【题例 3】 H1N1 最近在世界许多国家流行，感染者甚多，以美国为最。美国有一个中学生也染上了病毒。请你以他的名义向报社投稿。主要包括：你感染的经历；染病后的痛苦；正确对待 H1N1 的态度；向世人尤其是青少年给出建议。(要求：不少于 90 词；结合时事报告；结合科学常识；其他可自由发挥。)

【建议】 以上试题都具有很大的开放性，而且要求学生经常关注时政，关注生活。开放性试题虽然设计面很广，开放性很大，但归根结底其实质还是考查考生的英语运用能力。所以具有良好的英语基础是非常重要的，中考复习时一定要注意夯实基础，强化双基。再者，“开放”二字本身就说明了开放性试题命题手段的灵活性、命题范围的广阔性及考查方式的多样性。这要求我们既要学好课本知识但又不能局限于课本、课堂，不能“读死书”、“死读书”。在这样一个知识大爆炸的时代，课本已不可能承载所需要的所有知识，要善于通过广播电视、报刊杂志、网络媒体等拓宽自己的知识面，开阔视野，同时开发、训练自己的发散性思维、创造性思维，进而培养自己的创新意识，提高综合运用语言的能力。

五、结语

每年的中考各个地区都会有一些新的命题思路，进而产生一些新的题型或新的考法。虽然题型改变了，但是课程标准不会变，以能力立意的命题思路不会变。所以，要夯实基础，形成知识系统网络；注重综合训练，提高综合技能；关注时政热点，联系生活实际。只要持之以恒，提高复习的力度和效度，就能紧紧把住中考的主脉搏，就能“以不变应万变”，始终成为信息资源的主导者和教学实践的先行者。

第三节　各地中考英语书面表达命题瑕疵例谈

2009年全国各地英语中考在保持连续性、稳定性的前提下，进一步推进中考改革，更加注重考查基础知识，强调能力立意，着重考查学生的综合语言运用能力。试题所选择的语言素材和创设的语言运用情境与学生的生活实际、生活经验及社会发展实际紧密联系。对于写的技能，着重考查学生以书面形式表达意义的能力。中考书面表达多为指导性写作，即要求学生根据所提供的某些信息，按一定的要求写作文。提示形式包括中英文写作要点说明或图表提示等，且大部分为半开放性写作。这说明各地中考的作文命题紧紧围绕《新课标》的五级目标要求，命题思想已经相对成熟并日臻完善。但是，笔者在通览全国各地50份试题的过程中，也发现有相当多的书面表达题存在不同程度的雷同和追风现象，甚至出现了信息不对称乃至失真的情况。

一、结构要求雷同，导致试题的效度降低

通览各地试卷可以看出，大部分的中考英语书面表达的结构可以概括成：提示说明—写作要点—写作提示—自我发挥，要点或以序列式陈列，或以表格式列出。如：

【2009江苏常州】假如你是李明，上周你班同学就“毕业前我们该为学校做些什么?”进行了讨论。请你根据下表提示，将同学们的建议用英语写一封信告诉你的笔友David，并谈谈你的想法及理由。

一些同学建议	全班筹钱，为校图书馆买书或其他东西
另外一些同学建议	无须花钱；好好学习，让学校以我们为荣
你的想法及理由	

注意：

1. 词数不少于80，信的开头和结尾已为你写好，不计入总词数；

2. 要点完整、层次清楚、语法正确、上下文连贯；

3. 信中不得使用真实的人名、校名。

再如：

【2009 湖北襄樊】每个人都有自己的好朋友。假如你最好的朋友叫李华(Li Hua)，是光明中学的一名学生，请根据提示，以“My Best Friend”为题，写一篇英文短文，谈谈你的朋友李华。

1. 写作要点：

1) 简单介绍李华的个人基本信息(如：姓名、年龄、就读学校等)及外貌等；

2) 你们是怎样成为好朋友的；

3) 你对李华有何评价(看法)。

2. 写作要求(略)

这种命题思想固然成熟，但是由于学生平时已经习惯了这种形式的训练，致使学生的审题能力降低，思维方式受限。相对于中考，各地高考试题的书面表达无论形式还是内容都要丰富得多，因此，中考这种“八股”式的书面表达该进行改革了。

此外，中考书面表达题中的书信体裁占了相当大的比重，笔者所浏览的 50 份试题中有 14 份是关于书信或 e-mail 的。虽然书信是一种应用文体的考查，这和五级写作目标是相对应的，但是由于大多数试题都给出了书信的开头和结尾，这样就失去了考查学生应用文写作的意义，扼制了学生的创新思维和创造能力，这与《新课标》的要求是相悖的。

二、追逐时尚和潮流，导致试题的个性缺乏

2009 年世界各地爆发了 H1N1 甲型流感，这是热点话题，自然会引起大家的关注。各所学校在中考复习时都会有针对性地进行训练，尤其在书面表达中更会反复练习，笔者在考前就引导学生进行了多次的训练，所以这种“预见性”很强的试题不应该出现在中考试卷中，在书面表达中出现更是不宜。可是，在贵阳、深圳、绵阳等地区的试题中都出现了相关主题的写作题例，如：

【2009 深圳】假如你是 Doctor Li，请你用英文写一篇发言稿，从作息、饮食、运动、卫生习惯等方面谈谈如何预防甲型 H1N1 流感。

要求:1) 包含至少3点建议;

2) 条理清楚,意思连贯,语句通顺,标点正确;

3) 发言稿中不得出现真实的校名和姓名;

4) 60～80个单词;发言稿的开头和结尾已经给出,不计入总词数。

再如:

【2009四川绵阳】从电视上看到美国正流行甲型H1N1流感(A/H1N1 flu),部分学校停课,你为你正在美国上学的笔友Mike的健康与安全担心。请立即给他写一封e-mail询问他的情况,并给他提出防护建议。

要点:

一、询问

1. 他的健康状况;

2. 他们学校有无甲型H1N1流感病例(A/H1N1 flu cases);

3. 他们是否还上学。

二、建议

1. 尽量呆在家里,少去人多的地方;

2. 勤洗手,讲卫生;

3. 多开窗,保持空气新鲜;

4. 多吃水果蔬菜。

注意:

1. 长度:60～80词;

2. 首尾已给出,不计入总词数。

Dear Mike,

From TV I know many A/H1N1 flu cases are reported recently in the United States, and many schools are closed as a result. I'm so worried about you. ________

____

2009年中考试题中的另一个突出的热点是关于毕业前的感受和即将升入高中的准备,晋江、通化、常州、重庆、兰州等多份试题涉及此话题。这些都和学生生活及感受息息相关,是学生特别关心和很感兴趣的话题,也是他们善于表达和乐于表达的话题，但是如此高密度地出现在同一年度的试题中还是有些出乎意料，更遗憾的是有两个地区关于此话题的考查要点几乎都是相同的，这不能不说是命题的瑕疵之一。

三、图表显现模糊，导致试题的信度降低

图画式作文无疑是一种很好的考查方式，它既能考查学生的读图能力，也能考查学生的分析、推理和想象能力，但是该题型对图片的构图和清晰度要求也很高，很多命题者已经认识到了并作了充分的考虑，尽量采用激光照排的图片，或者选用线条简洁、寓意明了的简笔画图片，但是，在 2009 年的中考试题中仍然出现了为数不少的画质较差、图意不清的图画式作文，如：

再如：

上面两组图选自 2009 年两个地区的中考试题，画质都比较差。第一组图尚能在提供的词汇帮助下了解大意，第二组图就很难看出连环画的“连环”意义了。这样的图画作文背离了命题者的初衷，影响了考生的正常审题和答题，使考试的信度大打折扣。

四、信息传导误差，导致试题的科学性降低

科学性是命题的最基本要求，然而 2009 年中考的书面表达中有少数试题犯了一些常识性的甚至是科学性的错误，这是万不该发生的。

（一）描述性信息与实际情况有误差

先看一则例题：

【2009 江苏连云港】5 月 26 日,“2009××之夏”开幕式在××举行,成千上万的游客参加了开幕式。假设你应邀参加了本次活动,请根据下列表格中的内容,以“A Tour to the ×× Summer 2009”为题用英语写一篇短文,介绍开幕式系列活动并谈谈你的感受。

开幕式盛况	1. 著名节目主持人赵忠祥、朱迅主持了开幕式; 2. 一些领导出席了开幕式,并作了重要讲话; 3. 孙悦、阿宝等演艺界明星登台表演,晚会十分精彩。
相关活动	1. 登山观赏怡景; 2. 乘船游览大海; 3. 品尝美味海鲜。
你的感受	1. ××市正在全力创建国际化生态海滨城市; 2. 做为中学生,我们……(至少 2 点)

注意:1. 短文应包括所给内容要点,可适当发挥,使文章连贯;

2. 词数 100 左右,短文开头已给出,不计入总词数;

3. 文中不得提及考生所在的学校及自己的姓名;

4. 参考词汇:开幕式 opening ceremony;生态海滨城市 ecological seaside city

A Tour to the Lianyungang Summer 2009

On May 26th, the ×× Summer 2009 Opening Ceremony was held in ××. Thousands of tourists, including me, attended it.

笔者有幸作为嘉宾应邀参加了“2009××之夏”的开幕式,结束之后已经是晚上 9 点多钟,怎能观赏怡景,如何游览大海?实际情况是当天晚上开幕式文艺演出结束后,大家争相赶乘公交车回家(因为私家车一律不得进入演出场),都担心挤不上车而被搁置在岛上,所以当时拥挤不堪,如此境况谁还有心思观赏怡景?漆黑的夜晚谁敢乘小船游览大海?而该市提供的试题参考答案却是“After the ceremony, we had a free visit. I first climbed the mountain for the beautiful view. Then, I visited the sea by boat and enjoyed the fresh and delicious sea food. I was happy the whole day.”

此外，××市正在全力打造"国际性的生态型海滨城市、现代化的港口工业城市、山海相拥的知名旅游城市"，而文中的描述是"××市正在全力创建国际化生态海滨城市"。这儿有两个问题，一是表述不够完整，二是作为对旅游局主办的"2009××之夏"开幕式的感受却没有涉及"山海相拥的知名旅游城市"，这也是不太合适的。

再则，题中将"作为中学生"写成了"做为中学生"，这是很低级的错误，是应该坚决避免的。

通过对文本的推敲不难看出，这道中考题所提供的描述性信息与实际情况之间存在较大的误差。考生的信息来源相比命题教师要广得多，试想，对于一个参加过开幕式的考生，他在答这道题时会是一种什么样的心境，这种心境是否会影响到他的整场考试和正常发挥？这是我们所不愿谈及的，应该引起命题者的深思。

（二）提示性信息与命题要求之间有误差

看一则试题：

【2009 北京】某英文报纸就家务劳动(Housework)话题征文，请你投稿。

每个家庭都有很多家务，人人都应该学做一些。你经常帮父母做哪些家务？有什么体会？并打算在暑假里为家里做什么？

提示词语：every family, lots of housework, learn to do, help, parents, be proud of

这则考题贴近学生生活，是大家非常熟悉的话题，即便是初一学生也不难完成。可是，命题者还是给出了一些提示词语以降低难度，而这些词都是最基本的词汇，是课标的基本要求，是绝大多数学生能熟练掌握的词汇。如果学生连这些基本词汇都不能掌握，那如何参加中考，如何进行英语应用写作，如何升入高一级学校，如何继续深造？而征文中最需要描述的是："你经常帮父母做哪些家务？有什么体会？并打算在暑假里为家里做什么？"这些才是行文的重点，也是考生应对的难点，这些方面所可能涉及的词汇才是考生所期待的"提示词汇"。这种偏差型的"提示词汇"一方面显得"不合时宜"，另一方面也容易使考生误认为"提示词汇"是重要描述部分，从而将写作重点放在提示性词汇上，最终导致行文的偏题和跑题，这不能不说与命题者的误导式提示有关联。

五、结语

2009年中考书面表达题较之往年，无论在命题思想还是在命题技巧上都有了很大的突破，素材贴近考生的生活实际，且留有一定的自我发挥空间，在考查运用能力的同时也考查了想象能力和创造能力。再者，许多地区的命题思路和形式以及赋分与当地的高考愈加接轨，这样的信息给了初中英语教师和学生一个积极的明确的导向，对于提高教学效益是大有裨益的。笔者在文中列举和分析的“瑕疵”肯定是不够深入、不够中肯的，也许还有分析中的“瑕疵”。但是总体而言，瑕不掩瑜，2009年各地中考书面表达的命题是成功的，按照这样的思想和原则，我们期望各地能在以后的中考中减少不必要的“瑕疵”，命出更有质量、更加体现考试功能的试题。

第四节　六年级英语学业水平测试分析

一、试卷命题特色

本次六年级学业水平测试英语试题充分体现了《新课标》理念，既注重对基础知识的考查，又有对学生综合语言运用能力的检验。试题紧扣课本，吃透现行教材，贴近老师平时教学，重难点把握到位；涉及的知识面较广，几乎涵盖了小学阶段所学知识点，材料既源于课本又有适当的语境或交际情景的变化，特别是听力第五项根据所听情景对话、歌曲与歌谣填单词，抓住了小学阶段教学忽视歌曲歌谣的薄弱之处，对今后此板块的教学起到了积极的警醒作用；图文并茂，题量适中，梯度合理，利于不同层次的学生答题；试卷听力第四项、笔试第五项、第七项均设置了所给选项超出题面的题型，考查学生审题及观察思考能力，符合英语《新课标》促进学生思维能力发展的要求；试卷题型设置合理，利于中小学教学的有效衔接，对今后英语教师的教学能起到很好的导向作用。本次试卷满分100分，分听力和笔试两个部分。其中听力5个大题24个小题，每题(每空)1分，共30分。笔试9个大题近70个小题，每题或每空1分，共70分。分值分配合理，利于学生得分，考察其知识的全面掌握情况，学生不会因一个知识点的疏漏大量失分。总体来看，该试卷比较客观地反映了教师教学和学生学习的情况，达到了学业检测的预期目的。

二、考试组织及总体得分情况

本次六年级学业水平测试为区教研室统一组织，派出巡视人员携带试卷到各所学校，考完带回教研室保管，学校分片区调换监考，阅卷为教研室统一组织，分组进行流水作业，严格按照评分标准进行。成绩统计表如下：

六年级学业水平测试成绩统计表

单位	在籍人数	测试人数	平均分	A水平优秀率/%	B水平良好率/%	C水平不及格率/%
全区	4 146	4 146	75.46	32	53	15
A	929	929	84.36	58	39	3
B	465	465	71.90	16	66	18
C	514	514	76.23	26	65	9
D	329	329	77.07	39	50	11
E	176	176	72.19	24	55	21
F	181	181	77.86	36	54	10
G	141	141	69.90	14	63	23
H	81	81	65.77	20	46	34
I	55	55	64.55	15	53	32
J	93	93	57.26	6	45	49
K	95	95	68.14	17	60	23
L	76	76	64.09	11	54	35
M	204	204	70.24	21	56	23
N	190	190	74.69	28	56	16
O	93	93	80.13	46	46	8
P	451	451	74.15	29	55	16
Q	27	27	53.94	0	30	70
R	34	34	75.01	29	56	15
S	12	12	73.33	17	66	17

我区参加六年级学业水平测试的学生共 4 146 人，最高分为 100 分，最低分为 15 分，区平均分为 75.46 分，最高均分为 A 小学 84.36 分，最低为 Q 小学 53.94 分，平均分超过 75 分的学校有 6 所，平均分低于 60 分的学校有 2 所。

区平均优秀率(85～100 分)为 32.39%，最高为 A 小学 58.23%，最低为 Q

小学0,优秀率(A水平)超过33%的学校有4所,优秀率(A水平)低于15%的学校有4所。区平均良好率(75～84分)为53%,最高为66%,最低为30%。

区平均及格率(60～100分)为85.29%,最高为A小学97.09%,最低为Q小学30%,及格率超过85%的学校有6所,不合格率(C水平)超过30%的学校有5所。

各项分率校际间差距太大。平均分高低差为30.42分,优秀率高低差为58.23%,及格率高低差为67.46%。

三、试卷中答题较好的情况

试卷中学生得分率较高的题型为:听力部分第二大题:选出与所听对话内容相符的情景图片,序号填入题前括号中。抽调的试卷最高得分率95.2%。听力部分第四大题:根据所听对话内容,选择其中5张图片标序号。抽调的试卷最高得分率94.72%。笔试部分第一大题:按书写要求在四线格上正确、规范抄写下列句子。抽调的试卷最高得分率99.5%。笔试部分第六大题:连词成句,每空填一词。抽调的试卷最高得分率96.79%。笔试部分第八大题:看图完成对话,每空填一词。抽调的试卷最高得分率92.26%。

原因分析:此类题多为检测习惯养成题,如句子抄写规范,基础知识题、图形直观题,对调取学生知识的巩固记忆能力要求不高,考查词句认读能力居多,适合学困生的学习状态,另一方面也说明我们老师平时重视加强对学生基础知识的训练且训练得较为扎实。

四、存在的问题及不足

试卷中学生错误率较高的题型为综合知识运用题、灵活题、辨音题、阅读理解题。如听力部分第三大题:根据所听句子,选出合适的应答语,序号填入题前括号中。抽调的试卷最低得分率45.2%。笔试第二项辨音,抽调的试卷最低得分率48.1%。第三项选择填空,抽调的试卷最低得分率34.1%。第九项阅读理解,抽调的试卷最低得分率59.3%。第四项根据图片、首字母及上下文提示填单词,使句意完整,涉及单词多为三、四年级所学内容,教师复习时没能兼顾以往知识,学生遗忘率高,失分较多,抽调的试卷最低得分率26.5%。试卷听力第四项(抽调的试卷最低得分率68.7%)、笔试第五项(抽调的试卷最低得分率 57.1%)、第七项(抽调的试卷最低得分率 37%)均设置了所给选项超出题面的题型,考查学生审题及观察思考能力,很多学生不太适应。

原因分析及建议:

(1) 学生缺乏思维训练,审题答题能力有待提高。

试卷听力第四项、笔试第五项、第七项,以往学生多用排除法能保证大部分题得分,缺乏思考过程,此次试卷设置了所给选项超出题面的题型,考查学生审题及观察思考能力,很多学生不太适应,学生缺乏做题方法指导,没有养成良好的思维习惯。

建议:平时教学中结合练习,教会学生认真读题、审题,教给答题方法,按照《新课标》要求,培养学生良好的思维习惯。

(2) 学生语音知识缺乏,需要教给学生做题方法。

试卷中笔试第二项辨音题失分较多,反映语音教学不够系统,训练不够扎实。

建议:教师课堂教学中把语音训练渗透到每课时单词、短语的新授中,结合课本中的语音板块,帮助学生归纳总结,为进一步学习打下扎实的语音基础。

(3) 学生所学知识遗忘率高,三、四年级知识没能得到有效衔接。

如本次试卷中笔试第四项根据图片、首字母及上下文提示填单词,使句意完整,本为基础题,但涉及单词多为三、四年级所学内容,此次检测中等及偏下学生对以往知识巩固率较低,遗忘率较高,导致失分较多。

建议:教师平时课堂教学中,要注意以旧引新,温故而知新。复习时要通过设计练习,兼顾以往知识,使所学知识能得到有效衔接。

(4) 教师对教材板块重视程度不一致,整体把握教材能力有待提高。

如本次试卷中听力第五项根据所听情景对话、歌曲与歌谣填单词,笔试第五项、第七项有些句子涉及教材歌曲、歌谣板块及 D、E 板块内容,学生明显不如 A、B、C 板块内容熟悉,失分较多。

建议:教师要整体把握教材,拾遗补阙,兼顾教材各个板块的教学内容,把握教材重难点,不留教学死角,引导学生全面掌握教学内容。

(5) 学生对语言的综合运用能力较为薄弱,知识的灵活运用能力有待加强。

如试卷中的听问句选答句题，选择填空题，大部分学生试卷中这几项被扣分，且失分较多，究其原因：一是此类题型对学生的综合知识运用能力要求较高，需要学生调动已有的知识储备，灵活运用所学知识来答题。二是此类题型考查的面广，涉及的知识点较多。

建议：教师平时课堂教学中，一定要创设适当的语境来训练学生的语言交际能力，复习时要有针对性地进行专项训练，帮助学生积累，教给学生做题方法。

(6) 学生对所学句型结构掌握不好，缺乏整体意识。

试卷中有很多题涉及对句子语法结构的理解及运用，如听问句选答句、选择填空、读句子、选用方框内适当的词语填写在横线上、看图完成对话等，学生答题过程缺乏句子整体意识，弄不清句子结构，分不清单复数，介词、代词搭配不合理，动词时态用法错误等。

建议：教师平时教学要遵循语言学习的规律，单词教学时一定要结合句型和语篇进行，不能孤立地教学单词。

(7) 学生阅读理解答题能力较差，缺乏做题技巧。

本次测试阅读理解题得分率较以往有所提高，但有些学校失分较多。此类题也是教师教学中感到难以掌控的项目，从卷面看出有些学生缺乏这方面的训练，有的句子换一种说法就不能正确理解判断，回答问题句子语法结构不完整，分析理解及做题方式方法有待提高。

建议：阅读理解一定要靠平时的训练积累经验，改善做题方式方法，提高阅读理解能力。平时教学中，老师们可以利用书上的对话和语篇材料，通过自己的课堂教学设计来训练学生的阅读理解能力，如可以提一些问题，设计一些判断题、填空题，制作一份表格等方法，让学生通过阅读，通过听录音，通过复述课文来完成这些习题，鼓励学生精做一些阅读理解题，拓宽阅读面，提高解题能力。加强课外阅读积累，培养学生的阅读习惯，教给阅读策略，长此训练下去，学生的阅读理解能力肯定会有所提高。

(8) 激发学生学习英语的兴趣，缩小两极分化。

本次测试我区有15%的学生没有及格，区平均优秀率为33%，学生成绩两极分化较为严重，校际间各项分率差距也较大，有些学生得分较低，失去了学习兴趣。

建议：运用多种方式激发学生学习英语的兴趣，利用过程性评价激励手段，扩大学生的课堂参与率，鼓励学生课中、课后运用所学语言进行交流，达到巩固学习内容，拓展使用语言的目的。培养学生课前预习的学习习惯，课堂教学方法要多样化，结合教学内容，尽量多地采用学生喜欢的学习方式组织教学，多开展情景对话，多留给学生小组交流活动的时间，多创设情境鼓励学生课堂尽量多地用英语进行交流，学以致用。学校多开展一些丰富多彩的英语课外活动、英语角活动，给学生提供更多的展示舞台，面向全体学生，从而整体提高英语教学质量。

第五节　小学英语学科教学质量与教学现状分析报告

一、命题意图

2014～2015学年第二学期期末考试命题依据《新课标》理念，紧扣课本，立足基础知识，题型贴近老师平时的教学，突出课本重难点，面广量合理。在注重对基础知识的考查的同时，侧重对学生综合知识运用能力的检验，以促进学生语言交际能力的提高。三、四年级侧重检测学生基础知识的掌握及学习习惯的养成情况，五、六年级侧重知识的灵活运用。试卷设计题型丰富，难度适中，兼顾城乡差异，力争梯度设计合理，利于不同层次的学生答题。听力磁带语速适中，语音清晰，没有影响学生答题。试卷分值分布合理，利于学生得分。也提醒我们英语教师平时教学中，在抓好基础知识的同时，要积极钻研教材，探索有效的教学方法及手段，根据各年级学生的学习及心理特点，培养学生良好的学习习惯及分析解决问题的能力。

二、区各校考试成绩统计情况及分析

与上一个学年同期相比，试卷难度变化不是太大，但各年级各项分率均有所下降。原因是多方面的，其中一点，教师在试卷分析中提出，规范办学后，课

时相应地固定了，没有多余的补差时间和做练习时间，学生缺乏相关训练。规范办学是当前大形势，要求学校、教师思考在当前形势下，如何充分利用好课堂40分钟、利用学案来进行基础知识的训练，如何利用小组合作学习来拓展语言知识，提高学生的综合知识运用能力。

三、试卷卷面书写、批改及试卷分析情况

本次测试，3～6年级试卷均设有专项检测书写的题型，而且都有较严格的评分标准，引导教师小学阶段应注重培养学生养成良好的书写习惯。从抽调的试卷看，大部分学校学生书写较为认真规范，着重看了三年级试卷，其中整班(非少数学生)书写整洁、入体率高、格式规范整齐的学校不多：有的学生直体书写不够认真规范，最后一项抄写单词，不少学生认不出字母，大小写不分，不能在四线格中规范书写，有的在试卷上随意涂改，习惯不好，希望引起学校重视，抓好学生的书写规范。本学期教研室将对各年级学生的英语书写加强调研，希望各校督促教师在平时的常规教学中加强指导，把指导学生规范书写落实到每节课的常规教学中。

试卷批改大部分学校较好，能按照评分标准流水阅卷，试卷中错误之处能标出，以引起学生注意，利于订正。但有些学校教师对试卷中"正确书写下列句子"项目批改不够严谨，句意没断开、大小写、标点符号错误没能严格扣分，特别是六年级试卷，请学校督促老师们在以后的教学中及试卷批改中对此严格要求。试卷分析中原因分析客观、详尽，分项(分类)统计细致，今后措施得力的学校有12所。

四、按年级分析试卷总体得分情况

(一) 三年级抽测情况

整体掌握情况较好，区均分91.3分，因试卷中基础题居多，识图题、语言情境题占的分值较大，学生擅长做此类题型，利于考出学生的自信心。

不足之处及建议：

(1) 学生读题、审题能力有待加强。如笔试题中写出下列字母的左邻右舍，有些学生没看清题意，没能按大小写要求做题，有的学生出现漏题现象。第三项看图选答句，有的学生做成根据对话选图号，造成整项不得分。

(2) 部分学生对字母的听辨、认读、书写能力有待提高。字母题答题情况较期中有较大进步，但学生书写规范有待提高，易混字母辨别能力尚待加强。如 Ii-Rr，Ss-Xx，Bb-Dd 辨别不清，I-l，K-k，p-b 大小写不分。

(3) 学生对所学词句的整体听辨、认读能力有待加强。如试卷听力第二项学生失分较多，为书上原文、原图，但学生听完录音内容，反应不够迅速，综合理解能力有待提高。笔试第七项也存在此类问题。

（二）四年级存在问题

(1) 学生书写规范有待加强。试卷中有多项题型以书写规范作为扣分点，学生失分较多。

(2) 学生对语言的灵活运用能力不足、语感不强。

(3) 试卷面广量大，部分师生不太适应。

(4) 学生作图能力有待指导，与教师教学基本功相结合，教师要加强基本功训练，利用各项资源，如让会画画的学生示范，请美术教师加强指导，教会学生做此题的方法，如先记下要画的内容，听完再画。

（三）三、四年级教学建议

(1) 采取有效措施，培养学生良好学习习惯，为进一步学习打好基础。

三、四年级学生初学英语，教师有责任培养学生各方面的良好习惯，如书写习惯、审题习惯、答题习惯、单词拼读习惯等。习惯的养成应渗透到每节课的教学中。如低年级英语老师要求做好板书准备，教学时引导学生直体规范书写。每次单元练习评讲时教给学生答题方法及技巧。采取一些激励措施帮助学生克服粗心大意等毛病，养成认真、细心审题、检查的习惯。

(2) 紧扣课本教学，突出语言的交际性及灵活性。

三年级上学期学习的重点是四会掌握 26 个字母、认读部分单词及句型。字母为英语学习的基础。整份试卷中涉及字母检测的题占了近 30 分。从答题情况来看，该项准确率 95%以上，但个别学校低于 90%。本学期我们将举行字母过关抽测，请各学校对字母不能熟练掌握的学生进行专项辅导，力争人人过关，为进一步学习英语打下坚实的基础。本学期三年级将进行单词教学，字母可渗透到单词教学中进行复习巩固。三、四年级有的学生学得太死，只能认读课本相关位置的词句，对所学内容不能灵活运用，试卷中稍灵活题得分率太低。要求老师们在帮助学生掌握好书本知识的同时，适当补充课外练习，利用多种形式的练习强化学生对所学知识的运用能力。

(3) 加强学困生的转化工作，把学困生问题的解决落实于每节课中。

三年级合格率为100%的学校有3所，区合格率为96.3%，全区算起来有300名学生不及格。四年级合格率为100%的学校只有1所，区合格率为91%，全区算起来有370多名学生不及格。转困任务任重而道远。我们除了定好补差计划，更应把学困生问题的解决落实于每节课中，课堂问题设置不能只针对好学生，应给学困生更多的机会，激发其学习兴趣及学习积极性。还可让不同层次学生进行帮扶，将会有意想不到的效果。

(4) 有效开展集体备课活动及教研活动。

英语教师课务较重，头绪多，工作量大，有些学校缺乏把关教师、骨干教师、学科带头人，种种原因导致各校教研活动或集体备课流于形式，落实不到实处。本学期将开展相关活动，充分发挥集体的力量提高我区小学英语教学质量。

（四）五、六年级试卷存在问题

不足之处及建议：

(1) 学生语音知识缺乏，需要教给学生做题方法。

五、六年级试卷中失分最多的题是辨音题，要求教师课堂教学中把语音训练渗透到每课时单词、短语的新授中，结合课本中的语音板块，帮助学生归纳总结，为进一步学习打下扎实的语音基础。

(2) 学生对语言的综合运用能力较为薄弱，知识的灵活运用、迁移能力有待加强。

如试卷中的选择正确答案题，听问句选答句题，大部分学生试卷中这几项被扣分，且失分较多，究其原因：一是此类题型对学生的综合知识运用能力要求较高，需要学生调动已有的知识储备，灵活运用所学知识来答题。二是此类题型考查的面广，涉及的知识点较多。

对策：要求我们教师平时课堂教学中，一定要创设适当的语境来训练学生的语言交际能力，复习时要有针对性地进行专项训练，帮助学生积累，教给学生解题方法。

(3) 学生对所学句型结构掌握不好，缺乏整体意识。

各年级试卷中均有很多题涉及对句子语法结构的理解及运用，如完成句子、回答问题等，学生答题过程缺乏句子整体意识，弄不清句子结构，分不清单复数，介词、代词搭配不合理，动词时态用法错误等。

对策：教师平时教学单词时一定要结合句型和语篇进行，不能孤立地教学单词。

(4) 学生的词汇记忆和实际运用脱节，所学知识不能做到有效衔接。

有些教师习惯单纯地抓学生的单词背诵，导致学生习惯死记硬背单词，忽视语言环境，完成句子时不能根据句子的语言环境及句型结构来判断句中所缺单词的正确形式，而直接以单词原形填入句中。如试卷中的看图完成对话题，听录音，填入句中所缺单词题等。

对策：词汇是较灵活的项目，要帮助学生确立"单词拼写绝不是单词默写"的观念，要细致观察前后文，最后填入单词的适当形式。但首先要有扎实的词汇基础，所以平时教学中，要让学生养成天天背，天天默，天天灵活运用的英语单词学习习惯；六年级在复习中要注意知识的系统性及前后联系，做题讲题时要注意知识的拓展及延伸。

(5) 学生语篇概念薄弱，缺乏阅读技巧。

每次考试阅读理解均是正确率较低的项目，也是教师教学中感到难以掌控的环节。在平时教学中，有些教师教学对话常常着重对话中的重点词句，没有注重对语篇的整体感知，长此以往，学生的阅读理解能力得不到训练及提高。

对策：教师既要帮助学生拓宽阅读量和阅读面，鼓励学生精做一些阅读理解题，并自觉主动增加阅读量，又要有效利用课文和有关阅读材料对学生进行阅读理解解题方法的指导，做到学以致用，学用结合，在踏实的锻炼中使学生们最终习得综合语言运用能力。

（五）教学现状分析及建议

(1) 部分教师课堂教学方法较为单一，课堂学生自主学习时间较少。

建议:兴趣是最好的老师,教师要运用多种教学方式激发学生学习英语的兴趣,课堂运用一些评价激励手段,激发学生的参与欲望。教师要更新观念,不要认为讲得多学生就能掌握得多,须知“授之以鱼”不如“授之以渔”,语言学习一定要留给学生内化的时间,课堂上尽量多地采用学生喜欢的学习方式组织教学,多展开情景对话,多组织小组活动,语言是交流的工具,要多创设情境鼓励学生课堂尽量多地用英语进行交流,达到学以致用的目的。

(2) 英语语言的学习运用仅局限于课堂,课后及日常生活中缺乏交流运用的空间。

建议:学校开展一些丰富多彩的英语课外活动、英语角活动,课本剧、童话剧表演活动,歌曲歌谣创编竞赛活动,给学生提供更多的展示舞台。鼓励学生多观察搜集生活中的英语,体会英语的交际作用,课后运用所学语言进行交流,达到巩固学习内容,拓展使用语言的目的。

(3) 家庭作业形式较为单一,缺乏灵活性及多样性。

建议:问卷调查显示,部分教师的家庭作业以机械抄写内容居多,学生不感兴趣,也不适合不同层次的学生需求,建议多设计一些学生感兴趣的习题,提供选择的多样性,设立选做题、自主设计题等学生感兴趣的作业,提高作业的多样性及实效性。

第六节 小学英语四年级学业质量调研及问卷分析

一、试题部分命题意图

本次试卷分两部分调研学生的学业情况:第一部分:四年级英语试卷。第二部分:问卷。试卷由教研室统一命题,学校组织考务工作。调研结束后教研室组织人员到学校进行回头看,了解学校的考务工作是否合理规范,考风考纪是否做到公平公正,上报的成绩是否真实有效,学生学习习惯的培养是否深入到学校的日常管理工作中。

本次抽测试卷立足基础知识,贴近平时教学,抽测题型较为全面,涉及的面较广,题型较为常见,整体得分情况较好。区平均分 86.12 分,最高分 96.60

分。正确率较高的题型为听力一、二项，笔试三、六项，此类题型或为直观题或为基础知识题，得益于教师课堂教学方法的得当使用和平时扎实的基本功训练。

二、整体抽测情况分析

成绩统计：

序号	学校	四年级英语			
		实考人数	平均分	及格率/%	优秀率/%
1	A	712	91.10	98.50	68.70
2	B	332	85.60	98.50	43.67
3	C	363	90.00	100.00	67.20
4	D	223	83.00	95.00	33.90
5	E	116	80.40	83.20	44.70
6	F	92	90.00	97.80	69.60
7	G	91	83.10	93.40	39.60
8	H	66	90.70	93.90	56.00
9	I	190	86.20	95.80	42.10
10	J	30	73.10	80.00	16.70
11	K	36	72.00	80.60	5.60
12	L	49	75.00	83.70	22.50
13	M	252	79.20	88.50	26.60
14	N	50	79.03	84.00	36.00
15	O	33	82.68	96.97	33.31
16	P	27	96.60	100.00	96.30
17	Q	99	81.54	89.90	44.40
	全区	2 761	86.12	95.10	50.94

三、答卷存在问题及建议

(1) 学生书写规范有待加强，须采取有效措施，培养学生良好学习习惯，为进一步学习打好基础。

试卷中连词成句题、排序抄写对话题、中英互译题、看图完成对话题均以书写规范作为扣分点，部分学生书写不够规范，对此重视不够。四年级学生刚开始学习句子书写，教师有责任培养学生各方面的良好习惯，如书写习惯、审题习惯、答题习惯、单词拼读习惯、语音渗透习惯等。习惯的养成应渗透到每节课的教学中，如低年级英语老师要求做好板书准备，教学时引导学生直体规范书写，学生配有专项练习书写的相关练习册，平时课堂留有书写训练的时间，当堂训练学生的书写，培养良好的书写习惯。平时做题要求学生书写的地方，最好画好四线格或在英语练习本上让学生练习规范书写。每次练习评讲时教给学生答题方法及技巧。采取一些激励措施帮助学生克服粗心大意等毛病，养成认真、细心审题、答题及检查的习惯。

(2) 学生对语言的灵活运用能力不足、语感不强。须紧扣课本教学，突出语言的交际性及灵活性。

如试卷听力第四、五项，笔试第二、五项学生失分较多，听力第四项 1、4 题得分率不足 45%。此类题型灵活性较强，对语言的综合运用能力要求较高，教师须在日常教学中加强听力训练，培养学生的语感，形成能力。四年级有的学生学得太死，只能认读课本相关位置的词句，对所学内容不能灵活运用，试卷中稍灵活题得分率太低。要求老师们在帮助学生掌握好书本知识的同时，课堂教学注重拓展所学内容，引导学生学以致用，学案中加入较多的笔头练习，利用多种形式的练习强化学生对所学知识的运用能力。

(3) 加强学困生的转化工作，把学困生问题的解决落实于每节课中。

区合格率为 95.1%，全区算起来有 150 名学生不及格，转困任务任重而道远。我们除了定好补差计划，更应把学困生问题的解决落实于每节课中，课堂教学问题设计应分层进行，不能只针对学优生，应给学困生更多的机会，激发其学习兴趣及学习积极性。让不同层次的学生组成学习小组，发挥小组活动的优势进行帮扶。

(4) 有效开展集体备课活动及教研活动。

英语教师课务较重，头绪多，工作量大，有些学校缺乏把关教师、骨干教师、学科带头人，种种原因导致有些学校教研活动或集体备课活动流于形式，落实不到实处。英语集体备课的重点可以落实到练习案的制定中，班级多的学校可让备课组教师集体研讨，按单元分工制定学案，再分发到教师手中根据班级实际进行修改；班级少的学校校际间要加强交流，利用好分片教研的时机，充分发挥集体的力量，提高我区小学英语教学质量。

(5) 英语成绩各校之间发展很不平衡，校际间差距较大。

平均分最高96.6分，最低72分，校际高低差24.6分；优秀率最高96.3%，最低5.6%，高低差90.7%；及格率有两所学校为100%，最低为80%，高低差20%。加强校际间交流，充分发挥交流教师的骨干引领作用和片区学校之间的优势作用，取长补短，共同进步。

四、问卷分析

C小学：学生对课堂情景对话、小组交流等活动较为感兴趣，对抄写作业不太感兴趣，比较喜欢读书、听录音、背诵。要求教师课堂尽量采用学生喜欢的学习方式组织教学，以提高课堂学习效率。

F小学：教师在课堂上能注重提高学生学习英语的兴趣，但应多留一些时间让学生之间小组互动，提高孩子自主学习能力。

P小学：教师在教学中经常用各种方法提高学生学习英语的兴趣，开展学生小组间的交流活动，在日常教学中经常鼓励学生在现实中运用英语对话，家庭作业形式多样。

L小学：近80%的学生反映英语教师课堂能用各种方法提高学生的英语学习兴趣，近70%的学生反映教师鼓励学生在现实的情景中用英语对话，近50%的学生反映教师在课堂给学生较多的时间进行小组合作交流活动。在家庭作业中，50.4%的学生经常抄单词，41.7%的学生经常朗读课文，51.6%的学生经常背课文，63.8%的学生经常听录音。

J小学：近80%的学生反映英语教师课堂能用各种方法提高学生的英语学习兴趣，近70%的学生反映教师常常鼓励学生在现实的情景中用英语对话，68%的学生反映教师在课堂给学生较多的时间进行小组合作交流活动。在家庭作业中，84%的学生经常抄单词，60%的学生经常朗读课文，56%的学生经常背课文，76%的学生经常听录音。

E小学：根据学生对问卷回答的情况可以看出，教师在平时的教学中基本能够做到教学手段及学习方法多样化，鼓励学生进行积极有效的思考，在教学方法上应多下功夫，要鼓励学生在真实的情境中运用所学语言进行交流。

五、问卷反映出的问题及建议

(1) 有些教师课堂教学方法较为单一,课堂学生自主学习时间较少。

建议:教师要落实《新课标》理念,课堂教学尽量多地采用学生喜欢的学习方式组织教学,多组织情景对话,多留给学生小组交流活动的时间,多创设情境鼓励学生尽量多地用英语进行交流,学以致用。

(2) 英语语言的学习运用仅局限于课堂,课后及日常生活中缺乏交流运用的空间。

建议:运用多种方式激发学生学习英语的兴趣,鼓励学生课后运用所学语言进行交流,达到巩固学习内容、拓展使用语言的目的。学校开展一些丰富多彩的英语课外活动、英语角活动,给学生提供更多的展示舞台。

(3) 家庭作业形式较为单一,缺乏灵活性及多样性。

建议:利用学案多设计一些学生感兴趣的习题,提供选择的多样性,设立选做题、自主设计题等学生感兴趣的作业,分层布置作业,提高练习及作业的实效性。

六、四年级英语回头看基本情况对比表

本次四年级英语回头看的共 6 所学校,大学校抽调某一个班级进行比照。

学校	对比	总人数	平均分	优秀率/%	及格率/%	不及格人数
M 小学	前	60	79.4	26.7	95	3
	后	60	79.5	28.3	91.7	5
B 小学	前	69	88	42	100	0
	后	69	89.2	52.5	100	0
P 小学	前	59	88	66.1	94.9	3
	后	59	84.5	49.2	89.8	6
J 小学	前	50	79	36	84	8
	后	50	79.3	30	86	7
G 小学	前	27	96.6	96.3	100	0
	后	28	95.7	95.7	100	0
L 小学	前	49	75	22.5	83.7	8
	后	48	74.2	16.7	85.4	7

对比分析:通过前后成绩对照表可以看出,英语回头看时几所学校成绩前

后差异不大，反映出我们学校考务工作合理规范，考风考纪能做到公平公正，校内阅卷基本上能按评分标准进行流水作业，因此，上报的成绩是真实有效的，学生学习习惯的培养能落实到日常教学管理中。也提醒学校要向课堂40分钟要质量，因为今后会加强学业质量的调研抽测，时间不固定，没有临时突击复习的时间，就是要看课堂教学效益。

第七节　“初中英语模块化分级阅读教学的行动研究”结题报告

（课题编号：B-b/2013/02/318）

课题主持人：赵大中　连云港外国语学校

孙克壮　连云港外国语学校

“初中英语模块化分级阅读教学的行动研究”是2013年被江苏省教科院立项为江苏省“十二五”教育科学规划立项（重点自筹）课题。课题自立项以来，在省市教科院（所）和有关专家的帮助指导下，课题组成员按照课题研究计划，开展了扎实有序的理论学习与研究工作，教学与研究工作取得了明显成效。教师教学观念和教学行为发生了转变，学生的学习品质和学习习惯正逐渐养成，学习效果得到长足的进步，课题研究产生了较好的辐射作用，取得了丰硕的研究成果，已基本完成预期研究目标和任务，准备结题。

一、课题的提出

（1）2011版《义务教育英语课程标准》（以下简称《英语课程标准》）对中小学生的英语阅读能力提出了分级分层的要求，规定了各个级别的阅读目标，对各个级别提出了相应的阅读技能的要求。但是，目前所使用的英语课本所提供的阅读量有限，不能促成各级目标的有效达成。为了更有针对性地帮助学生提高英语阅读能力，需要根据不同阶段学生的认知发展水平、语言发展水平提供题材和体裁丰富的阅读材料，并与课本单元教学模块整合，在教师的指导下，逐步发展各种有效的阅读策略，养成良好的阅读习惯，以达到《英语课程标准》在英语阅读内容和阅读能力两方面提高的要求。

(2) 提高学生的英语阅读能力是中学英语教学的一项基本要求。阅读能力既是英语考试的重要内容,也是运用英语的主要能力之一。如何有效提高学生的英语阅读能力,是每一位英语教师都渴望解决的难题。尽管我们的英语教学历来重视培养学生的阅读能力,但由于传统的英语教学过多地承担了词汇、语法等语言基础知识的教学任务,英语教师常把大量的时间、精力用于知识点的传授、复习、掌握和操练上,专门的阅读训练,尤其是以语篇能力、思维能力和阅读技巧为核心的阅读能力训练不足,导致学生的阅读能力并没有得到实质性的提高。

(3) 中学英语阅读教学迫切需要改革与创新。目前,在中学的阅读教学中,教师所选用的教学材料话题凌乱,难以与必修教材的教学主题相辅相成,促进学生循序渐进,扎实提高。为了解决这一问题,我们运用“模块化分级阅读”开展阅读教学,其优点在于:根据不同年龄段学生身心发展的特点和认知思维水平,根据《英语课程标准》所列的功能和话题,结合现行课本的编排方式,对大量阅读材料按照阅读模块进行分级、改编和整合,并在平时的教学中同步运用,以节约阅读教学的成本,提高阅读教学的效益。

二、主要研究内容

(1) 初中英语模块化分级阅读教学目标与内容的研究。以《英语课程标准》为纲,结合译林版《初中牛津英语》课本,根据我校不同级段学生的心理特征和认知水平,确定模块化分级阅读目标与教学内容,并在此基础上,编写《连云港外国语学校初中英语模块化分级阅读》校本教材。

(2) 初中英语模块化分级阅读课堂教学范式的研究。针对《连云港外国语学校初中英语模块化分级阅读》校本教材的使用,开展英语模块化阅读课堂教学策略研究,积极实施分层教学与小组合作学习,探索适合我校实际、促进学生阅读水平提高的教学范式。

(3) 初中英语模块化分级课外阅读有效策略的研究。借助《连云港外国语学校初中英语模块化分级阅读》校本教材和引进的牛津全英文教材《典范英语》,研究如何分类指导学生开展课外英语阅读活动,并通过主题式、模块化读写演等系列活动的开展切实推进阅读进程，提高阅读效果。

三、课题研究的主要思路

本课题研究以《英语课程标准》为根本和依据，按照《英语课程标准》中的分级阅读要求，并根据我校的实际，在初中三个年级进行实践探索。全体课题组成员以自己所教班级开展实验研究。课题组定期集中学习、反馈、研讨。本课题研究时间为三年。

(1) 编写《连云港外国语学校初中英语模块化分级阅读》校本教材。

① 根据《英语课程标准》中提出的阅读目标和要求，结合现行教材，分三、四、五级(分别对应七、八、九年级)设置阅读模块。按照《英语课程标准》所列"功能"项和"话题"，并依据各级别学生的年龄特点、认知心理和知识基础，设计阅读内容和阅读任务项。

② 根据我校初中英语教学的实际情况，大量收集阅读材料，并按照模块与级别对材料进行选择与整合。在同一级别的阅读模块内，再分层(二次分级)编制阅读材料。

(2) 针对不同级别的学生和阅读内容，进行阅读教学策略的研究和实施。包括课堂阅读教学、课外阅读、小组合作阅读、多媒体辅助阅读教学等。

(3) 整体与部分相结合，在班级开展分层教学和小组合作学习，激励学生自觉学习、自主学习。注意对学生进行阅读方法指导。

(4) 科学实施阅读教学的综合评价，认真进行阶段总结，实时调整教学与研究策略与方案。

四、课题研究的主要成效

1. 阅读模块的设置与校本教材编写

经过广泛的调研与多次的研讨，课题组决定固化分级阅读教学的模块并分年级编写校本教材，以教材的编写促进课题研究走向常态化、常规化。

(1) 牛津英语教材的编写体系为"building blocks"(模块建筑体系)，按照"话题—功能—结构—任务"相结合的思想编排，以话题为主线，任务为主导，辅以功能和结构项目，有效培养学生综合运用英语的能力。该教材的编写遵循课程标准积极提倡的任务型教学原则设计语言实践活动，每学期一册书，每一册书有 8 个单元,每个单元都围绕一个中心话题,让学生通过参与、思考、讨论、交流与合作等方式,学习和使用英语,实现目标任务。

(2) 根据单元教学的主题,设置阅读模块,编写了《连云港外国语学校模块化分级阅读》校本教材(现已编印 6 本,并正式使用)。课题组参加实验的教师(由我校七、八、九三个年级各挑选的 4 名教师),收集大量的与单元话题相关的阅读材料,从中筛选适合学生实际的阅读篇目。基于"窄式阅读理论",学生在学习一个单元的同时,通过大量阅读同一主题的材料,撷取更多的信息,拓宽并加深对这一主题相关知识的感知、理解、掌握和运用;另一方面,由于阅读材料话题相关,很多词汇会反复出现,切实帮助学生对知识的理解、记忆、巩固和应用。

《连云港外国语学校模块化分级阅读》七、八、九年级(上)的编写思路是以本单元话题和知识结构为阅读模块,收集阅读材料,最终选用 4 篇为本教程编写内容,其难度分别为:基础级——难度低于牛津教材,基本无生词和未学过的语法,适于基础薄弱学生阅读。标准级——难度不高于牛津教材,适于中等学生阅读。提升级——难度略高于牛津教材,适合基础较好的学生阅读。拓展级——难度明显高于牛津教材,适合尖子生阅读。每个单元有读前任务,即3~4 个与单元主题相关的问题供思考或讨论。每篇文章设置两个级别任务:一级任务为阅读理解和任务型阅读,二级任务为词汇学习和词汇应用。每个单元有读后任务,即写作(两篇命题作文)。由于大多数老师都是第一次编书,经验不足,选材和编写需要大量的时间,而且又经过多次的审核和修改,有的甚至返工,老师们平时的教学任务又比较重,导致上册的编写完成时间比原计划延迟很多。

尽管如此,我们实验的过程中,仍然发现阅读材料的整合不够理想,阅读任务(题型)的设置过于单调,与实际应用有较大差距,影响教学实验的效度。因此,我们对《连云港外国语学校模块化分级阅读》七、八、九年级(下)的编写进行了调整,按照"读前任务+阅读理解+任务型阅读+完形填空+首字母填空+写作"为模块进行编排,体现了"输入—输出"的渐进过程,让学生在拓宽和提升阅读的同时,有效地提高了解题能力。

(3)《连云港外国语学校模块化分级阅读》单元编排也依据阅读材料的难度进行分级,即"基础级—标准级—提高级"分级。这样,既有利于教师开展分层教学,也有利于认知水平不同的学生体验阅读的成功感和乐趣,还能吸引学生到更高级别的材料里去探究和发现。这不仅有利于他们把握学习的方向,提高学习效率,还有利于他们形成自主学习的能力。

(4) 阅读模块的设置与校本教材的编写具有以下几个特点:

① 以课本精读材料学习为基础,扩充阅读内容,体现了学习材料的延伸性和扩展性,便于教与学的有机结合,有利于学生认知水平的巩固与提高。

② 阅读材料以阶梯式编排,体现了学习材料的延续性和递进性,便于实现不同层次教学内容的联络与衔接。

③ 采用综合模块的整合,体现了阅读内容的选择性和融通性,促进知识之间、知识与技能之间的相互沟通。

④ 阅读模块的合理组合,体现了教学策略的研究性和可操作性,便于采用有效的阅读教学策略,有利于自主学习和合作学习的开展。

2. 模块化分级阅读教学的实施与研究

(1) 建构模块化分级阅读的教学模型

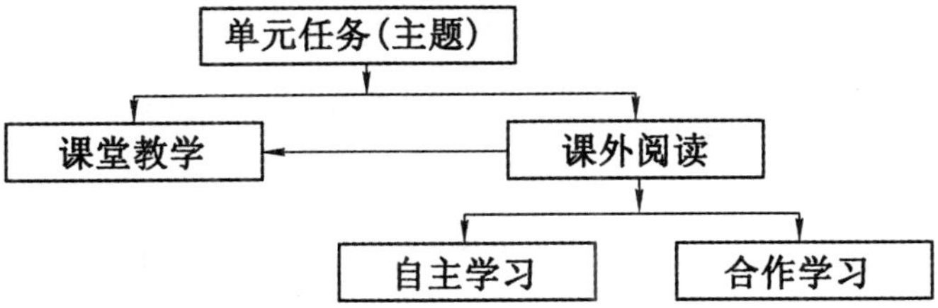

① 课堂阅读教学立体化。加强牛津教材单元教学研究,抓住根本,尤其是Reading 板块的课堂教学,精心设计教案,科学运用阅读策略,培养学生的阅读能力。根据"图式理论",指导学生采取"从上至下"、"从下至上"、"交互式阅读"等阅读模式,灵活应用跳读、查读、细读等阅读技巧,提升学生的阅读技能,并使得学生对教材中的词汇、语法、社会文化背景等知识有比较好的理解和掌握。在 Reading 2 的教学中,从《连云港外国语学校模块化分级阅读》校本教材中选取材料进行补充阅读。

② 课外阅读指导策略化。课外阅读是课堂教学必要的补充和延伸,对于

学生巩固知识、丰富知识、提高阅读能力起到不可或缺的作用。教师利用《连云港外国语学校模块化分级阅读》校本教材，指导学生带着任务，运用有效的阅读策略和方法，开展课外阅读。然后，再回到课堂，进行检查、反馈和矫正。

③ 分层阅读教学常态化。分层教学在初中阅读中的运用有助于激发学生阅读的兴趣、积极性及合作意识的提高，在提高学生交际表达能力、英语阅读技能、拓展课外阅读等方面优于传统的阅读教学方法。根据学生实际阅读水平的不同进行分层教学，因材施教，使每一个层次的学生在教师和同学的帮助下，都能在原有的阅读水平上有所提高、有所收获。课堂上，为学生设计不同层次的层层递进的阅读任务并设计好课堂内容的浅层阅读与深层阅读。同时为了保护基础生的学习热情，激发中等生的学习潜力，让每个学生在自己的"发展区"中都有更高的突破，设计问题要由易到难，循序渐进，关心到每个同学的积极参与。课堂提问要让基础生首先参与，中等生主动参与，好学生带头参与。

(2) 模块化分级阅读的课堂实践

① 理性选材，实施分级阅读。所选择的阅读材料按学生的阅读能力分为四个不同的层次：A 层为风趣幽默的笑话和逸闻趣事，词数控制在 80 词以内；B 层为经改编的 150 词以内的简单易懂的童话和寓言故事；C 层为 200～300 词左右的新闻速览和情感美文；D 层为时事报道、文化背景介绍、科技博览等，词数控制在 400～500 词以内。其次，分级阅读材料的选择应具有可读性，语言地道、富有时代特色的文章是分级阅读材料的首选，诸如《二十一世纪学生英文报》、《上海学生英文报》等报刊图文并茂，精选时事资讯和学生喜闻乐见的话题，而且内容健康向上，十分符合初中学生的阅读兴趣。

② 合理分组，保证共同参与。教师将班级内学生按英语学习状况异质分组，每组有 A、B、C、D 四个层次的同学：A——待转化，B——一般，C——良好，D——优秀。四个层次的学生分别阅读各自不同层次的完整的阅读材料，采取合作学习的方式，四个层次的学生相互交流阅读内容，组员之间形成阅读信息差。具体步骤如下：自读。学生独自阅读相应层次的材料，找出文章中的影响自己阅读的生词、长句、难句，或划出文章中的优美的表达，记录自己的阅读收获。合读。不同层次的学生结对组成 AD 联盟和 BC 联盟，进行联盟内部的阅

读汇报。学生在自读后分享自己阅读的内容,同时互助解决阅读中的疑惑。群读。每个小组内的联盟间推荐阅读材料,展示阅读成果,分享阅读。A、B、C、D四个层次的同学通过自读、合读、群读达到阅读面最广,阅读效益最大化。

③ 持续默读,养成阅读习惯。持续默读是坚持英语分级阅读的方法,即把大量的阅读活动分散到每天的零散时间,并且不要测试学生阅读内容,阅读后任务要求降至最低或为零。

课题组把实验班的英语分级阅读时间由原来一周一次,每次45分钟改为每天中午到校后到下午第一节课前的10~15分钟,阅读的方法由原先的阅读后完成相应练习改成学生默读,而且不必就所阅读的内容完成阅读理解练习,学生在阅读过程中仅需填写阅读记录表(如下表)。

My Reading Record	Name ________	Class ________.	
Date		Title	
Page/Line	From ______ to ______.		

The sentence I like best:

The phrase(s) or sentence(s) I don't understand:

阅读记录表的目的一是让学生养成良好的阅读习惯,记录每天阅读内容,增强学生的阅读责任感和自豪感;二是让学生在联盟内部互相汇报时呈现自己的阅读心得,解决阅读困惑,同时在联盟组间互相汇报时介绍自己的阅读成果,推荐自己的阅读材料。

④ 分层阅读展示,拓展阅读空间。A、B、C、D不同层次的学生阅读不同级别的阅读材料后,根据阅读记录表的内容,分层展示自己的阅读内容。第一阶段,A、B层次的学生分别向C、D层次的学生介绍自己阅读的篇名,并告知在阅读过程中的疑难之处,寻求同伴的阅读帮助。C、D层次的学生向A、B层次的学生分别介绍他们在阅读过程中最喜欢的句子。第二阶段,AD联盟和BC联盟分别向对方推荐自己的阅读材料,包括材料标题和主要内容等。四个不同层次的学生原本只阅读了一篇阅读材料,回到小组分享后,个体的阅读数量由一篇升至四篇,而且四人的阅读材料可能是不同的题材和体裁,学生的阅读视野

得到拓宽。A、B、C、D四个层次的学生阅读材料的难易程度不同,对阅读材料的理解程度也不尽相同,通过分层展示,各人阐述对阅读材料的欣赏和探究,阅读宽度延展,阅读深度延伸。

⑤ 分层写作训练,巩固阅读成果。实验班教师安排A、B、C、D四个层次的学生进行两类写作训练:

A、B层次的学生摘抄在自读阶段不理解,后经合读阶段解决的单词或句子,确保A、B两个层次的学生读有所积、读有所记、读有所得,同时鼓励、保护低层次学生的阅读兴趣,为帮助其尽快走向下一级别的阅读奠定基础。

C、D层次的学生用自己的语言简单复述阅读材料,或就阅读内容的某个方面谈自己的观点和看法,或与作者进行对话,写出自己想象的故事结局等等。这些高层次的写作训练不仅可以激发学有余力的学生阅读更高级别的材料,而且通过写的途径增强了学生的语言思维能力。

(3) 模块化分级阅读教学的实验成效

① 提升了学生的英语阅读能力。下面是实验前、中、后的期末考试阅读部分成绩比较(抽样)。现将八年级5班(实验班)和6班对照班三次考试成绩进行统计分析。注:实验前成绩为七年级下学期期末考试成绩。

A. 实验前

题项及分值	完形填空 (15分)	阅读理解 (30分)	首字母填空 (5分)	任务型阅读 (5分)	合计 (55分)
实验班	11.25	22.38	2.20	2.06	37.89
对照班	11.35	22.26	2.24	2.14	37.99
差异	−0.10	+0.12	−0.04	−0.08	−0.10

B. 实验一学期

题项及分值	完形填空 (15分)	阅读理解 (30分)	首字母填空 (5分)	任务型阅读 (5分)	合计 (55分)
实验班	12.25	24.84	3.28	2.76	43.13
对照班	11.65	23.06	3.42	2.24	40.37
差异	+0.60	+1.78	−0.14	+0.52	+2.76

C. 实验一学年

题项及分值	完形填空（15分）	阅读理解（30分）	首字母填空（5分）	任务型阅读（5分）	合计（55分）
实验班	11.72	23.87	2.40	3.19	41.18
对照班	10.65	22.26	2.16	2.64	37.71
差异	+1.07	+1.61	+0.24	+0.55	+3.47

调查结果分析:从七年级期末考试的成绩看,实验班和对照班的英语阅读水平处于同一水平,成绩基本持平。实验一学期后,实验班的成绩比对照班有一定的提升。但是经过了一年的实验,在总成绩相对萎缩的情况下,实验班的英语阅读成绩还能比对照班有了进一步的提高,说明实验取得了实际成效。

另外,通过实验,实验班的大部分学生的学习兴趣明显提高,自信心显著增强,学习态度更加积极,他们养成了相互讨论疑难问题的习惯,整个班级学英语的氛围相当浓厚,英语阅读能力有了明显的提高,也促进了英语考试成绩较之对照班提升优势明显。

② 逐步形成了学生良好的阅读策略。经过实验,大部分学生形成了有效的阅读策略,增强了阅读兴趣,改善了阅读习惯,提高了学习效率,提升了自主学习和合作学习的能力。

实验前后学生的阅读策略和方法发生了很大的变化。课题组从八年级实验班中挑选了各 40 位(每班 A、B、C、D 层中每层 10 位)学生进行问卷调查。下列数字显示了在实验期间他们阅读策略的变化(按照 70%及以上选择比例确定)。

表 1　　　　A 层学生成绩前后对照

	策略 1	策略 2	策略 3	策略 4	策略 5	策略 6	策略 7	策略 8
实验前	√	×	√	√	√	×	√	×
实验一个学期	√	√	√	√	×	√	√	×
实验两个学期	√	√	√	√	×	√	√	×

表 2　　B 层学生成绩前后对照

	策略 1	策略 2	策略 3	策略 4	策略 5	策略 6	策略 7	策略 8
实验前	×	×	√	√	√	×	√	×
实验一个学期	√	×	√	√	×	×	√	×
实验两个学期	√	√	√	√	×	√	√	×

表 3　　C 层学生成绩前后对照

	策略 1	策略 2	策略 3	策略 4	策略 5	策略 6	策略 7	策略 8
实验前	×	×	×	√	√	×	√	×
实验一个学期	√	×	×	√	×	×	√	×
实验两个学期	√	×	√	√	×	√	√	×

表 4　　D 层学生成绩前后对照

	策略 1	策略 2	策略 3	策略 4	策略 5	策略 6	策略 7	策略 8
实验前	×	×	×	√	√	×	×	×
实验一个学期	×	×	×	√	√	×	√	×
实验两个学期	√	×	×	√	×	×	√	×

策略 1:阅读时我可以用扫描法快速掌握文章大意。

策略 2:我会使用寻读、跳读等方法,而非逐字逐句地读,试图弄懂每句话。

策略 3:阅读中遇到生词我会根据上下文猜测其词意。

策略 4:阅读时通常能跳过不理解的生词或句子继续读下去。

策略 5:阅读时在心里默念,个别不会发音的生词总影响阅读理解和速度。

策略 6:阅读时会关注上下文的联系,体会作者情感、态度等变化。

策略 7:我在阅读中不拘泥于对每句话的细纠而是从整体上把握全文意思。

策略 8:阅读时联系相关背景知识,深切领会作者的写作意图。

这三份表格表明三个层次的学生在阅读策略的使用上都有着明显的变化。刚开始,各层次的学生都常会在心里默念,个别不会发音的生词总影响他们的阅读理解和速度,个别学生还会读出声。随着实验的进展、老师的引导和小组同学的互动,学生逐步改变了他们以前的一些阅读习惯并尝试着用新的阅读策略进行阅读,如:用扫描法快速掌握文章大意;阅读时跳过不理解的生词或句子继续读下去；根据上下文猜测生词意思等。

五、研究成果的分析与讨论

1. 编写了《连云港外国语学校模块化分级阅读》校本教材

该书的编写是以话题为主线，以任务为主导，辅以功能和结构项目，有效培养学生综合运用英语的能力。该教材的编写遵循课程标准积极提倡的任务型教学原则设计语言实践活动，每学期一册书，每一册书有 8 个单元，每个单元都围绕一个中心话题，让学生通过参与、思考、讨论、交流与合作等方式，学习和使用英语，实现目标任务。全套教材分为七、八、九年级上下册，共 6 本。

2. 阅读材料的模块式整合，使得学生知识的获得和能力的提升更具有指向性

"模块化阅读"帮助学生在某一主题或某一领域里摄取大量的信息，而这些信息在某种程度上是相通相连的，有利于学生对这一主题或领域知识的理解和吸收，有利于学生知识内容和范围的扩展，有利于学生形成自己的知识体系和观点，有利于学生对中西文化的融通，培养跨文化意识。

3. 阅读教学的分级分层，让心理与认知水平不同的学生有了归宿感和成就感

"分级阅读"能让年龄心理不同和认知水平不同的学生做自己能做的事，让每个人都能体验到自己在某个级别"能做什么"的成功和快乐，不仅有利于调动学生的学习积极性，提高学生运用语言的能力，也有利于评价学生的学习效果。

4. 阅读教材的校本化，提高新课程理念下的阅读教学改革的实效性

"模块化分级阅读"更易于教学方法和学习策略的调控，因为学习材料的选择、整合和设计编排使得不同级别的文章都有着知识信息的关联，吸引学生到更高级别的材料里去探究和发现。这不仅有利于他们把握学习的方向，提高学习效率，还有利于他们形成自主学习的能力。

5. 模块化分级阅读教学的研究，使得阅读教学的相关理论更具实践性和功能性

"模块化课后分级"借鉴著名的"窄式阅读理论"，基于现行牛津版教材，通过阅读材料的整合和阅读教学模式的建构，使得课堂阅读教学和课外阅读可以

更加灵活地实施，并有效地提升了学生的阅读能力和应试能力。

6. 构建了初中英语模块化分级阅读教学模式，丰富了英语校本化课程结构以及实施经验

参与实验的教师从教育教学理论和英语学科素养，到中长期课题的研究能力，再到校本化教研的水平都得到了很大的提升。

7. 经过课题研究的有效训练，学生的阅读策略和良好的阅读习惯逐步形成

在实验中，《连云港外国语学校模块化分级阅读》校本教材精选了课外阅读材料，扩展了英语文化背景知识；教师营造了有情趣有活力的课题气氛，激发了学生的学习兴趣。学生在教师的科学指导下，通过分层教学和小组合作学习，初步掌握了英语阅读的策略，培养了良好的阅读习惯。

六、课题研究存在的主要问题和今后的设想

1. 存在的主要问题

(1) 课题研究对象仅限于每个年级的两个实验班，取得的样本相对较小，学生取得的进步不具有代表性和广泛性。

(2) 受主持人的研究能力的制约影响一些内容的研究深入，如学生阅读兴趣与阅读模块的匹配度、教师的阅读习惯对学生的影响度等有待后期的进一步研究。

(3) 教师如何在初中英语分级阅读教学中对不同年级及不同层次的学生开展有效指导，教师如何建立科学的初中英语模块化分级阅读评价体系、评估指标等有待继续深入研究。

2. 今后的设想

(1) 设立更多的实验班，吸纳更多的研究人员，扩大研究范围和实验样本，深化研究主题，在“模块”设计上出新出奇，在“分级”设定上定位定格，在素材选择上精编精选，经过三年的实验与跟踪观察分析，总结和提炼出初中英语模块化分级阅读的有效途径。

(2) 优化校本教材的编印，与有关出版单位联系，正式出版发行七、八、九三个年级的模块化分级阅读的校本教材(分上、下册)，不仅在实验学校广泛使用，而且向兄弟学校辐射影响，扩大研究成果的受益面。

附录：

"初中英语模块化分级阅读教学的行动研究"工作报告

一、课题研究的步骤和实验阶段

(1) 准备阶段(2013 年 2 月～2013 年 6 月)

① 对英语阅读教学现状进行充分的调查、分析，同时进行文献研究，确立课题并加以论证，完成课题研究方案。

② 组建课题组。确立课题实验班，召开课题组成员培训会，提出组织、管理、科研的具体任务。

(2) 具体研究阶段(2013 年 11 月～2015 年 12 月)

① 学习研讨《英语课程标准》，研究本课题实施方案。

② 研讨模块化分级阅读教学内容，编写《连云港外国语学校初中英语模块化分级阅读》校本教材。

③ 开展模块化分级阅读教学研究：阅读材料的处理、教学策略研讨和实施、课堂教学设计和实施、课外阅读指导等。

④ 开展英语分级阅读教学评价的研究。

(3) 总结推广成果阶段(2016 年 1 月～2016 年 5 月)

二、课题研究的主要工作

1. 问卷调查

2014 年 1 月 28 日，课题组抽样对 350 名学生和 25 名教师进行"初中生课内外英语阅读状况问卷调查"。93％的教师和 81％的学生认为有必要进行大量课外阅读，但是只有 43％的教师和 53％的学生除了平时练习和考试中的阅读理解有课外英语阅读，32％的学生每天十分钟的时间课外阅读，39％的学生每天半小时的时间课外阅读。学生课外阅读时间偏少的原因有：23％的学生认为可找到的阅读材料太少；30％的学生认为多数阅读材料内容没有吸引力；26％的学生认为没有时间；22％的学生认为对阅读没有兴趣。问卷的 9～13 题反映出学生的阅读策略，87％、61％、58％、56％、42％的学生阅读策略出现问题，影响了他们课外阅读的速度和质量。以上问卷调查为课题的开展提供了第一手资料。

此外，我们在课题研究前、研究中和研究后分别对实验班学生做了问卷调查。研究前的调查，帮助我们确定研究思路和研究重点；研究中的调查，帮助我们调整研究思路和研究策略，保证我们的课题研究更好地实施；研究后的调查，帮助我们更科学地实事求是地总结课题研究。

2. 实验教师的培训

从本课题获得立项开始，课题组每月组织一次学习交流活动，交流学习心得，研讨教学。通过这些活动，增加理论素养，获得最新有关教科研动态，更新阅读教学的理念，调整教学方法，提高实验效果。

组织实验教师外出学习，2014 年 4 月和 2015 年 5 月，两次赴南京外国语学校仙林校区观摩“典范英语”课堂教学展示，并对阅读教学进行了深入的研讨。2015 年 7 月 19～23 日赴北戴河参加全国基础外语教育研究培训中心召开的“全国中小学英语阅读教学创新研讨会”暨“全国教育科学‘十二五’规划教育部重点课题‘阅读策略在提升中小学生英语阅读能力中的价值研究’第四届工作会议”。

3. 专题学习与研讨

2014 年 1 月 7 日，课题组集体学习《国家课程标准》(2011 版)，研读《开题报告》，重点学习《英语课标标准》与阅读教学有关的部分，并结合课题研究开展交流研讨，通过研讨大家对“初中英语模块化分级阅读教学的行动研究”课题有了更深入的认识。

2014 年 1 月 18 日，召开《连云港外国语学校初中英语模块化分级阅读》(上)校本教材编写工作会议，对编写分工、编写要求等做了细致的布置和商讨。

2014 年 9 月 2 日，课题组召开初中英语模块化分级阅读教学的实施会议，各年级的教学实验由备课组长负责，包括校本教材的使用、课堂教学研究、课外阅读指导等。

2014 年 10 月、2015 年 5 月，课题组进行模块化分级阅读的课堂教学研讨(Reading 2)，七、八、九年级各有一位教师在实验班级上一堂实验研讨课，并及时进行了评课。同时，实验教师就小组合作阅读和课外阅读指导进行了交流探讨。

2014 年 12 月 15 日，召开《连云港外国语学校初中英语模块化分级阅读》(下)校本教材编写工作会议。大家对上册的使用情况进行了反馈，对下册的编写提出了许多建议。最后，确定了下册编写方案。

2015 年 3 月 3 日，课题组召开初中英语模块化分级阅读教学的实施会议，主要对《连云港外国语学校初中英语模块化分级阅读》(下)的使用进行了研讨。

2015 年 9 月 15 日，课题组召开阶段总结会议，各备课组对课题的实验进行了回顾和反思，并商讨了结题的准备工作。

4. 阅读模块的设置与校本教材编写

经过广泛的调研与多次的研讨，课题组决定固化分级阅读教学的模块并分年级编写校本教材，以教材的编写促进课题研究走向常态化、常规化。

2014 年 1 月布置《连云港外国语学校模块化分级阅读》校本教材的编写工作，每个年级有三名教师参与编写。现已编印六本，并正式使用。

《连云港外国语学校模块化分级阅读》七、八、九年级(上)的编写思路是以本单元话题和知识结构为阅读模块，收集阅读材料，最终选用 4 篇为本教程编写内容，其难度分别为：基础级—标准级—提升级—拓展级。每个单元有读前任务，即 3～4 个与单元主题相关的问题供思考或讨论。每篇文章设置两个级别任务：一级任务为阅读理解和任务型阅读，二级任务为词汇学习和词汇应用。每个单元有读后任务，即写作(两篇命题作文)。由于大多数老师都是第一次编书，经验不足，选材和编写需要大量的时间，而且又经过多次的审核和修改，有的甚至返工，老师们平时的教学任务又比较重，导致上册的编写完成时间比原计划延迟很多。

尽管如此，在我们实验的过程中，仍然发现阅读材料的整合不够理想，阅读任务(题型)的设置过于单调，与实际应用有较大差距，影响教学实验的效度。因此，我们对《连云港外国语学校模块化分级阅读》七、八、九年级(下)的编写进行了调整，按照“读前任务＋阅读理解＋任务型阅读＋完形填空＋首字母填空＋写作”为模块进行编排，体现了“输入—输出”的渐进过程，让学生在拓宽和提升阅读的同时，有效地提高了解题能力。

5. 模块化阅读教学的实验

2014 年 9 月 1 日课题进入模块化分级阅读实验阶段。我们从七、八、九三个年级各选四名教师参与教学实验。一方面,基于“窄式阅读理论”,学生在学习一个单元的同时,通过大量阅读同一主题的材料,撷取更多的信息,拓宽并加深对这一主题相关知识的感知、理解、掌握和运用;另一方面,由于阅读材料话题相关,很多词汇会反复出现,切实帮助学生对知识的理解、记忆、巩固和应用。

6. 课题实验中期总结

2014 年 1 月课题组对前一段时间的教学实验进行了回顾与总结。通过实验,大家普遍认为,模块化分级阅读教学是一种科学的、高效的、操作性很强的阅读教学模式,尤其是因为有了《连云港外国语学校模块化分级阅读》校本教材这一抓手,与牛津教材同步,话题一致,编排合理,阅读材料根据难度进行分级,即“基础级—标准级—提高级”分级,既有利于教师开展分层教学,也有利于认知水平不同的学生体验阅读的成功感和乐趣,还能吸引学生到更高级别的材料里去探究和发现。这不仅有利于他们把握学习的方向,提高学习效率,还有利于他们形成自主学习的能力。

对于《连云港外国语学校模块化分级阅读》校本教材的内容,大家又提出了很多很好的建议,经过反复研讨协商,决定对下册的编写进行调整,即按照“读前任务+阅读理解+任务型阅读+完形填空+首字母填空+写作”为模块进行编排,模块的多项功能更加凸显。

三、课题研究的主要成果

课题研究的过程就是课题组教师专业成长的过程。三年的研究带动了一批教师的快速成长,取得了一系列丰硕的成果:

1. 论文

序号	姓　名	论文名称	刊出或获奖时间	出版物名称或授奖单位
1	赵大中	在文本细读中培养学生的思维品质	2016.04	《中小学英语教学与研究》
2	赵大中	基于话题设计的语法教学实践探究	2013.11	《中小学外语教学》

续表

序号	姓　名	论文名称	刊出或获奖时间	出版物名称 或授奖单位
3	赵大中	导学·导思·导练 ——"三导"语法教学例谈	2015.05	《教育研究与评论》
4	周　薇	例析农村初中英语阅读 教学中存在的问题	2015.12	《英语教师》
5	周　薇	走出初中英语阅读教学 第二课时的误区	2015.01	《江苏教育》
6	易　立	初中英语拼图式分级阅读	2015.12	《中小学外语教学》
7	江凤娟	初中英语语音教学策略之探讨	2013.01	《中学教学参考》
8	江凤娟	演绎英语课堂精彩 促进初中学生充分发展策略	2013.03	《文理导航》
9	江凤娟	初中英语词汇与 句型教学探讨	2013.01	《教书育人 教师新概念》
10	江凤娟	初中英语教学中的 小组合作学习初探	2013.04(二等奖)	国家基础教育实验中心
11	朱海燕	活化教学形式 构建魅力英语课堂	2015.12(一等奖)	连云港市教育局教研室
12	朱海燕	初中英语音标教学有效策略	2014.11(一等奖)	连云港市教育局教研室
13	朱海燕	教师要建造自己的摩天大楼	2013.11(三等奖)	江苏省教科院
14	朱海燕	以活化的教学形式 构建灵动的英语课堂	2013.12(一等奖)	江苏省中小学教学研究室
15	朱海燕	创建学生愿学爱学乐学的 英语课堂	2013.11(一等奖)	连云港市教育局教研室
16	卢　芳	新时期多媒体技术在 初中英语教学中的应用	2013.11(一等奖)	连云港市教育局教研室
17	李梦歆	英语课堂情境设计的反思	2013.05(一等奖)	连云港市教科所
18	李梦歆	初中英语阅读教学 人文性渗透探究	2015.12(二等奖)	连云港市教育局教研室
19	陈莉莉	入真入趣入理	2014.12(一等奖)	连云港市教育学会

续表

序号	姓　名	论文名称	刊出或获奖时间	出版物名称或授奖单位
20	陈莉莉	打造中学英语魅力讲台——初中英语高效课堂之我见	2013.11(三等奖)	江苏省教科院
21	陈莉莉	精心设计,打造教学艺术	2015.12(一等奖)	连云港市教育局教研室
22	陈莉莉	新课标孕育课堂新革命	2014.06	《学生双语报·教师版》
23	刘　艺	连云港外国语学校初中英语学困生现状调查及转化对策研究	2013.10	《基础教育研究》
24	刘　艺	疏导成道、寻以成行——初中英语学困生非智力因素转化策略的思考	2013.11(二等奖)	连云港市教科所

2. 课题

序号	姓名	课题名称	课题类别	结题时间	结题部门
1	赵大中	英语学科课程标准(修订稿)的应用研究	市“十二五”规划重大课题	2015.01	连云港市教科所
2	赵大中	小学英语建构式生态课堂中师生教学行为观察研究	市“十二五”规划专项课题	2015.06	连云港市教育局教研室
3	赵大中	“生·动”课堂的研究与实践	市2014年度教学成果一等奖	2014.09	连云港市教育局
4	孙克壮	初中英语模块化分层阅读中小组合作学习的行动研究	个人课题	2013.12	连云港市教科所
5	李梦歆	新浦方言中部分语音对初中英语口语的迁移作用及策略	个人课题	2013.12	连云港市教科所
6	高歆珏	提高八-9班学困生英语课堂参与度的行动研究	个人课题	2013.12	连云港市教科所
7	高歆珏	初中英语课堂精巧提问的策略研究	个人课题	2014.12	连云港市教科所
8	刘　艺	连云港外国语学校初中英语学困生现状调查及转化对策研究	个人课题	2013.12	连云港市教科所

3. 讲座和授课

序号	姓名	讲座或授课名称	讲座或授课类别	时间	主持部门
1	赵大中	初中英语阅读教学	教育新时空·名师课堂	2015.05.05	江苏省教育局教研室
2	赵大中	阅读和语法教学的理想模型建构	无锡-连云港教学研讨	2014.10.26	连云港市教育局
3	赵大中	8B Unit 4 Reading	百位名师百节好课百乡行	2015.04.07	连云港市教育师资领导小组
4	赵大中	7A Unit 8 Task	课改联盟校教研活动	2015.12.12	连云港市教育局教研室
5	赵大中	农村英语教师专业成长的路径	市初中英语骨干教师培训	2015.07.23	连云港师专
6	赵大中	A Day Out	省初中教育科研协作联盟	2015.09.19	江苏省教科院
7	赵大中	初中英语语法教学	教育新时空·名师课堂	2014.05.19	江苏省教育厅教研室
8	赵大中	“生·动”课堂	市课改实施方案交流	2014.01.09	连云港市教育局教研室
9	赵大中	给予“生·动”课堂的评价	市“青蓝课程”展示	2014.05.09	连云港市师资办公室
10	赵大中	9A Unit 4 Grammar	市级示范课	2014.11.05	灌云县教育局
11	赵大中	英语课堂教学优秀课展评二等奖	第九届全国初中英语教学展评	2015.04.23	国家基础教育实验中心
12	朱海燕	初中英语教学之现状与对策	百位名师百节好课百乡行	2014.12	连云港市教育局
13	朱海燕	初中英语有效阅读	百位名师百节好课百乡行	2013.05	连云港市教育师资领导小组
14	朱海燕	初中语音教学现状分析与对策	百位名师百节好课百乡行	2015.01	连云港市教育师资领导小组
15	朱海燕	Welcome to the unit	领航杯信息化能手录像课	2013.12	连云港市教育局办公室
16	卢　芳	8A Unit 2 Reading	百位名师百节好课百乡行	2015.05	连云港市教育师资领导小组

续表

序号	姓名	讲座或授课名称	讲座或授课类别	时间	主持部门
17	李梦歆	Unit 6 Reading 第一课时	优秀教学案例	2013.06	连云港市教育学会
18	李梦歆	7B Unit 6 Reading	市“建构式生态课堂”同课异构	2013.02	连云港市教育局教研室
19	李梦歆	Red Planet	中国基础英语素质教育的途径与方法	2015.04	教育部人文社科重点研究基地
20	李梦歆	Reading	一师一优课一课一名师	2015.12	连云港市教育局办公室
21	李梦歆	Unit 7 Shopping	生态课堂同课异构	2012.12	徐圩新区社会事业局
22	李梦歆	展示课	花果山峰会生态课堂展示观摩	2013.01	连云港市教育局教研室
23	李梦歆	初中优秀课青年组一等奖	连云港市基础教育教师优秀课评比	2013.06	连云港市教育局办公室
24	李梦歆	7A Unit 7 Reading	市建构式生态课堂系列研讨活动	2012.12	连云港市教育局教研室
25	李梦歆	A Day Out	江苏省初中教育科研协作联盟活动	2015.09	江苏省教科院基教所
26	李梦歆	9A Unit 5 Revision	初中英语学科复习专项研讨	2014.12	连云港市教育局教研室
27	李梦歆	7A Unit 3 Consonants	百位名师百节好课百乡行	2015.01	连云港市教育师资领导小组
28	陈莉莉	8A Unit 8 Reading	初中英语送教培训	2013.12	连云港市教育局教研室
29	陈莉莉	初中英语阅读理解能力培养	百位名师百节好课百乡行	2014.11	连云港市教育师资领导小组
30	高歆珏	7A Unit 5 Reading 1	市名师课堂展示	2015.11	连云港市基础教育处

续表

序号	姓名	讲座或授课名称	讲座或授课类别	时间	主持部门
31	高歆珏	优秀课一等奖	市基础教育教师优秀课评比	2014.12	连云港市教育局办公室
32	高歆珏	8A Unit 4 Study Skills	教学新时空·名师课堂	2014.11	江苏省中小学教学研究室
33	高歆珏	构建高效的英语阅读课堂	青蓝课程展示活动	2013.09	连云港市教育局
34	江凤娟	Unit 7 Shopping	建构式生态课堂	2012.12	徐圩新区社会事业局
35	江凤娟	Unit 3 Reading	建构式生态课堂示范课	2013.03	连云港市云台山景区社会事业局
36	江凤娟	8B Unit 5 Grammar	百位名师百节好课百乡行	2015.04.16	连云港市教育师资领导小组
37	江凤娟	7B Unit 8 Task	连云港市初中联盟校教研活动	2015.12	连云港市教育局教研室
38	刘　艺	优秀课评比一等奖	连云港市基础教育优秀课评比	2013.06	连云港市教育局办公室
39	刘　艺	7B Unit 2 Grammar	连云港市初中课堂教学研讨	2013.03	连云港市教育局教研室

4. 综合表彰

序号	姓名	获奖名称	时间	颁奖单位
1	赵大中	连云港市劳动模范	2015.04	连云港市委市政府
2	赵大中	连云港市“333 工程”名教师	2015.04	连云港市教育局
3	赵大中	义务教育先进个人	2015.11	连云港市教育局
4	赵大中	全国中小学外语教师园丁奖	2015.12	国家基础教育外语研究中心
5	朱海燕	连云港市“教育研究与评价”专家	2013.12	连云港市教育局
6	朱海燕	五一巾帼标兵	2013.03	江苏省教育工会
7	卢　芳	连云港市“333 工程”骨干教师	2013.12	连云港市教育局
8	卢　芳	义务教育先进个人	2015.11	连云港市教育局

第八节 “《英语课程标准(修订稿)》的应用研究”结题报告

(课题编号:ZD/2012/013)

课题主持人:赵大中 连云港外国语学校

随着2011版《全日制义务教育英语课程标准(修订稿)》的广泛运用,作为教学一线的英语教师,该如何深刻解读新课标的内涵和要义,该如何创造性地运用新课标提高英语教学的效益和质量成了迫在眉睫的问题,基于这一思考,课题组以运用研究为路径设计了该课题。研究之初,课题组首先查阅了大量的文献资料,明晰了《教学大纲》和《课程标准》的国内外研究情况:著名语言学家威尔金斯(Wilkins)把外语教学大纲分为两大类:综合性大纲(Synthetic syllabus)和分析性大纲(Analytic syllabus)。语言形式大纲、情境大纲、功能-意念大纲、词汇大纲都属于综合性大纲。综合性大纲的设计基于以下假设:学习者有能力学习构成语言的各个组成部分,如结构、词汇和功能等。当使用语言进行交际的时刻到来时,学习者也有能力把语言的各个组成部分综合起来使用,以达到交际目的。20世纪60年代,普拉布(Prabhu)和拉玛尼(Ramani)等人开始在印度进行分析性大纲的研究,他们将分析性大纲分为程序大纲和任务大纲。分析性大纲以人们学习语言所要达到的目的、达到这些目的所要从事的语言行为为核心来安排教学。新中国成立以来,我国共颁布了12个教学大纲、2个课程标准。根据不同的教学大纲(课程标准),我国编订了不同的外语教材,20世纪初所使用的外语教材,主要根据传统语言学的分类安排语法项目,依据综合性大纲的设计理念编写。到20～30年代,不少学者提出根据出现频率的高低选择词汇设计教学大纲和编写教材。受此影响,也有不少人提出根据语法项目出现的频率设计教学大纲,把使用频率低的语法项目排除在大纲之外。20世纪80年代开始,我国的教材编写受西方分析性大纲的影响明显,更加关注时代知识和学习者的经验,突出培养学生的交际能力和运用能力。

结合初期的文献研究，课题组着重研究、确认和实践了英语课程的工具性和人文性双重属性，更好地回答了为什么要在义务教育阶段开设英语课程的问题，进一步更新了课题实验教师的课程观、学生观、教学观和资源观，更加注重培养学生的交往能力、实践能力和创新能力。该课题的研究也将为教材编写者提供更多的反馈意见和改进措施，从而优化编写体系，提高使用效率。

现将课题组的主要实验工作与研究成果陈述如下：

一、理论探索与成果

1. 准确定位了新课标“工具性和人文性双重属性”理念下的教材观、教学观和学生观

《全日制义务教育英语课程标准（修订稿）》：以《国家中长期教育改革和发展规划纲要》精神为指导思想；以推动教育均衡发展、提高教育质量为目标；巩固和深化十年课程改革取得的成果和经验，着力解决十年改革尚未解决的问题；为适应未来十年国家发展和教育改革的需要而进行修订，突出体现课程对国家发展和学生发展的意义；进一步明确了英语课程标准的工具性和人文性的双重属性，在为学生学习英语打好基础的同时，提高语言运用能力，加强对学生综合素质的培养。

修订后的标准进一步从重视语言知识的传授转向对学生综合语言运用能力的培养，强调学习外语的过程不再是一个枯燥地背诵和记忆的经历，而是一个积极主动的学习过程，一个不断提高语言运用能力和人文素养的过程，以描述学生“用英语做事情”为主线，强调学生的综合语言运用能力。在做事情的过程中发展语言能力、思维能力以及合作能力。因此，我们应该更加关注英语学科性质的变化，即英语学科不再是单纯的工具性课程，而是一门工具性与人文性相结合的课程。就工具性而言，英语课程承担培养学生基本英语素养和发展学生思维能力的任务，即学生通过英语课程学习掌握基本的英语语言知识，发展基本的听说读写技能，初步形成用英语与他人交流的能力，进一步促进思维发展，为继续学习英语和用英语学习其他相关科学文化知识奠定基础；就人文性而言，英语课程承担提高学生综合人文素养的任务，即学生通过英语课程能够开阔视野，丰富生活经历，形成跨文化意识，增强爱国主义精神，发展创新能

力，形成良好的品格和正确的人生观与价值观。

实验表明，根据实际教学目的和学生的学习需求，对教材中的部分内容和活动进行替换整合，可以降低学习难度，提高学习效果。比如增加准备或提示性的步骤，比如增加属于相同主题且水平相当的阅读篇目，或在阅读理解的基础上展开对话或讨论活动，或增加词汇学习活动或写作活动等，从而满足学生多层次的需求。新的课程观必须与新的教师观、学生观、教学观以及关注学生的学习方式等几个方面结合起来，才有利于恰当地确定师生在教学过程中的角色，才能建立起平等、协商、合作、互动的师生关系，才能使自主、合作、探究的学习方式成为学生的学习常规。

2. 创新了新课标运用研究的新思维、新路径

两年的实验过程，使我们明确了课程标准的运用研究不是一个课题主持人、也不是一个课题组所能全面实施的，课题设计的各项目标需要在全校课程改革的背景下，在高校资源的支持下，在农村学校的配合下，紧紧围绕学校的改革路径和实施要求，开创性地开展工作：要创新资源开发途径，引进高校教学资源，融合农村教学资源，开发校本教材；要创新工作机制，建立"高校教授一中学教师课程会商制度"；要创新交流平台，充分开发利用教研博客和"市初中英语QQ群"，促进问题的交流与解决；要建立全新的课程实施评价体系，让工具性得以强化的同时更加彰显人文性的渗透影响。

二、实践探索与成果

1. 以"生·动课堂"的改革为依托，构建了全新的课程操作体系

《全日制义务教育英语课程标准(修订稿)》的教学理念是以学生为主体、"以人为本"进行教学，培养学生学会学习。近年来，连云港市"建构式生态课堂"已经由"浅水区"迈入"潜水区"，努力追寻"释放学生潜能的课堂"，日渐成熟的区域型课改急需更加有力的深度推进和更加高端的示范典型，加之我校现代学校文化的建设也需要高品位的课程保障，探索校本化的课改模型、加快教师的课程开发能力和执行能力已成为当务之急。针对以上形势，课题主持人在总结前几年课改经验的基础之上，经反复调研、论证，提出构建"生·动课堂"课改实施方案。

(1)"生·动课堂"的释义

生:即以生为本,坚持课堂教学以学生为本的主体性思想,充分地相信学生,大胆地解放学生,真诚地关心学生。立足知情意行统一的整体性思想,让课堂与生活联系,促进课堂生活化,提高教学的有效性;用对待生命的态度,对待教育、对待学生,最终使学生感到“无厌学之患,而有自得之美”。

动:包含三层含义。第一层“动”是指课堂教学的外显特征,即倾心让学生动起来,着力让课堂活起来;第二层“动”是指课堂教学的内部机制,即建立高效学习力驱动系统,这是课堂教学的核心保障;第三层“动”是指培养个性灵动、中西融通的现代中学生,既体现我校的培养目标,又彰显我校的办学特色。

(2) 实施“生 · 动课堂”的理论依据

人本主义学习理论。

皮亚杰的建构主义理论。

巴班斯基的有效教学理论。

(3) 实施“生 · 动课堂”的理念支持

倾心让学生动起来,着力让课堂活起来,全力让效益好起来。

(4) “生 · 动课堂”的理想追求

学生阳光自信,学习主动开放,展示互动有序,预设生成精彩。

(5) “生 · 动课堂”中的教师角色特征

第一,触动。触动学生乐学向上的积极情绪,激发学习动机。

第二,搅动。搅动学生怠慢学习的消极情绪,保持学习兴趣。

第三,撼动。撼动学生敢于超越的学习情感,实现学习自觉。

(6) “生 · 动课堂”中的学生角色特征

第一,主动。主动预习,主动展示,主动思考。

第二,互动。互动探究,互动交流,互动生成。

第三,灵动。通过灵动的节奏、灵动的空间培养个性灵动的学生。

(7) 实施“生 · 动课堂”的三大策略

整体全面推进策略,学科建模与个性创生策略,主题深化与反思提升策略。

(8) 实施“生 · 动课堂”的三大工程

自主会动的学习小组建设工程。

激趣导动的学习方案设计工程。

落实生动的教学诊断评价工程。

(9) 实施“生·动课堂”的三大系统

学习内驱力激发系统。

学习方案研发系统。

学习流程的生成与调控系统。

(10) 实施“生·动课堂”的三个三分之一

教师讲解的时间不多于三分之一。

学生活动时间不少于三分之一。

当堂练习检测时间接近三分之一。

“生·动课堂”操作体系的构建有力地推进了课题的实验进程,锻造了课题组教师的教学设计和教学实践能力,为学科建模和教材开发等工作奠定了良好的基础。

为了开拓性地做好课题实验工作,课题组根据学校的实际情况,积极引进外来教材和开发校本教材,目前已引进并正式实施的外来教材有:澳大利亚UEI模式英语课程和英国剑桥《典范英语》,引进教材给我校师生带来了全新的教学观念,开阔了学生的视野,提升了学生的能力;现已开发并使用的校本教材有:《流利英语》、《英语语音学习速成》、《初中英语模块化分级阅读》等,校本课程时间,由学生自主选择,跑班上课。学生兴趣浓,学习效果好。

为了配合英语课堂教学,课题组还积极开展丰富多彩的第二课堂活动。除了每周一次英语角、每年举办一次为期一个月的“外语文化节”外,主要活动形式还有如外语演讲风采大赛、Spelling Bee 大赛、外语情景剧比赛、外语歌曲演唱比赛、原版电影欣赏与配音等。通过这一系列具有鲜明外语特色的活动,极大地激发了学生学习英语的积极性,提升了学生学习和运用英语的能力,也推动了课堂教学改革的有效开展。

2. 以“生·动课堂”的实施为依托,构建了主要课型的教学模型

在课题的研究与实践中,我们发现教学模式的探索和推广工作是非常有意义的事,在科学模式的导引下教师就能正确把握英语教学结构,有利于整体把

握课堂教学;能有效运作英语教学过程,能更深刻地理解过程中的要素及其动态发展变化;有利于有序地展开教学过程,优化教学过程,提高教学质量;可以更好地优化教学方法等等。在科学模式导引下的教学既符合教学对象素质的特殊性,又能体现教师独特的教学风格,还可以激发学生英语学习的兴趣和积极性,增强学生的自主学习能力,对于学生们经验的激活、丰富与提高,认知策略与学习策略的精进,知识的建构与运用,情感的丰富、细腻与纯化,态度和价值观的形成、改变与完善,技能的形成、巩固与熟练都起到了积极的促进作用,对提高教学效果具有重要的意义。总之,模式教学体现了规范性,也体现了灵活性。规范性和灵活性的结合,使英语教学突破了千篇一律的僵化局面,又使英语教学避免了各行其是的无序状态,为英语教学开拓了新的天地。

▲ 阅读课——“三维”阅读教学模式

新课程理念指导下的教材处理,目标定位在学生素质的发展上,要求知识目标、能力目标、德育目标的统一。因而教师不能只成为课程实施中的执行者,更应成为课程的建设者和开发者,通过“知识与技能”的学习,渗透“过程与方法”,培养“情感、态度、价值观”,达到“三维目标”的整合效果。基于此,我们构建了“三维”阅读教学模式:

(1) 感知课文,加强对知识的理解和建构

建构主义教学论原则指出:知识或信息的获得是学习者通过新旧知识经验间反复的、双向的相互作用过程而建构成的。因此,在教学过程中教师应以学生为中心,为学生学习搭建支架,利用情境、协作、会话等学习环境要素充分发挥学生的主动性、积极性和首创精神,让学生在自己原有的知识结构的基础上建构新的知识体系,最终使学生有效地实现对当前所学知识的意义建构的目的。

(2) 感受课文,发展语言能力和理解能力

交际是从信息发出者到信息接受者的一种信息传递过程,包括交际双方的“信息编码和解码两个过程”。这两个过程联系在一起,组成一个交际语境场。交际是否成功,是否有效进行,就取决于交际双方在这个交际语境场中是否能够实现语境共享。语境共享程度越高,交际的成功率就越大。因此,在学生已

经对课文有了初步的感知和理解之后,教师要尽可能地创设真实的交际情境,促使学生的感性认识向理性理解的过渡,使学生在交际活动中发展语言能力和运用能力。

(3) 感悟课文,领悟和提升思想感情

英语课程不仅要发展学生的语言知识能力、提高学生的语言技能,还有责任和义务培养学生积极向上的情感态度、爱国情操和国际视野。要通过英语课程帮助学生了解世界和中西方文化的差异,培养爱国主义精神,形成健康的人生观、价值观。现行初中牛津英语教材在选择课文时更加注重其时代特征和教育潜质,教师一定要充分挖掘其情感素材和教育价值,陶冶学生的道德情操,提升学生的思想境界,培养学生的健康人格,帮助学生树立正确的人生观、世界观和价值观,为学生的可持续发展和终身学习奠定良好的基础。在课堂教学中要渗透德育要素,发展学生的科学素养与人文精神、国际视野与民族精神、社会责任感与人生规划能力。挖掘课文的情感素材时,一定要充分利用教材的潜在资源并创设合适的情境,增强学生的信心,激发其参与热情。

三维的课程目标应是一个整体,知识与技能、过程与方法、情感态度与价值观三个方面互相联系,融为一体。在教学中,既没有离开情感态度与价值观、过程与方法的知识与技能的学习,也没有离开知识与技能的情感态度与价值观、过程与方法的学习。总之,只有把感知、感受和感悟课文有机地融合起来,在感知的基础上去感受,在感受的背景下去感悟,课文教学才能显示出它巨大的教学张力和教育潜力,教学的"三维空间"才能得以无限的延伸。

▲ 写作课——"支架式"过程写作法

依托英语新课标编写的译林牛津版英语教材在编排和设计上突破了传统的模式,体现了语言教学的整体性和综合性。每个单元由卡通漫画(Comic strip)、导入(Welcome to the unit)、阅读(Reading)、词汇(Vocabulary)、语法(Grammar)、综合技能(Integrated skill)、学习技巧(Study skill)/语音(Pronunciation)、中心任务(Main task)和检测(Checkout)组成,而其中的中心任务(Main task)则是每个单元的学习成果的检验部分,旨在发展学生的各种语言技能和综合运用语言的能力。因此,教师要引导和帮助学生综合运用本单元所学的知识和所获得的技能,为学生提供一个用自己所学的英语知识来表达思想的平台,用所熟悉的语言文字或借鉴课本语言材料来展开写作并进行创造性发挥,完成特定的写作任务。

(1) 联系生活,创设真实语境

课程由科学世界回归到生活世界是本次课程改革课程理念的一大飞跃,因为学生首先接触的是生活世界,他们在生活中通过接触、了解、感悟、调整、适应等过程,学会面对问题、思考问题、解决问题。新课程强调要关注与学生生活相关的经验,要成为学生生命历程的重要组成部分。拉尔夫·泰勒在《课程与教学的基本原理》中提到:“教育是一个主动的过程,这个过程涉及学习者自身的积极主动的努力。一般说来,学习者只能学到他所做过的事情。如果学校情境提供的是学习者感兴趣的事情,那么学习者就会主动参与其事,从而学会有效地应对这些情境。”

(2) 层层递进,搭建学习支架

建构主义教学论原则指出:知识或信息的获得是学习者通过新旧知识经验间反复的、双向的相互作用过程而建构成的。支架式教学就是通过一套恰当的概念框架来帮助学习者理解特定知识、建构知识意义的教学模式,借助该框架,学习者能够独立探索并解决问题,独立建构意义。教师在实际的教学中应该使这样的概念框架尽可能完善,不断发挥其支撑作用,使学生的认知发展不断从实际水平提升到潜在水平。

(3) 互助合作,高效完成任务

有了前面学习的良好铺垫,到让学生完成中心任务时就水到渠成了。在写作阶段,采取学生讨论—独立写作—教师指导、个人展示—师生互助、小组合作—两两修改等形式来组织教学。在合作学习的过程中,学生独立思考,在对所学知识充分感知的基础上,通过讨论和互相启发来共同解决问题,他们互相阅读写作的草稿,到讲台上朗读自己的作品,师生共同修改作品,既有小组的合作,又有全班的合作,还有师生的合作。多样有效的合作既为学生提供了听众,通过互动来提高学习兴趣,也确保了每个学生在小组内的充分交流和表现的机会,引导学生从中学会与人合作,分享同伴的成功,获得积极的情感体验。而在整个过程中，老师积极参与其中，及时地给予学生们指导、评价和鼓励，适时恰当地担当了组织者、引导者和参与者的角色。

▲ 复习课——“轴线式”复习课模式

在进行复习时采用“轴线式”复习方法，即把本单元的知识以一根主线串联并选择适当的话题作为切入点，将要复习的词汇、短语、重点句型和语法结构等语言知识有机地融入其中，循序渐进地对学生进行听、说、读、写各项语言技能的训练，辅以情感态度、学习策略和文化意识目标的渗透，以达到培养初中生的综合语言运用能力的目的。

(1) 激趣导入，复习话题趣味化

兴趣对学习有着神奇的内驱动作用，能变无效为有效，化低效为高效。每个人都会对他感兴趣的事物给予优先注意和积极地探索，并表现出心驰神往。但有的老师误认为：九年级复习课内容多、容量大、时间紧，不用多考虑教学的趣味性。其实不然，这样更容易造成学生对英语学习感到疲倦，降低复习的有效性。“学问必须合乎自己的兴趣，方才可以得益”（莎士比亚）。因此，如何激发学生英语学习的动机，增强学习的兴趣是复习课不容忽略的一个问题。

(2) 整体设计，教学过程系统化

系统论认为，整体大于部分之和，英语教学的成效在一定程度上取决于教学设计的整合程度。英语教学有着复杂的、相互联系、相互影响的多元要素，具有系统特征，因此英语教学必然要多元整合，进行整体设计，以增强教学设计的科学性、完整性和效益性。即为了实现预定的英语教学目标，对教学中的各个相关因子进行整合，形成一个完整的教学过程，使各个教学因子在发挥最大功能的基础上，使教学过程最优化，达到教学效果最大化的教学设计。

(3) 全面训练，任务活动能力化

语言是交际的工具，培养学生具备良好的语言运用能力是英语教学的最终目标。听、说、读、写是语言的基本技能，也是语言运用能力的基础。在复习课中，老师以话题为中心，通过各种任务设置，采用探究式和合作形式，开展听、说、读、写全面训练的活动，由浅入深，由易到难，循序渐进地培养学生的综合语言运用能力。

▲ 语法课——“主线式”语法教学模式

为了将语法教学“体验、归纳、控制性练习和自由运用”四个环节有机地结合起来，笔者在教学实践中创造性地实施了“主线式语法教学”，即根据教学内容及其难易程度的不同，巧妙地设计教学主线和情境主线串联教学内容。在设计主线的时候，充分尊重孩子的年龄特点和心理特点，选择孩子熟悉并喜欢的人、事、游戏、流行元素等，并结合多媒体等手段交互使用，以提高语法教学的实际效果。笔者在长期的研究与实践中，探索出了四种可行的主线式语法教学方法，即以流行元素为主线，以真实事件为主线，以传统节日为主线，以过关竞赛为主线。

(1) 以流行元素为主线

以当下流行元素作为教学主线能很好地调动学生的学习热情和学习积极性，像动漫人物、流行歌曲、影星歌星、街舞、韩流、网络游戏等，都是学生喜闻乐见、津津乐道的话题，这样元素的引入必将大大提高教学效果。

(2) 以真实的人和事为主线

现实生活中的人和事更具真实感，将其作为语法教学的主线更加适切语法教学的运用诉求。

(3) 以传统节日为主线

中华民族历史渊源，文化流长。传统节日既是文化的传承，也是青少年学生的必修课程。近年来，西方节日备受国人推崇，青少年尤甚。在语法教学中以中西方传统节日为主线，既是一种语言学习的方式，也是民族文化传承的途径，所以，以传统节日为语法教学主线意义重大。

(4) 以过关竞赛为主线

喜欢挑战是孩子的天性，过关竞赛更加迎合孩子喜欢挑战的心理。在语法教学中设计过关竞赛并以此串联教学，能够使教学结构更加严谨，教学内容更具挑战性。

三、基于《英语课程标准(修订稿)》的课题实验相关工作

(1) 2012 年 9 月，由于课题主持人赵大中调动至连云港外国语学校工作，所以适时调整了课题组的研究成员，并根据外国语学校的现状适度调整了研究目标、研究内容、研究重点和研究方向等。

研究成员:孙克壮　江凤娟　杨思瑛　卢芳　高歆珏　朱海燕　邱燕玲　张允赛　魏荣　杨燕　陈莉莉　姚军　李梦歆　蔡红　尚琴　刘艺　吴建军

(2) 2012 年 11 月,课题组成员开设了"基于《英语学科课程标准(修订稿)》整合性研究研讨课",刘艺、江凤娟、杨燕老师分别执教了初一至初三的研讨课。

(3) 2012 年 12 月,在课题主持人赵大中等老师指导下,课题组成员陈莉莉老师参加省青年教师基本功大赛获得二等奖。

(4) 2013 年 2 月,主持人赵大中成功申报江苏省教育科学十二五专项课题《初中英语模块化分级阅读教学的行动研究》。

(5) 2013 年 3 月,课题组开展了"运用录像课改进教学行为的专题研讨课",课题组赵大中、朱海燕、杨思瑛老师执教了三节录像课,课题组成员针对录像课开展了三次研讨活动。

(6) 2013 年 5 月,以课题组成员为基础成立"读研共同体",进一步加强理论学习,加强合作学习。先后为"读研共同体"成员购书 1 000 元。

(7) 2013 年 5 月,课题组成员李梦歆、刘艺老师参加市英语教师优质课大赛获得一等奖。

(8) 2013 年 6 月,经过课题组成员的共同努力,我校成功申报"江苏省首批初中英语教材实验示范学校"。课题主持人赴无锡领奖,并在会上作了题为"创造性运用新课标　创新性实验新教材"的交流发言。

(9) 2013 年 9 月,课题组成员共同帮助卢芳老师磨课,为全市青年教师研训营成员上了一节示范课。

(10) 2013 年 10 月 11～13 日,课题组成员蔡红、吴建军、董苏蝉参加江苏省"送陪到市"活动。

(11) 2013 年 10 月 16 日,课题主持人参加市"名师送教下乡"活动,赴灌云县下车中学送教,执教八年级语法教学,受到高度评价。

(12) 2014 年 8 月 19 日,课题组成员孙克壮、吕新亮老师赴杭州参加全国英语教学研究会年会。

(13) 2014 年 10 月 16 日,课题组陈莉莉老师参加"无锡—连云港同课异构教学研讨活动”，执教九年级阅读教学，受到高度评价。

(14) 2014 年 10 月，课题组成员集体赴南京外国语学校仙林分校参加《典范英语》教学研讨活动。

(15) 2014 年 5 月 5～8 日，课题组举办青蓝教师“同课异构展示课”，效果良好。

(16) 2014 年 12 月，课题组组织英语学科学科建模活动，形成《学科建模手册》一本。

(17) 2014 年 1 月 9 日，课题主持人在市教改推进会上作了题为“生・动课堂”的专题报告，受到与会领导和专家的高度评价。

(18) 2014 年 5 月 19 日，课题主持人在江苏“教学新时空・名师课堂”直播活动中作了题为“初中语法教学的创新实践”的专题讲座，受到好评。

(19) 2014 年 5 月 9 日，课题主持人在市“青蓝课程”活动中，为学员作了“基于生・动课堂的评析”专题讲座，受到好评。

(20) 2014 年 9 月，课题主持人申报的“生・动课堂的研究与实践”，获得市年度基础教育教学成果一等奖。

(21) 2014 年 10 月 16 日，课题主持人在“无锡—连云港同课异构研讨活动”中，作了题为“阅读和语法教学的理想模型建构”的专题讲座，受到高度评价。

(22) 2014 年 11 月 5 日，课题主持人在灌云县图河中学执教 9A Unit 4 Grammar 示范课一节，受到好评。

(23) 2014 年 12 月，课题主持人参编《英语语音技能教学与训练》一书，已正式出版。

四、课题研究已取得的阶段性研究成果

围绕课题研究，截至 2014 年 12 月，课题主持人已取得的阶段性研究成果有：论文 5 篇，其中 2 篇发表于全国中文核心刊物《中小学外语教学》；课题研究成果 2 项：1 项已获中央教科所结题证书，1 项获省政府教学成果二等奖；承担市级讲座 3 次，省级讲座 2 次，国家级讲座 1 次。课题研究主要发表论文如下：

(1) 课题主持人赵大中的论文《创造性运用新课标 提升英语教师专业化水平》发表于《中学生英语》2012 年 11 期。

(2) 课题主持人赵大中的论文《主线式语法教学的实践探索》发表于全国核心期刊《中小学外语教学》2013 年 11 期。

(3) 课题主持人赵大中的论文《小学英语区域性协作教研的实践探索》发表于全国核心期刊《中小学外语教学》2013 年 9 期。

(4) 课题组成员蔡红的论文《开放性中考作文高分攻略》发表于《名校》2012 年 11 期。

(5) 课题组成员董淑娟的论文《校本课程开发中中西文化主题的碰撞》发表于《科研通讯》2012 年 4 期。

(6) 课题组成员高歆珏的论文《精巧提问:英语课上学生智慧之花绽放的催化剂》发表于《江苏教师》2013 年 1 期。

(7) 课题组成员高歆珏的论文《提高英语学困生课堂参与度的策略分析》发表于《教育艺术》2013 年 8 期。

(8) 课题组成员杨杨的论文《初中英语口语学困生脱困策略研究》发表于《升学考试》2013 年 7 期。

(9) 课题组成员吕新亮的论文《分层阅读让初中英语学习更有效》发表于《中学生英语》2014 年 12 期。

五、研究中存在的问题及不足

(1) 由于课题主持人中途工作变动,使课题组原有成员发生了较大的改变,以及基于校情的研究目标和研究方向都做了适当的调整,对研究工作的连续性和延续性产生了一定的影响。

(2) 对于新课标分级目标的细化和落实不够具体,尤其是在各个不同年级的实施缺乏针对性和实效性。

(3) 研究的主线不够明确。研究初期,主要的主线是对课堂教学的探索,对教材的整合性研究做得不多,没能及时地出台相关性评价措施。

(4) 网络资源的开发利用不够。虽然我校网络硬件很好,但课题组没能充分利用现有资源,在运用信息技术支持运用研究方面做得不足。

(5) 除主持人以外,其他课题组成员的研究成果较少。需制定措施,加强对课题组成员的培训和培养。

第九节　“构建自主管理型学校德育场的行动研究”结题报告

（课题编号:D/2006/02/190）

课题主持人：赵大中　连云港市新海实验中学

随着新课改的深入实施，德育面临着复杂的局面。一些老师尤其是班主任在实际工作中面临着问题和困惑。有些教师抱怨，“学生越来越难管，越来越不听话”。我们确实看到，在学生这个群体中，有着独生子女的“娇惯”，有着青少年的“叛逆心理”，有着青春期男女生交往过密，等等。这些问题给学校管理带来了很大的困难。作为德育工作者，不得不根据教育形势的变化和被教育群体的变化，作出新的思考。

我们认为，重要的是提高学生的综合素养，推进素质教育。要推进素质教育，就是要在强调科学文化知识传授的同时，树立以人为本的理念，尊重学生的主体意识和主体发展，充分注重学生的潜能发挥，促进学生的身心和谐发展。

于是，我们借鉴企业管理的经验，提出“自主管理”的理念，对过去僵化教条、说教式、警察式、保姆式的德育形态进行改革、创新，充分体现了对学生人格的尊重，充分挖掘学生自主管理潜能；在自主管理全过程充分注重人性要素，充分注重人的潜能的发挥；构建适宜生命优化成长的德育环境、课程、途径，孕育道德生长力。

自主管理型学校德育场构建模式的内涵：自主，所反映的是一个人在活动中的地位和具有的支配、控制权力与能力，自主管理型学校的真正内涵应包括以学生为主体、以人为本和全员参与。突出学生的主体地位，改变让学生无条件地服从的德育形态，鼓励和引导学生接受理性的自我指导，对自己提出一定的奋斗目标，培养优良思想品德，克服不良习性，提高他们自我认识、自我监督、自我克制和自我改正能力；帮助学生通过自己的实践和理性思考作出自己的判断和决策，不断完善自己的道德生活，从而培养学生的自我教育能力，强化学生积极向上的内部动力;实行全方位的学生自主管理模式,使学生自觉形成正确的道德观、价值观和人生观。它既体现的是一种重视人的主体精神的教育思想,又是一种学校管理的形式和方法。自主管理型学校的实现必须具备三个起码的条件,那就是创建积极的管理环境,培养师生的高度责任感,充分发挥个体的创造性。它的目标愿景是制度极其完善,师生高度自治,人文气息浓厚,生命得到无限关怀,校园文化彰显无穷张力。

所谓"德育场",我们是这样理解的:作为自然场的派生物,德育场的本质特征是重视德育系统与过程中各要素的能量、信息辐射、吸引力以及相互作用。场思维的德育模式更重视对德育对象的民主诱导和德育过程的双向互动,具有开放性、互动性、整体性和渗透性的特征。从空间维度看,德育场由社会德育、社区德育、学校德育和家庭德育等要素构成;从时间维度上看,德育场由传统德育、现代德育、生活德育、生命德育等要素构成;从内容维度看,德育场由爱国主义教育、理想教育、集体主义教育、劳动教育、人道主义与社会公德教育、自觉纪律教育、民主与法制观念教育、科学世界观和人生观教育、心理健康教育等要素构成。

在构建过程中,我们主要做了以下研究:

一、构建培养和发展学生健康人格的策略体系

1. 构建自主管理型学校德育场的重心是激发学生自我建构的意识

我们认为,人是能动的、自主的,是万物之灵。人具有选择和自我调整的能力。人的自我意识在自身人格发展中发挥着组织者、推动者的作用,影响并塑造着人格品质结构的其他成分和这些成分的相互关系,制约着个人行为。任何外界的教育影响都必须通过受教育者内在积极性的发挥才能起作用。因此,在德育实践中,我们注重激发学生自我建构的意识,发挥学生内在的积极性。

2. 构建自主管理型学校德育场的重点是进行人格素质的整合发展

随着个体社会化的进程,人格的各方面要素总是逐渐由不成熟发展到成熟,由最初的互不相关发展到和谐统一状态。对于中学生来说,经历了儿童期人格的发展已使人格素质具备了一定水平,对其进行人格教育应当在重视发展各方面人格素质的同时,把重点放在人格素质的整合上。我们开展了一些德育

活动,在活动中让学生经历、体验,丰富人格素养。

3. 构建自主管理型学校德育场的基础是实施以提高文化素质为基本内容的综合素质教育

构成学生人格的要素不少,但其核心是人的内在素质,即人的精神境界、思想意识、价值观念,这一切,无不与人的文化素质有关,与人的整体素质、综合素质有关。文化素质既是人的整体素质的基础,也是现代人格的基础,较高的文化素质是形成现代化人格的理想条件。文化素质体现着人的思维方式、价值取向,折射出人的信仰和情感,体现着人的精神风貌,代表着人的品位和品质,广博的知识是提高自身修养,完善自我的重要基础。我们主要通过学科课程的实施,在学科课程实施过程中渗透德育,又以德育渗透为动力,促进学生文化学习。注重学情研究,激发学生的学习内驱力。学校教育有其自身的特殊性,它的一切工作和努力都要通过学生显现成效,因而如何提高学生的学习内驱力,便成为我们关注的重点工作之一。学法的优劣,关系到学习的成效,直接影响学生的学习热情。学校要求全体教师提前备好两周的课,在教学设计中要充分重视学法指导。各教研组在充分研讨的基础上,重点优化学案的设计,指导学生进行自主预习、复习,帮助学生优化学习方法。注重学科渗透,让自主、合作、探究成为常态。在各科教学中进行思想品德教育是各科教学的本义所决定的。我们要求教师在备课时结合教学内容,充分挖掘德育素材,让自主性德育融入教学中。如语文教师开展“学生课前三分钟演讲”活动、口语交际、课堂辩论、征文及作文比赛等活动。我们开展的课堂教学大赛活动,老师们注重构建多元化教学目标,勇于创设情境,让学生自主去探索和合作学习,使教学过程成为师生与生生思维碰撞、情感交流和方法历练的学习过程。

4. 构建自主管理型学校德育场应强化情感陶冶与行为训练

在青少年的人格教育中要注意和尊重情感、意志等因素在人格品质形成中的特殊地位和功能,要强化情境的陶冶以及行为的训练。在现实生活的特定情境中获知、育情、炼意、导行,实现知、情、意、行的和谐均衡健康发展,达到身心的统一,人与社会的协调,这就是学校德育场追求的场效应。学校开展的“中小学弘扬和培育民族精神月”系列活动、“文明礼仪伴我行活动”、中学生课文诵读大赛和小主持人选拔赛、班级文化设计方案征集、学校及各年级学生会的换届选举、海平线剧社、铜管乐队、健美操队等活动，都为学生展示自我、建立自信、激发学习动力提供了平台，同时也促进了良好学风、教风、校风的形成。

5. 构建自主管理型学校德育场应优化育人环境，协调家庭、学校、社会教育，形成人格教育正合力

健康的环境有利于健康人格的形成。优化育人环境，协调好对人格发展起主要作用的家庭、学校、社会等教育，成为人格教育的重要任务。学校不仅要在学校内部形成齐抓共管的合力局面，而且也要依赖于社会教育、家庭教育各自功能的发挥和三者的密切配合，才能收到良好的效果。我们在实践中创造性地构建了家长学校、家长委员会和家长论坛三大平台，家长资源得到有效整合，家庭教育理念不断提升，合力教育的优势不断彰显。

6. 构建自主管理型学校德育场应大力开展心理健康教育和咨询

学生人格健全发展的一个基本表现是心理健康。面对竞争日益激烈的现代生活，心理素质与心理健康问题已经成为世人关注的重点，青少年心理品质和心理教育长期以来受到轻视的情况也已经得到了逐步的改善。培养健康的心理素质已被确定为德育的目标之一。我们在德育实践中特别关注心理健康教育，为学生建立了心理健康档案，积极开展心理健康咨询工作。我校有国家级心理咨询师近 10 人。我们组建了以心理教师为顾问、全体班主任和全体德育辅导员参与的心理健康教育队伍。我们开通了心理热线、设立彩虹谷信箱、开办心理咨询室、建立心理档案、帮助学生写心理日记。通过对心理健康知识的普及教育，学生明显提高了对自己心理生活的关注意识，主要表现为：① 注重对自我的关注和分析；② 懂得了主动求助；③ 注意与群体保持协调关系；④ 强化了个性发展意识，自信心明显提高。我们还帮助学生拓展和形成与他人、集体、社会健康积极的关系，建立各种心理交流与沟通的渠道：① 积极倡导班级学生间的“谈心”活动，让学生在活动中，逐渐消除独生子女心理上的“围城”现象，懂得交流，学会相处，懂得尊重，学会悦纳。② 紧贴学生的实际生活，变换每个学生的参与角度，组织形式多样、内容丰富的活动，让他们在活动中，懂得合作、学会求助，懂得友情、学会珍惜。③ 指导学生自我管理班级，让他们

在活动中，懂得合作、学会处事，懂得协调、学会团结。④ 指导教师与学生、家长与学生(子女)展开代际之间的谈心活动，让学生在活动中，懂得关切、学会感激，懂得理解、学会体贴。⑤ 组织学生参加社区活动，参加“社区志愿者”队伍，利用节假日进行社会调查、采访，特别是走访本校历届优秀毕业生，让他们在活动中懂得做人、学会自律，懂得竞争、学会耐挫。

二、在实践层面上，课题组构建了“德育场”的保障体系

1. 构建全员德育网络，确立学校德育场的机制保障

首要是更新德育观念，按照学生的内在发展要求来规划德育工作。在我们过去的德育工作中，往往只注重社会规范的灌输，采取的主要措施是课堂教育加行政管理，其主要操作思想是社会规范优先、教师优先，因而在社会规范的内化、个性化上效果不佳。在总结过去的经验、教训基础上，我们认为要突出学生主体性观念、民主平等观念、人格发展的内化观念、自我教育能力观念，树立起新型的人才观和发展观，要通过德育的自我教育指导机制，将社会规范的个性化和个体人格的社会化两个过程内在地统一起来。体现在教学上，一方面要注重社会规范的传授和价值观、人生观的系统教育；另一方面，要注重学生能动自觉的社会适应性和价值观、人生观的辨析能力的提高。体现在课程上，不能仅仅拘泥于现行的德育课程模式，不能只注重显性课程，而要将课程延伸到社会道德生活中，主动接受社会大课堂的教育。体现在日常思想教育和行为规范管理上，不能消极防范，“堵问题”、“救火线”，而要注重积极主动的人生指导，进行心理沟通，加强行为引导，将德育工作落到促进学生人格发展的实处。

为此，我们研究制定了一系列的相关制度，构建了全员德育网络，形成了大德育考核机制。我们创造性地构筑了全员德育的“八大工程”：班主任工程、德育辅导员工程、学生成长导师工程、班主任导师工程、班主任青蓝工程、班级团队工程、楼层团队工程和党员示范岗工程。通过建章立制、加大激励机制、强化示范引领等工作有力地推进了该项工作的实施；我们实行年级负责制，充分发挥年级管理的自主作用，实现了管理工作的扁平式和效能化；我们鼓励小学科教师(含音、体、美、微教师)积极参聘班主任工作，并将班主任任职年限和工作成效作为教师职评、晋级、评优、提拔的必要条件。

在实践层面，我们改革部门设置，将原来的德育处、团委和少先队合并组建德育研究处(简称德研处)，改变了以前工作头绪分散、部门主要陷入事务性工作的状况，加大了德育队伍的培养力度和德育工作的研究力度；我们大胆起用年轻教师和小学科教师担任班主任，目前全校小学科教师班主任占了近三分之一；我们每学年还至少举行一次全员德育工作论坛或推进会，从教书育人、管理育人、服务育人等三个方面表彰先进的德育楷模，在 2008 年的推进会上，我们汇编印制了三本校本教材——《全员德育工作手册》、《生命牧歌——德育故事 100 篇》和《学生社团巡礼》；我们还定期组织青年班主任素质大赛，进行德育全员培训和德育分层培训；我们组建了“党员示范岗”、“巾帼示范岗”，尝试“楼层管理团队”，收到了意想不到的效果。

针对问题学生的问题状况，我们启动了“学生成长导师工程”：所有教师全部参与，一个教师与六名学生结成对子，负责这六名学生的学习、生活、心理等各方面工作。这种以“法规”形式约定的“亲情”关系使师生双方增添了责任感和信任感，教师真正地走入了学生的心灵世界，对学生的学习和成长起到了积极的促进作用。2007 级九班的一个学生父母不幸遇难身亡，教语文的韩梅老师是她的成长导师，韩老师经常带她到自己家里去，带她去吃饭散步，成了该学生最亲的人，使她找回了家的温暖，帮助她渡过了人生最痛苦、最艰难的一段时间。

我们还特别重视文化育人，以班级文化建设为基点，以课题研究形式为载体，全校 102 个班级，每个班级承担一个子课题，全校共有 102 个子课题，形成了本课题的强大支撑。我们在全校范围内开展了“特色班级”创建活动，“自治班级”“书香班级”“海洋式班级”“周恩来班”“诚信班级”“雏鹰班级”等各具特色，每个班级都确立了近期目标和远期规划，制定了切实可行的实施方案，学校于期中考试后对各个班级进行中期评估验收，期末时进行综合考核和评比。我们还开展了“班级主页”和“班风、班训、班徽、班歌”创作大赛，这些活动极大地激发了学生的自主创造潜能，彰显了班级的文化主体地位，丰富了班级的精神内涵。

2. 构筑多维学生社团，全方位培养学生自主管理能力

学生社团，是在校学生为实现成员的共同意愿和爱好自愿组成，按照社团

章程开展活动的业余群众性学生组织。学生社团是学生开展自主管理、自主教育的重要组织形式和途径，它在校园文化建设中扮演着十分重要的角色，是形成学校德育场的重要基础。近年来，我校对学生社团建设进行了有益的探索和实践，重点开发提高学生综合素质的社团组织，已逐渐形成了以实现学生自我管理、自我教育、自我发展为目标的多个学生社团。

在社团建设的过程中，我们采取的主要策略有：

(1) 大力扶植自我管理型社团

我校学生会建立已有 7 年，7 年来，学生会已成长为一个较为成熟的自我管理、自我服务、自我教育、自我发展的学生社团，在学生会主席团的领导下设三院八部一处一会，即秘书处、文学院、法学院、自治管理学院、学习部、卫生部、宣传部、文艺部、体育部、实践部、对外联络部、读书俱乐部和爱心基金会。学生会在建设校园文化、加强学生自主管理等方面发挥了积极的作用。

(2) 努力引导学习和实践型社团

我校是一所九年一贯制学校，现有学生 5 000 余名，为引导学生走出课堂、走向社会，推进研究性学习，激发学生热爱家乡的美好情感，我校建立了“海文化研究院”。在 2005 年与苍梧晚报社联合成立苍梧晚报小记者团。为促进学生开展有益的读书活动，进一步落实素质教育，还特别设立了青年读书俱乐部和“海平线课本剧社”，努力实现寓教于乐，同时营造良好的学习氛围。

(3) 支持社会服务型社团

为保障每一个新海实验中学特困学生顺利地完成学业，我校在 2006 年设立了新海实验中学爱心基金会，并在爱心基金会的活动中培养了学生的爱心，增强了他们的集体意识、责任感和使命感。

(4) 发展群体性阳光体育活动型社团

为响应阳光体育的号召，锻炼学生的身体素质，我校现设有健美操队、篮球队等社团，形成了较为系统的训练，有力地推进了学生体育活动的深度和广度。

(5) 指导开发文娱特长型社团

为发展学生的多种特长，我校设有管乐团、合唱队和民乐队等社团组织，定期活动，发展了学生多方面的兴趣和爱好。

最为突出的是小记者社团、爱心基金会和海文化研究社团:

我校的小记者团有成员近两千人,他们独立采访过市委书记、市长、两会代表等政要人物,也采访过鞠萍、曹文轩、金龟子等文艺名人,他们活跃在港城的新闻视野,活跃在学校的每一次大型活动中。小记者团的学生在市主流媒体《苍梧晚报》的引领下开展了大量的实践活动,他们走出国门,到了日本、韩国;他们远赴扬州,与全省的小记者一起饱览江南美景;他们南下淮安,参观周恩来故居,用文字抒发对革命先贤的悼念;他们走进花果山、连岛西大堤、开发区、桃花涧将军崖岩画、核电站、生态园等港城名胜和实践基地,在学生自主探究家乡历史、家乡发展前景的同时深化学生对港城的认同感,并形成了调查报告、图片等研究成果。《苍梧晚报》等媒体用数十个版面记录并发表了他们的作品。

爱心基金会是我校于 2006 年建立的一个公益组织,从会长到成员全部由学生担任,所筹款项全由学生按照财务规范进行管理。爱心基金会深入校园、走上街头,义演义卖,向全社会呼吁,为弱势群体献上爱心,迄今已经募集基金数 90 多万元,帮助数十名学生渡过难关,其中为 2007 届毕业生许汉清捐助八万元,帮助他找回了生命的希望。汶川地震后,我校的爱心基金会在第一时间就行动了起来,共组织全校师生为灾区募集 40 余万元。

我校充分利用连云港丰富的海文化资源,成立了“青少年海文化研究院”,经过不断的探索实践,现在已经初步形成了以生本特色、海文化特色、团队一体化特色为特征的,融综合实践活动为一体的,具有浓郁的地方特色的校本课程开发体系。青少年海文化研究院下设五个研究所,分别是:历史文化研究所、海洋文化研究所、旅游文化研究所、民俗文化研究所、饮食文化研究所。研究院强调以生为本,在研究院的设置上,从研究员到院士,一直到院长,全部由同学们自己担任,让初中部的同学带领小学部的小朋友一起研究,深入挖掘本土的海文化资源,让同学们在快乐的实践活动中得到锻炼,受到熏陶,让同学们在研究中了解自己的家乡,热爱我们的连云港,使我校的校本课程开发更具地方特色和校本特色。在省中小学校本课程开发案例评比中,我校“海文化研究校本课程开发案例”获一等奖。目前,由我校师生编写的《海文化》一书已经正式出版,成为我校校本课程的通用教材。

3. 挖掘网络德育资源,建设网络自治系统,全面辐射“场”能效应

当今的信息网络已深刻地影响着学校德育工作,因此,我们充分利用信息网络资源,实现德育与网络的整合,提高学校自主德育的实效。

(1) 充分利用信息化技术,充实阵地建设

围绕着健全人格的战略目标,我们紧紧围绕每学期的德育目标,充分发挥校园网的优势,充实阵地建设,尤其是扩大学生的网络阵地。如:我们要求各个学生社团建立自己的网页,及时报道社团活动和成效;我们要求各个班级建立班级博客,由学生负责管理,丰富班级的文化构建,周涛老师、丁玉凤老师等班级的博客还保持了和家长之间的互动,发挥极大的作用;我们还引导学生建设和管理新海贴吧、QQ 群等,在这个学生自由驰骋的网络平台上,我们没有放任自流,创造性地开展了一项工作——网络值班,即在学生集中上网的时候,安排学生和学生干部做托,适时适度地引导学生的舆论导向,营造健康向上的网络环境。

(2) 充分利用信息化渠道,丰富活动内涵

第一,传统活动与创新活动相结合。每年的四月,我们组织学生参加网上祭英烈活动,同学们通过网络对革命先烈们的革命事迹有了进一步的了解,通过网络表达了对革命先烈们的崇高敬意和深切的怀念之情。2008 年,我校的庆六一活动,也一改以往各中队出节目、开庆祝会的形式,组织学生参加了“雏鹰登陆 E 世界”——网上庆六一活动。信息网络的开通为我校的德育活动注入了新的活力。

第二,普及活动与提高活动相结合。我校所有年级都开设了信息课,学生普遍会使用校园网,会利用网上资源,掌握了初步的信息技术能力。我们还组建了信息兴趣小组,信息兴趣小组的同学们会用计算机绘画、制作贺卡、编辑电子小报,会做个人、班队主页,具有比同龄人更强的处理信息技术能力。近年来,学校有多名学生获得国家及省市信息技术大赛的一等奖,获奖人数和层次在全市遥遥领先。

第三,充分运用信息化环境,构建家校联通网络。学校每学期都要举行“家长学校开放活动”,并且在学校网站上开辟了家庭教育专栏和家长论坛,为家长

自由交流家教经验提供了平台。另外,全体家长可以通过热线电话、校长信箱、电子邮件、校长接待日等方式对学校工作提出意见和建议。学校的真诚举措赢得了家长的尊重,自觉配合学校教育孩子在家长中已蔚然成风。

三、课题研究的主要成果

经过四年的探索和实践,课题研究取得了比较丰硕的成果。

学校建立健全的全员德育机制和大德育考核机制,每位教师制定了三年自主发展规划,学校建立了 30 多个学生社团,每位学生都有自己的社团组织;师生的精神面貌发生了很大的变化,师生参与各种竞赛屡获大奖;学校管理更加精细,年级管理更加注重实效,社团管理完全由学生自主运作,自主管理理念深入人心,自主管理型德育场初步形成。

学校在德育方面获得了一系列荣誉:江苏省德育先进学校、全国巾帼示范岗、全国百所中学生毒品预防教育活动示范学校、江苏省实施教育现代化工程示范初中、江苏省“五四红旗团委”、江苏省基础教育课程改革先进集体、江苏省网上家长学校教育实验基地、江苏省平安校园、连云港市首批名校、连云港市未成年人思想道德建设先进集体等;学校每年都有一批班级和学生受到省市级表彰,李宝霞、朱海燕、刘蓓蓓、周涛、成月霞、鲁齐等老师被评为连云港市首届“333 工程”骨干班主任,其中刘蓓蓓和鲁齐老师参加市班主任基本功大赛获得一等奖;一些优秀的班主任和德育分管领导经常受邀为各级培训作专题讲座,或应邀到兄弟学校介绍经验,等等。

德育经验的推广,在社会上产生了良好的影响。学校于 2008 年 5 月面向全市开展了“全员德育论坛”,市、区教育领导、兄弟学校领导教师应邀参加,取得了很好的效果;《人民教育》、《中国教师报》、《江苏教育报》、《连云港日报》、《苍梧晚报》、《连云港电视台》、《连云港广播电台》等媒体先后数十次报道了我校德育工作的经验和成效,尤其是对我校构建自主管理型德育场的做法广为宣传和推广;市内外许多学校慕名而来,学习交流;我校被定为市校长培训实验基地,每期校长班的学员都要来校学习观摩,等等。

课题组教师围绕课题研究共发表论文近 10 篇,子课题“网络环境下学生自主、合作、探究性学习能力的研究”通过省教育学会鉴定,于 2009 年 9 月顺利结题;课题组编撰了四本校本教材:《海文化》、《全员德育工作手册》、《生命牧歌——德育故事100篇》和《学生社团巡礼》;课题组还编印了《新海教育论坛》等系列活动、规范和制度。简要汇辑如下:

(1)《在"三适教育"理念指导下营造"三生德育场"》一文发表于《江苏教育报》2010年40期。

(2)《在初中英语教学中营造德育场的实践探索》一文发表于《中学教学参考》(全国中文核心期刊)2009年10期。

(3)《构建英语阅读教学中的对话场》一文发表于《中小学英语教育》2007年7期。

(4)《构建班级自主管理模式的尝试》一文发表于《现代教育探索》2008年9期。

(5)《"自主型"语文课堂教学模式的探究》一文发表于《中国教育发展研究》2008年10期。

(6)《让学生做数学学习的主人》一文发表于《现代教育探索》2008年12期。

(7)《巧用网络环境,培养学生的自主、合作、探究能力》一文获市论文评比一等奖。

(8) 子课题"网络环境下学生自主、合作、探究性学习能力的研究"通过省教育学会鉴定,于2009年9月顺利结题。

(9)《网络环境下阅读教学模式初探》一文发表于《中国中小学信息技术优秀论文与教案集》(2008年10月)。

(10)《英语教研中的文化构建》一文发表于《中学教学参考》2009年12期(被中国人民大学报刊资料复印中心全文转载)。

(11)《在人文层面实施分层提问》一文发表于《英语大课堂》2009年2期。

(12) 课题组编写的《海文化》校本教材正式出版发行。

(13) 课题组汇编印制了三本校本教材:《全员德育工作手册》、《生命牧歌——德育故事100篇》和《学生社团巡礼》。

四、课题研究的主要不足

(1) 课题研究不够深入,呈现出重实践、轻理论的价值倾向,没能形成系统的自主管理型德育场的理论阐释。

(2) 子课题研究不够系统,子课题的管理属于粗放式,团队的力量发挥不够,影响了课题研究的深度和广度。

(3) 对课题相关信息掌握不多,外出学习和交流机会太少,课题组成员的科研能力有待提高,科研成果有待扩大。

第十节 "提高农村小学英语转岗教师口语能力的途径研究"结题报告

(课题编号:JY10-Z045)

课题主持人:江尧梅 连云港市新浦区教育局教研室

赵大中 连云港市新海实验中学

一、课题提出的背景

连云港市从 2001 年在农村大面积开设小学英语以来,到目前全市所有乡镇小学已开设英语课程。然而,连云港市农村小学英语教师中有 80%是其他学科的转岗教师,他们的英语教学素质和专业水平都比较低,口语表达能力尤其薄弱,小学英语教师无论在数量上还是在质量上都难以满足小学开展高质量英语教学的需要,这已成为制约小学英语教学发展与质量提高的"瓶颈"问题。

众所周知,英语教师的口语素质对于学生,特别是初学者即小学生的影响是巨大的。如何让孩子感受到英语语言的优美,感受到英语语言的独特魅力,让孩子热爱学英语、讲英语、用英语,是迈好基础阶段英语教学的第一步,这就需要英语教师具备良好的语言素养和职业素养,而不标准的、模棱两可的、怪腔怪调甚至错误的语音语调对学生的负面影响是很大的,有时甚至对其终身的语言学习造成不好的影响。

据 2005 年秋季全市小学英语教师基本情况调研统计分析,转岗教师占全市教师数 78.21%,其中四个县转岗教师占县级教师数 84.8%,市区边远郊区转岗教师占市区教师数 41.3%,全市学历达标的 30 岁以下转岗教师占全市英语教师数的 75.57%。我区在职农村小学英语教师中，非英语教育专业毕业生数量约占 35.6%，他们缺乏系统的英语教学知识，教学观念、专业知识和教学技能参差不齐，特别是转岗教师英语口语能力更是良莠不齐，只有少数教师口语较为娴熟流畅，其他大部分教师口语只能应对中低年级，部分转岗教师对如何使用英语组织教学和进行课堂管理相当不熟悉，相当一部分转岗教师连基本的课堂用语都不能表述正确，对所教教材上的词汇甚至不能正确把握读音，以至于教研组老师、教研员听完课后需要帮助其正音。因此，探求提高农村小学英语转岗教师口语能力的途径，以期短期内大面积地提高小学英语转岗教师的口语能力，成为迫在眉睫的问题及任务。

二、本课题研究的意义

针对以上现状，各级教育主管部门也开展了各级各类培训，课程涉及英语语音、英语口语、英语听力及小学英语教学法等。各类相关课题研究主要是针对如何从专业培训角度提高教师的口语水平。依赖上级培训部门组织的培训对大面积的转岗教师来说只能是杯水车薪，尤其对于比较偏僻地区的转岗教师更是鞭长莫及，有些培训实用性不是很强，不能很好地调动教师的主观能动性，激发其潜在内驱力，导致培训内容不能学以致用。

因此，立足于教师的日常教学，结合教师日常的备课、上课、作业布置及批改、形成性评价、学生的综合测试等方面，从这些方面着手研究，探求提高农村小学英语转岗教师口语能力的途径，调动教师的主观能动性，激发其潜在内驱力，使大面积的、偏远地区的转岗教师口语能力得以提高，大部分农村小学生享受英语优质资源，学会地道的英语语音，从而激发学生学习英语的兴趣，努力去学英语、用英语，促进我区英语教学质量的全面提高，是本课题选题的目的及意义所在。

三、课题研究的理论依据

本课题选题新颖，视角高，操作性及适用性强，在小学英语教学改革中具有一定的创新性和前瞻性。本课题的研究将为我区乃至全市英语教育改革提供相关的参考资料，为各个学校英语转岗教师口语能力的提高提供必要的借鉴资料和操作流程，本课题的研究将为完善教师培训制度提供积极的理论准备和系列的实践指导。

据国内相关资料各种途径的检索表明，各省、市外语教师培训任务划归师范学校或师资培训部门有计划地实施培训，然而，由于这些部门的师资力量、职责功能、工作范围、教学资源等方面的原因，使得这两项培训流于形式，无法从根本上提高小学英语教师的教学业务水平。教育部基础教育课程教材发展中心 2001 年启动“指导小学英语教学”项目的实施与管理，至 2004 年 8 月后，因困难重重项目完全停顿下来，2007 年 7 月 20 日起又重新开启此项目研究。2006～2007 暑期，省教育厅已连续两年投入大笔资金开展为期 20 天的“苏北农村小学英语教师培训”。只靠国家或省里的研究与培训，也是杯水车薪，不能解决面临的若干微观层面的实际问题。

教师专业化发展理论表明，教师专业化是世界教师教育的发展趋势和潮流。它要求教师在整个专业生涯中，通过终身专业训练，获得教育专业知识技能，实施专业自主，表现专业道德，并逐步提高自身从教素质，成为一名良好的教育专业工作者。当前，新课程的实施既是我国基础教育的一场深刻变革，也是进一步推动我国教育事业发展，提高教师教育专业化水平的重要契机。根据理论联系实际的原则，进一步整合和加工新课程培训资源，研究和开展基础教育小学英语新课程农村转岗教师培训，切实解决教师面临的难题是连云港市小学英语教师继续教育的核心内容。

教师校本学习论使我们明白校本学习对于教师的专业提升和教学实践来说非常重要。教师专业素养的持续成长，并非靠几年师范教育和每年为数不多的自上而下的教研培训所成就，而是更多地靠教师长年累月地从自己所在工作场所观察、探索、实践和领悟出来，此中能够得到其他教师的帮助和指导，能够沐浴在教师群体相互交流、彼此学习的氛围中。从这个角度看提高转岗英语教师口语能力的学习培训问题，不仅对反思我们教师培训的内容、方式、方法等问题有帮助，而且对于基础教育课程与教学改革的发展也会有一定启迪，对如何突破小学英语学科的局限而获得创新也提供了建设性意见。

四、本课题研究的目标

通过该课题的研究和实践，力争建立“连云港市新浦区小学英语教师课堂用语评价表”和“连云港市新浦区小学英语教师口语能力发展自评表”，并通过大量的行为操练、学科教研等活动深化、内化这两项制度的落实和推进工作。

在实践中渗透“尊重差异，民主对话，同伴互助，合作共享”的指导原则，通过搭台子、指路子、结对子等途径和集体备课、教研活动、区域共同体、校本研训等方式促进每位转岗教师口语水平的提高。

五、课题研究的主要内容

1. 从教学设计角度，研究提高教师口语能力的途径

(1) 备课、设计教案是教师的日常工作，从日常工作出发，可使教师把此项工作作为一项自觉的行动，而不会成为额外的负担。具体做法：教师设计教案时先熟悉教材，注明教材中不熟悉或易读错的音，反复熟读；教学时使用英语组织教学和进行课堂管理；构思教案时尽量用英语思维，用英语书写各个教学环节，根据各个环节的需要，把可能用到的课堂用语书写到教案中，根据各年级学生的学习实际及教师平时的教学习惯，课堂用语要尽量利用学生已掌握的语言知识，做到简单易懂。从这些方面入手，研究整理适合各年级学生的课堂教学用语，使之能贴近教材、符合学情，从而提高课堂用语的有效性。

(2) 教研部门可根据情况，下发适合的课堂用语手册供教师参考使用。此项工作可使教师课堂用语流利自然地呈现，避免出错或临时想不起说什么、如何说，也可以提高教师使用英语组织教学和进行课堂管理的自信心。

(3) 开展多种形式的教师现场备课、教案评比活动，要求教师将课堂用语书写到教学的每个环节中，在活动中以赛代训，促进教师提高自己的口语水平，进而促进自身素质的提高。

2. 从课堂教学角度，研究提高教师口语能力的途径

(1) 课堂教学为教师教学的主战场，可把英语口语的使用情况列入课堂评估中，对使用英语口语规范有效的课堂加以推广，不用英语组织教学的可作为不合格课，限期整改。

(2) 定期开设转岗教师教学公开课，对教师加以激励，针对各环节如何使

用课堂用语情况加以说明，例如，如何使用英语进行课前热身、导入新课、课堂提问、小组操练、指导、检查、布置作业和结束课等，使教师有章可循，对如何恰当、有效、简洁明了地使用课堂英语进行上课有了具体细致的了解，获得能一步一步地使用英语上课的能力和自信心。

(3) 一线的教师对观摩体现新课程理念的示范课的愿望非常强烈，他们非常欢迎通过具体的课例来学习、运用和掌握课程理念。因此，我们采用送课到学校的培训形式，通过说课、上课、评课，把培训工作落到实处，使培训质量能得到较好的保证。这一做法也有助于转岗教师在理论与实践相结合的过程中提高自己的口语水平，体现出培训的辐射功能。观看优秀教师的录像课。观看时除了学习优秀教师高超的教学技艺外，还应特别注意记录上课教师是如何用口语组织课堂教学的、这些课堂用语对学生是否有效、课堂的衔接语是否顺畅等，然后在自己的课堂模仿运用，比较模仿录像课教师口语后自己课堂与录像课课堂不同的教学效果。

(4) 组织多样的教师口语竞赛、教学技能展示等活动，给教师提供展示的舞台。

3. 从教学评价角度，研究提高教师口语能力的途径

评价是英语课程的重要组成部分。科学的评价体系是实现课程目标的重要保障。通过评价，可使学生在英语课程的学习过程中不断体验进步与成功，认识自我，建立自信，促进学生综合语言运用能力的全面发展，也可使教师获取英语教学的反馈信息，对自己的教学行为进行反思和适当的调整，促进教师不断提高教育教学水平。

(1) 建立完善而有效的教师口语发展和评估机制

首先要激发教师的自我专业发展欲望，引导教师注重自我发展，自我提高。多途径、多维度地进行教师口语评价，建立有效的教师口语评价机制，建立教师口语三级评议制度：教研组教师之间的互助评价、教师自评、学生对教师的评价。在广泛调研的基础上，课题组成员研制了“连云港市新浦区小学英语教师口语能力发展自评表”，先课题组成员进行试验，然后在全区教师间推广试行。

表 1　　小学英语教师口语能力发展自评表

学校________　姓名________　时间________

一、动机和态度	自评得分				
	5	4	3	2	1
对口语训练非常感兴趣					
有信心在教学和生活中使用英语					
乐于定期更新课堂用语					
合理安排口语训练时间,注重效率					
除因工作需要学习口语,还积极看英语报刊、看影像、听有声材料					
二、训练方法	自评得分				
	5	4	3	2	1
能主动制订每月的训练计划					
坚持每天的训练,保证每天的训练时间					
能够在训练中主动查找存在的问题并解决					
能够和身边懂英语的人探讨训练中的问题					
能积极准备下一节课课堂用语,参加英语口语活动					
三、课堂活动	自评得分				
	5	4	3	2	1
能够利用课堂用语有效组织教学					
能认真留意课堂所用口语,及时记下不足并试图改正					
能够分门别类地整理课堂用语					
能及时用英语表达自己观点,并说出理由					
能用英语回答学生提问					
四、学习资源利用	自评得分				
	5	4	3	2	1
能够有效使用工具书					
能够通过网络搜索学习资源					
能够借助电视、广播等获取知识					
经常利用其他英语材料进行学习					
五、问题解决	自评得分				
	5	4	3	2	1
能够及时通过各种方式解决暴露的问题					

(注:5 分为最高分,依次递减,1 分最低。)

这份“自评表”从动机和态度、训练方法、课堂活动、学习资源利用和问题解决五个方面进行了规划,旨在让教师通过定期的自评和量化评分,及时发现自己教学中存在的问题和不足,有针对性地采取措施拾遗补阙。当然这份表格的设计还不尽完善,其适用性还有待通过教学实践进一步检验。但是,从初期推广使用的反馈情况来看,不少教师已经将其作为自己专业规划的主要手段之一,其效果已经初步彰显。

(2) 在广泛调研讨论的基础上,课题组成员研制了“连云港市新浦区小学英语教师课堂用语评价表”,用于评价教师的课堂用语,发现教师课堂教学用语的问题所在,然后帮助教师根据问题进行针对性的强化训练。

表 2　　小学英语教师课堂用语评价表(试行)

项 目	总体印象	举例说明
符合学情 结合教材		
指令明确 调控课堂		
言语精练 衔接得当		
养成训练		
评价有效		
学生课堂反应		

说明:

(1) “符合学情、结合教材”旨在衡量教师的课堂用语是否符合本年龄段学生的年龄特点、实际学习水平,是否能有效利用好教材中相关内容。

(2) “指令明确、调控课堂”旨在衡量教师的指令是否让学生清楚明白要干什么,教师的言语是否能调控课堂的节奏和学生的行为。

(3) “言语精练、衔接得当”旨在衡量教师的言语是否精练,各环节衔接是否自然有效。

(4) “养成训练”旨在衡量教师的课堂用语是否能有效组织学生自然学习英语,养成良好的学习习惯。

(5) “评价有效”旨在衡量教师的课堂用语是否能激发学生的学习积极性和课堂参与欲望。

(6) “学生课堂反应”旨在衡量学生是否能听懂教师的课堂用语并做出相应反应,教师的课堂用语是否有效。

如何将表 2 与表 1 更好地结合起来使用，让教师们看到自己的问题和取得的进步，这是下阶段需要着力研究并解决的问题。

六、课题研究的方法

1. 文献研究法

在课题研究中积极查阅相关资料，了解与本课题有关的理论，学习和应用新课程理论理念指导研究活动，注意积累其他学校及个人的有关外语教学成功经验的材料，并系统归类比较，甄选有效教学经验作为本课题借鉴。

2. 调查研究法

通过问卷调查、跟踪访问，了解当前小学英语教师口语教学的现状，通过分析找出共性问题，掌握研究的起点和脉搏，使研究具有针对性、实效性、可操作性。

3. 经验总结法

对研究过程中的具体情况及时归纳和分析，找出解决问题的办法和措施，撰写经验总结及论文、实验报告。

4. 行动研究法

通过查看备课、进课堂听课、举行教研活动等途径，观察比较教师平时教学中表现出来的使用英语组织教学和进行课堂管理能力，加以记录和分析，及时发现存在问题，以便积累研究、实验的经验和材料。

5. 个案对比分析法

通过对个案的跟踪研究，对比分析，检验各类课题设想成果的实用性。

七、课题研究的步骤

主要研究阶段	完成时间	课题组成员分工	阶段成果形式、数量
调查分析阶段	2008.01～2008.08	江尧梅、王宏权等	《新浦区小学英语转岗教师口语情况调查及反思》
实践运作阶段	2008.09～2009.05	赵大中、江尧梅等	新浦区小学英语教师口语能力发展自评表
反复实验阶段	2009.05～2009.10	薛小桃等	新浦区小学英语教师课堂用语评价表
经验推广阶段	2009.10～2009.12	江尧梅等	汇报课、课题报告

八、课题研究的主要过程

三年中，多次召开课题组成员会议，讨论课题实施方案，解决课题实施过程中存在的问题，商讨下一步实施步骤，吸纳更多的教师参与课题的研究实验中。

1. 调查分析阶段(2008.01～2008.08)

(1) 2008 年 4～5 月，课题立项后，召开课题组成员会议，对课题研究做了细致的分工，既有分工又有合作，确保了课题研究的顺利开展。

江尧梅，连云港市新浦区教育局教研室，课题负责人，全面负责该课题研究，负责制定课题研究方案，组织安排研究过程，对各环节实施情况进行总结，完善课题研究，撰写研究报告。

赵大中，连云港市新海实验中学，负责理论指导，查阅、搜集、整合资料，设计、制定问卷调查表。

王宏权，连云港市解放路小学，负责总结问卷调查的结果，对研究过程进行归纳分析与子课题设计。

薛小桃，连云港市解放路小学，负责收集典型案例和个案材料收集。

姚敏、吉广利，连云港市大村小学，负责典型案例收集与分析。

钱春霞，连云港市南城小学，负责研究资料整理归档。

杜婧，连云港市宁海小学，负责个案材料收集与分析。

(2) 2008 年 7 月，在全市小学英语骨干教师培训会上作了"立足日常教学，提高小学英语转岗教师口语能力"讲座，并进行了问卷调查，问题设计如下：① 你觉得如何从教案设计角度，提高小学英语转岗教师口语能力？② 你觉得可以从课堂教学的哪些环节入手，促使小学英语转岗教师口语能力的提高？③ 学生口语能力的提高需要教师的有效指导，你觉得把口试纳入评价体系，可以促使英语教师提高口语能力吗？为什么？针对问卷，做了调查分析报告，形成了分析报告，收到良好效果，并留下了课题研究的邮箱，对课题起了宣传发动作用。

(3) 2008 年 7～8 月，根据《省教育厅关于做好 2008 年全省农村义务教育阶段英语教师省级培训工作的通知》，在省级小学英语转岗教师暑期培训中对全市小学英语转岗教师进行教材培训，培训中渗透了英语教师口语的重要性及实效性。为了扩大课题研究的面，在此次培训中，对二百多名教师做了“立足日常教学，提高小学英语转岗教师口语能力”问卷，做了调查分析报告，对课题研究工作的顺利开展提供了详细、具体、全面的资料。

(4) 2008 年 10 月，为进一步贯彻“课堂教学效益年”的精神，巩固与推广小学英语教学教研成果，以利于不断整合集体力量补充与完善小学英语集体备课制度，提高备课中课堂用语的有效使用，区教研室举行了“2008 年小学英语教师《集体备课手册》优秀复备评选活动”，以激励教师提高备课质量，从而提高课堂教学效率。

2. 实践运作阶段(2008.09～2009.05)

(1) 2008 年 9 月，开学初召开各校英语教研组长论坛，要求全区各校教师行动起来，在备课时把课堂教学用语纳入备课环节中，补充进《集体备课手册》，做好课堂教学口语准备，提高课堂教学用语的有效性。

(2) 2008 年 12 月，课题组成员就口语在课堂教学中的有效使用进行了研讨，把口语列入课堂教学环节中，每人备了一节课，并在教研组进行上课，组织了研讨。

(3) 2009 年 2 月，下发课堂各环节教学用语参考用表到各校，指导教师做好口语储备。

(4) 2009 年 2 月，经过广泛的调查研究，设计“小学英语教师课堂教学用语评价表”，引导教师观察名师课堂教学用语，并学习借鉴，用于自己的课堂。

(5) 2009 年 2 月，在市优质资源进课堂观摩推进活动中，指导转岗教师开设了两节研讨课，活动中发放“小学英语教师课堂教学用语评价表”，引导教师从课堂教学用语的有效性方面观察课堂，借鉴成功经验。

(6) 2009 年 3 月，组织区小学英语教师口语技能展示活动，在全区范围内广泛开展口语培训及展示活动，要求全区小学英语教师人人参加，先在学校范围内进行选拔，后进行区选拔赛及展示活动，确保了本课题在全区范围内的广泛开展。

(7) 2009 年 4 月，口语技能展示活动选拔出的优秀教师对全区教师及市区小学英语骨干培养训练营教师进行了展示，在此次活动中赵大中作了“小学英语课堂教学用语有效性例谈”讲座,敦促广大教师练好口语基本功,促进英语课堂教学效益的提高,收到了良好的效果。

3. 反复实验阶段(2009.05～2009.10)

(1) 2009年5月,在“市区小学英语骨干培养训练营课题选题”讲座活动中,发放了“小学英语教师课堂教学用语现状调查表”,调查项目1:你认为用英语组织课堂教学,对提高课堂教学效益有帮助吗?调查项目2:你认为自己的口语水平如何?能胜任英语课堂教学吗?调查项目3:走上英语教师岗位后,你参加过何种形式的教师口语培训?调查项目4:你会在听课时,关注授课教师课堂用语的有效性并学习运用于自己的课堂教学吗?调查项目5:你在平时的备课中,会有意识地把课堂用语准备好吗?调查项目6:你认为什么样的途径对提高教师的课堂教学用语水平最有效?并对调查问卷进行了统计反思,在全国中文核心期刊、外语权威刊物《中小学外语教学》上发表了题为《小学英语教师课堂教学用语现状调查及反思》论文,扩大了课题的影响力。并以此次调查为基础,申报了市小课题“小学英语教师课堂教学用语现状调查研究”,已通过评审,准予结题。

(2) 请安德鲁外语培训学校李建华校长作了“英语语音培训”讲座,以提高教师口语基本功,促使教师课堂使用正确的语音语调组织教学。

(3) 2009年5月,在市小学英语“333青蓝工程”课堂教学展示活动中发放“小学英语教师课堂用语评价表”,引导教师学习特级教师、优秀教师课堂用语的有效性。

(4) 2009年6月,在市小学英语不同课型教学观摩研讨活动中作了“规范使用小学英语课堂教学用语”讲座,并发放“小学英语教师课堂用语评价表”,引导教师就课堂用语的有效性方面,观察评价课堂教学效益,加以学习借鉴。

(5) 2009年6月,为进一步贯彻“有效教学管理年”的精神,不断整合集体力量补充与完善小学英语集体备课制度,提高备课手册复备中课堂用语的有效使用,教研室举行了“2008—2009学年小学英语教师《集体备课手册》优秀复备评选活动”。

(6) 2009年7月,根据《省教育厅关于做好2009年全省农村义务教育阶段英语教师省级培训工作的通知》，在省级小学英语转岗教师暑期培训活动中，作了“小学英语课堂用语与课堂教学效益”的讲座，过程中，观看了一节研讨课录像，引导教师就“小学英语教师课堂用语评价表”中相关内容进行研讨交流，较为透彻地就课堂教学用语的有效性进行了评价，检验此评价表的实用性，使教师对课堂教学中课堂教学用语有效性的评价有章可循、有据可依。

(7) 2009 年 8 月，提供小学英语教师课堂教学用语，编入市《小学英语集体备课手册》，供全市小学英语教师备课参考。

4. 经验推广阶段 (2009.10～2009.12)

(1) 2009 年 10 月，举行区“三案・六环节”教学模式研讨及课题汇报活动，课题组成员开设了两节公开课并进行了交流研讨。下发了“教师课堂用语评价表”及“教师口语能力提高自评表”，让教师对照表格对教师的课堂用语进行了评价，检验了课题成果的实效性。之后举行区小学英语教师课堂用语达标活动，要求全体英语教师加强口语训练，提高课堂教学用语有效性。

(2) 2009 年 11 月，辅导教师参加“市口语技能展评暨‘三案・六环节’教学模式实施情况现场交流活动”，获得了较好的成绩：三位教师获市一等奖，三位教师获二等奖。教师的口语水平在活动中得以有效地锻炼与检验。

(3) 2009 年 11 月，承办市“三案・六环节”教学模式案例分析研讨活动，指导一位教师进行了教学展示，教师流利实用的课堂教学用语获得了与会教师较高的评价。活动中赵大中作了“‘三案・六环节’教学模式实施中的问题与对策”讲座，涉及英语课堂教学用语在新的教学模式中的有效使用，获得良好效果。

(4) 2009 年 12 月，举办了“新浦区小学英语教师现场备课活动”，提高了广大教师钻研教材、现场备课的能力，加强了英语课堂用语的规范使用，展现了教师现代教学理念在教学中的应用水平，为广大教师搭建了展示交流的平台。

九、课题研究成果

1. 主持人论文发表及获奖情况

江尧梅：

(1) 2007 年 1 月《对送教下乡课的几个追问》发表于《学生双语报》。

(2) 2008 年 12 月《在日常教学中探索小学英语转岗教师口语能力的培养途径》发表于《名校》杂志。

(3) 2009 年 4 月《浅议英语口语的训练张力》发表于《现代教育学刊》(全国中文核心期刊)。

(4) 2009 年 8 月《城乡英语教学的差异性比较》发表于《英语大课堂》(教师版)。

(5) 2009 年 9 月《小学英语教师课堂教学用语使用现状调查及反思》发表于《中小学外语教学》(小学篇)(全国中文核心期刊)。

(6) 2009 年 9 月《基于课例设计探索教学有效性》发表于《英语教师》。

(7) 2009 年 12 月《英语教研中的文化构建》发表于《中学教学参考》。

(8) 2006 年 12 月《跨过农村英语教学那道坎》获市教研室论文评比一等奖。

(9) 2007 年 3 月《怎样跨过农村英语教学那道坎》获省教研室论文评比二等奖。

(10) 2009 年 12 月《在磨课中落实新课标》获市教研室论文评比一等奖。

赵大中:

(1) 2009 年 2 月《在人文层面实施分层提问》发表于《英语大课堂》。

(2) 2009 年 6 月《中考英语新题型的特点走向管窥》发表于《考试与评价》。

(3) 2009 年 10 月《中考新题型前瞻与建议》发表于《考试与评价》。

(4) 2009 年 10 月《在初中英语教学中营造德育场的实践探索》发表于《中学教学参考》。

2. 主持人开设讲座情况

(1) 2007 年 7 月,在“市暑期小学英语转岗教师暨青年教师培训”中,作了题为“英语课标解读及小学英语教师说课”讲座,涉及说课中如何用英语正确地表达,从中发现了教师口语表达存在较多问题,为课题先期做了准备。

(2) 2008 年 7 月,在暑期小学骨干教师学科培训活动中,作了“立足日常教学,提高教师口语能力”专题讲座,过程中做了问卷调查,进行了调查分析,发表了论文《在日常教学中探索小学英语转岗教师口语能力的培养途径》。

(3) 2008 年 7～8 月,为暑期省级小学英语教师培训班授课,被连云港师专继续教育学院聘为授课教师。

(4) 2009 年 3 月,在区“小学英语教师口语技能展评活动”中,作了“教师口语评价实践途径”讲座,在具体的实例中对教师口语能力的提高途径作了较好的引领。

(5) 2009 年 6 月,在“连云港市小学英语不同课型教学观摩研讨活动”中,承担“规范使用小学英语课堂教学用语”讲座,对课题研究起到了推广作用。

(6) 2009 年 7 月,根据《省教育厅关于做好 2009 年全省农村义务教育阶段英语教师省级培训工作的通知》,在省级小学英语转岗教师暑期培训活动中,作了“小学英语课堂用语与课堂教学效益”的讲座,过程中,观看了一节研讨课录像,引导教师就“小学英语教师课堂用语评价表”中相关内容进行研讨交流,较为透彻地就课堂教学用语的有效性进行了评价,检验了此评价表的实用性,使教师对课堂教学中课堂教学用语有效性的评价有章可循、有据可依。

(7) 2009 年 11 月,承办市“三案 · 六环节”教学模式案例分析研讨活动,指导一位教师进行了教学展示,教师流利实用的课堂教学用语获得了与会教师较高的评价。活动中赵大中作了“‘三案 · 六环节’教学模式实施中的问题与对策”讲座,涉及英语课堂教学用语在新的教学模式中的有效使用,对课题实验的成果作了较为成功的阐述,获得了良好的效果。

(8) 2009 年 5 月,主持人赵大中在“市初中英语青年教师成长论坛”教研活动中,作了题为“悦读与教师专业成长”讲座,涉及教师口语及教育科研方面,收到良好效果。

3. 口语评价表格

(1) 新浦区小学英语教师口语能力发展自评表。

(2) 新浦区小学英语教师课堂用语评价表。

4. 课题组部分成员论文发表及获奖情况

(1) 2009 年 12 月《拓展农村小学生语言实践与运用策略研究》发表于《中小学教育》——姚敏。

(2) 2009 年 11 月《培养小学英语口语交际兴趣》发表于《成长周刊》——钱

春霞。

(3) 2009 年 5 月《在互助研讨中我们共同进步》发表于《新课程学习》——杨维秀。

(4) 2009 年 11 月《打造多彩课堂 畅享精彩体验》发表于《学周刊》——李华。

(5) 2009 年 11 月《提高城乡结合部学生英语口语标准化实践研究》发表于《中小学教育》——吉广利。

(6) 2009 年 9 月《提高学生英语口语水平的策略》发表于《小学时代》——吉广利。

(7) 2009 年 7 月《也谈农村英语课堂原生态资源》发表于《小学教学参考》———吉广利。

十、课题研究存在的主要问题及今后的设想

主要问题:

(1) 研究者的兴趣与着力点还没能成为被实验者的自觉行动。

(2) 在课题研究过程中,课题组成员发现,不仅转岗教师存在口语问题,很多英语专业毕业的教师课堂用语的有效性也需要提高,因此,我们扩大了课题研究对象的范围,由原来针对转岗教师口语能力提高的途径研究扩大为针对小学英语教师口语能力提高的途径研究。研究过程中的调查问卷、讲座、活动开展等方式针对各类小学英语教师。

(3) 教师个人的专业诉求与学校领导的利益取向不能统一。

(4) 实验教师的困惑:教师口语水平的提高与课堂教学效益似乎没有非常直接的联系,在投入和收益上有失平衡。

(5) 如何在教学的各个环节中有机渗透口语训练尚缺乏有效的方法和策略。

今后的设想:

如何将“小学英语教师口语能力发展自评表”与“小学英语教师课堂用语评价表”更好地结合起来使用,让教师们看到自己的问题和取得的进步,这是下阶段需要着力研究并解决的问题。

第十一节　“小学英语‘建构式生态课堂’中师生教学行为观察研究”结题报告

（课题编号:JY10—Z045）

课题主持人：江尧梅　连云港市新浦区教育局教研室

核心成员：赵大中　郑婷婷　薛小桃　张　凤　朱莉君

一、研究的源起

课改以来，师生课堂教学行为已经发生了很大的变化，本课题着重通过对小学英语“建构式生态课堂”中师生教学行为的观察分析，力争梳理出有效、高效的教学行为、学习方式，形成有效的课堂观察表，以提高小学英语课堂教学效益，使课题的成果服务于课堂，服务于师生。

二、课题核心概念的界定

“建构式生态课堂”是指根据建构主义学习理论，依据以学生发展为本的教育思想，教学起点符合学生实际，教学目标明确、具体、适切，教学方法与教学资源运用恰当，学习活动设计合理，学生在师生共同营造的适宜的课堂生态环境中，自主学习、互教互学、质疑释疑、共同建构、迁移运用等，获得知识、能力与情感协同发展的课堂。

教师教学行为有效性是指教师以正确的教育、教学理念为指导，在具体的课堂情境中灵活地运用教学智慧和教学策略，为达到课程与教学目标要求，促使学生发展及教师自身专业成长而采用的专业行为。如果教师能够判断自身行为的有效性，那么教师课堂教学的有效性就会极大地提高。在新课程改革的背景下，教师的教学行为是否有效，直接影响着新课程改革的成效。文献研究表明，到目前为止，我国教育理论界对着眼于新课程理念的教学行为的研究仍显不足，体系的建构还很不完善，更缺少对新课程教学实践的有效指导。

三、研究目标

(1) 以小学英语课堂教学观察为主渠道，探索在“建构式生态课堂”理念指导下的有效课堂教学模式。

(2) 通过研究,力争形成"小学英语教师课堂教学行为观察评价表",并用之于课堂教学,引领教师的教学行为。

(3) 通过研究,梳理形成"小学英语不同课型课堂观察表",并通过大量的行为操练等活动深化、内化这两项制度的落实和推进工作。

四、研究内容

本研究以教师的课堂教学行为为核心研究内容。通过文献分析、访谈和观察等方法,融合一线教师的经验以及理论研究,确定教学行为的几个重点观察维度,采取案例比较的方法,呈现有效教学行为与低效教学行为的差异,为广大教师在新课程中的实践工作提供一定的参考。

五、研究的理论依据和方法

1. 研究的理论依据

(1) 制度创新。通过该课题的研究和实践,力争建立"小学英语不同课型课堂观察表"和"小学英语教师课堂教学行为观察评价表",并通过大量的行为操练等活动深化、内化这两项制度的落实和推进工作。

(2) 实践创新。在实践中渗透"尊重差异,民主对话,同伴互助,合作共享"的指导原则,通过搭台子、指路子、结对子等途径和公开课、集体备课、区域共同体、校本研训等方式促进每位英语教师课堂教学水平的提高。

(3) 理论意义及应用价值:本课题选题新颖,视角高,操作性及适用性强,在小学英语教学改革中具有一定的创新性和前瞻性。本课题的研究将为我区乃至全市英语教育改革提供相关的参考资料,为各个学校英语教师课堂教学效益的提高提供必要的借鉴资料和操作流程,为完善教师培训制度提供积极的理论准备和系列的实践指导。

2. 研究的方法

在本课题的研究过程中,我们坚持从解决问题的实际需要出发,以基础教育课程改革理念为指导,主要采取行动研究、案例分析、调查研究和文献研究等方法。

(1) 文献资料法:研读新课标、教育学、心理学等理论书籍和相关文献资料,借以指导本课题研究。

(2) 行动研究法:课题研究与教师课堂教学实践活动、课堂教学行为观察相结合。

(3) 经验总结法:通过召开阶段性专题研讨会对各阶段研究工作进行探讨、回顾和反思,及时总结经验教训。

(4) 资料保存法:按照计划有针对地开展活动,并以文字、图片、音像等形式记录活动过程,为最后的实验成果展示积累原始资料。

六、研究过程

1. 研究思路

在本课题的研究过程中,我们坚持从解决问题的实际需要出发,以基础教育课程改革理念为指导,主要采取行动研究、案例分析、调查研究和文献研究等方法。

2. 研究过程

第一阶段:调查分析阶段(2013.09～2013.10)

主要制定课题研究方案,进行理论文献研究,深入课堂听课,进行调查,搜集课堂教学资料,撰写调查及分析报告。

主要工作:

(1) 召开课题组成员会议,进行分工。

(2) 深入课堂听课,观察课堂。

(3) 开展异校同研教研活动,在大庆路、向阳小学开展同课异构活动,发现课堂教学问题,进行分析。

第二阶段:实践运作阶段(2013.11～2014.05)

课题组成员研制课堂环节观察表,深入课堂进行观察,发现问题,提出问题,改进问题,进行课堂实录研究,梳理有效及无效的课堂教学行为,形成“小学英语教师课堂教学行为观察评价表”。

第三阶段:反复实验阶段(2014.06～2015.04)

在多次实验、总结的基础上,形成“小学英语不同课型课堂观察表”,并用之于课堂教学,引领老师的教学行为。

第四阶段:经验推广阶段(2015.04～2015.06)

撰写课题实验报告及论文,开设汇报课,推广课题实验成果。

七、研究的成果

研究成果主要有:① 汇报课、相关论文。② 小学英语不同课型课堂观察表。③ 小学英语教师课堂教学行为观察评价表。

(1) 课题组成员多次在市区级培训活动中作课题相关讲座

① 2013 年 11 月在省“教学新时空名师课堂”直播活动中作“小学英语写作能力的渗透与培养”专题研讨讲座。

② 2013 年 2 月在市小学英语 3B 教材培训暨建构式生态课堂教学观摩活动中作“3B 教材体例结构、编写意图、单元内容分析”讲座。

③ 2013 年 9 月在市区小学英语四上教材培训活动中作“四上教材梳理与教学建议”讲座。

④ 2014 年 11 月在市释放师生潜能的课堂教学研讨活动中作课例点评。

⑤ 2014～2015 年在市三百乡村教师专项活动中作“在单元整体教学设计中发展学生综合语言运用能力”、“有效利用问题提高 Story time 教学的整体效益”讲座。

⑥ 2014 年 9 月在省市合作乡村小学英语教师培训活动中作“小学英语语篇教学的思考与建议”讲座。

⑦ 2013～2015 年多次开展区级教学活动研讨活动,并在活动中作相关讲座。

(2) 课题组多次开展课堂教学观察活动,利用课堂观察表引导教师有效进行课堂观察

① 2013 年 6 月,举行新浦区小学英语六年级复习暨“建构式生态课堂”研讨活动,发放“小学英语复习课同课异构课堂观察表”,引领教师科学有效地复习,加强六年级复习阶段课堂教学的实效性。

② 2013 年 10 月,开展异校同研教学研讨活动,发放了“A 板块同课异构课堂观察表”,指导老师如何观察同课异构课堂。

③ 2013 年 12 月,为进一步优化课堂教学,有效提高四年级新教材课堂教

学效率,举行了四年级英语教材单元整体教学研讨暨“青蓝课程”活动。

④ 2014 年 4 月,开展“同课异构活动”之前,发放了“‘建构式生态课堂’同课异构课堂观察表”,对教师的课堂观察表进行了分析梳理,找出课堂存在的问题,为课题的顺利进行指出了方向。

⑤ 2014 年 5 月,举行了小学英语单元整体教学课堂展示活动,制定并发放了“小学英语单元整体教学课堂观察表”,对课题进行了有力的促进。

⑥ 2014 年 9 月,在省市合作乡村小学英语教师培训活动中,发放了“同课异构课堂观察表”,向参加活动的老师解读了此表,引导老师按照此表有效观察课堂。

⑦ 2014 年 11 月,开展了“小学英语视导小分队暨六年级单元教学研讨活动”,对六年级单元教学进行了主题研讨。

(3) 论文发表及获奖

① 2009 年 9 月《小学英语教师课堂教学用语使用现状调查及反思》发表于《中小学外语教学》(全国中文核心期刊)。

② 2010 年 6 月《英语教研中的文化构建》发表于人大书报资料中心《中学外语教与学》。

③ 2010 年 10 月《牛津小学英语 4B U3 Asking the way 教学设计比对与思考》发表于人大书报资料中心《小学英语教与学》。

④ 2013 年 9 月《小学英语区域性协作教研的实践探索》发表于《中小学外语教学》(全国中文核心期刊)。

⑤ 2015 年 8 月《利用不同的课堂观察表评析教学设计的实践》发表于《中小学外语教学》(全国中文核心期刊)。

⑥ 2013 年 12 月《小学英语异校同研教研活动的实践探索》获省教研室论文评比一等奖。

⑦ 2013 年 10 月《小学英语区域性协作教研的实践探索》获市教研室论文评比一等奖。

⑧ 2014 年 11 月《英语课堂学生“忙碌”现象观察及思考》获市教研室论文评比一等奖。

八、研究过程中遇到的问题

(1) 课堂观察时课题组成员对评价标准意见不一,需要梳理出合理的针对不同课型的课堂评价表,使课堂观察评价有相对统一的标准,便于课题的顺利实施。

(2) 多次开展针对性强的课堂教学研讨活动,及时调整课题研究方案,确保课题研究的实效性。

(3) 形成的"小学英语不同课型课堂观察表"需要在今后的教学实践中加以实验、推广、实践。

九、参考文献

(1)《英语课程标准》指导课题开展,用于理论支撑。

(2)《中小学外语教学》、人大书报资料中心《小学英语教与学》、《小学教学设计—英语》、《江苏教育》、《外语教学与研究》、《英语教师》等学科核心刊物用于指导课题实践。

十、大事记

(1) 2013 年 6 月,举行小学英语六年级复习暨"建构式生态课堂"研讨活动,发放"小学英语复习课同课异构课堂观察表",引领教师科学有效地复习,观察复习课课堂,加强六年级复习阶段课堂教学的实效性。

(2) 2013 年 10 月 31 日,开展大庆路、向阳小学两校间的异校同研教学研讨活动。活动主题为"同课异构,转困交流"。发放了"同课异构课堂观察表",指导老师如何观察同课异构课堂,要求老师们重点关注课堂教学中教师是否照顾到不同层次学生的学习情况,特别是对学困生的学习指导情况,从课堂教学方面寻找转困方法。

(3) 2013 年 12 月 19 日,举行了四年级英语教材单元整体教学研讨活动。从单元整体设计出发,使语言点教学系统化,有效分解了单元语言点的学习,使知识的学习做到了有效衔接。

(4) 2014 年 4 月,在幸福路小学和建国路小学间开展了"同课异构活动"。本次活动立足调研,意在研究教材,用好教材资源,互动交流,引领学科专业发展。活动之前,发放了"'建构式生态课堂'同课异构课堂观察表",引领教师关注课时之间的衔接、不同教学设计对重难点突破及教学效果的影响等。对教师的课堂观察表进行了分析梳理，找出课堂存在问题，为课题的顺利进行指出了方向。

(5) 2014 年 5 月，为了进一步深入探讨小学英语单元整体教学的效益，研讨新的教材教法，从而促进新教材的有效使用，提高课堂教学的质量，在建宁小学举行了小学英语单元整体教学课堂展示活动。活动之前，制定并发放了“小学英语单元整体教学课堂观察表”，并向参加活动的老师解读了此表，依据单元整体教学的主题，要求老师们从课时目标的衔接、体现单元整体教学的环节、体现课时之间衔接的环节、发展学生综合语言运用能力的亮点环节等方面观察课堂，及时进行记录分析，促进了课题的顺利开展。

(6) 2014 年 9 月，在省市合作乡村小学英语教师培训活动中，发放了“同课异构课堂观察表”，向全市参加活动的老师解读了此表，引导老师按照此表有效观察课堂，针对三节课做了语篇教学有效性的相关讲座。

(7) 2014 年 11 月，为更好地提升我区小学英语教师对新教材的把握能力，提高课堂教学水平，加强对英语学科单元教学的深入研讨，促进校际间的交流学习，开展了“六年级单元教学研讨活动”，对六年级单元教学进行了主题研讨。